湖南省社会科学院（湖南省人民政府发展研究中心）
哲学社会科学创新工程丛书（2022）

主　编：钟　君
副主编：贺培育　刘云波　汤建军
　　　　王佳林　侯喜保　蔡建河

湖南城市公共服务评价报告

（2022）

童中贤　刘艳文　主　编

中国社会科学出版社

图书在版编目（CIP）数据

湖南城市公共服务评价报告 . 2022／童中贤，刘艳文主编 .
—北京：中国社会科学出版社，2023.7
（湖南省社会科学院（湖南省人民政府发展研究中心）
哲学社会科学创新工程丛书 . 2022）
ISBN 978－7－5227－2146－0

Ⅰ.①湖… Ⅱ.①童… ②刘… Ⅲ.①地方政府—社会服务—研究报告—湖南—2022 Ⅳ.①D625.1

中国国家版本馆 CIP 数据核字（2023）第 118908 号

出 版 人	赵剑英
责任编辑	张　潜
责任校对	夏慧萍
责任印制	王　超

出　　版	中国社会科学出版社
社　　址	北京鼓楼西大街甲 158 号
邮　　编	100720
网　　址	http://www.cssпw.cn
发 行 部	010－84083685
门 市 部	010－84029450
经　　销	新华书店及其他书店

印刷装订	三河市华骏印务包装有限公司
版　　次	2023 年 7 月第 1 版
印　　次	2023 年 7 月第 1 次印刷

开　　本	710×1000　1/16
印　　张	14.75
插　　页	2
字　　数	235 千字
定　　价	85.00 元

凡购买中国社会科学出版社图书，如有质量问题请与本社营销中心联系调换
电话：010－84083683
版权所有　侵权必究

主　编：钟　君
副主编：贺培育　刘云波　汤建军　王佳林
　　　　侯喜保　蔡建河
委　员：王文强　邓子纲　李　晖　李　斌
　　　　卓　今　罗黎平　童中贤　潘小刚

序　言

方向新

　　公共服务是国家公共部门为满足社会公共需要而提供的产品与服务的总称，是供全社会共同消费、平等享受的服务。国际经验证明，完善公共服务体系是一个国家向高收入经济体迈进的重要保证。毫无疑问，在我国向高收入经济体迈进的过程中，加快公共服务体系建设，提高公共服务的能力和水平，有着不言自喻的重要地位，它既是国家治理现代化的必然要求，也是国家治理现代化的重要内容。随着公共服务体系建构和发展水平的提高，在这一过程中必然形成多元主体参与的格局，但政府始终将处于主导地位，担负着核心公共服务职能，特别是为满足基本公共服务提供非竞争性和非排他性纯公共物品方面尤其如此。从总体上说，政府提供公共服务以"公共性"为逻辑目标，实现公共利益的基本需求满足与公共服务的效率提升二者缺一不可。基于此，注重加强公共服务的绩效评估，完善公共服务监管体系，是进一步提高公共服务资源整体配置效率、改善政府公共服务能力的题中应有之义。

　　由童中贤等领衔主编、湖南省社会科学院（湖南省人民政府发展研究中心）社会学所集体攻关的《湖南城市公共服务评价报告》，就是一部对公共服务绩效评估问题展开应用研究的深化之作。其突出特点有三：一是率先对一个省域范围内各市（州）地方政府的公共服务绩效评估作了探索性评价。在充分考虑系统性、典型性、可量化原则的基础上，构建了一个包含7个准则层和45个指标层在内的综合评估指标体系，其中准则层分别代表基本公共服务中有关基础教育、社会保障、医疗卫生、环境保护、文化体育、公共安全、公共交通的7个子系统，二级指标旨在体现基本公共服务的投入水平、供给水平，这种架构在国内学术界研

序　言

究的基础上有所创新；二是评价结果对政府公共服务的决策有咨询参考之功效。如在 2020—2021 年各市（州）公共服务绩效综合评价得分中，除长沙市居首位外，郴州市、永州市、益阳市、张家界市紧随其后，定量研究的结果超出人们的预期，其引人深思的作用更是智库产品所应体现的特点；三是整个研究注意了定量研究与质性研究的有机结合。质性研究除对策分析外，还通过调查撰写了 7 个典型案例，既有作经验之谈的"垃圾分类催生财富'新蓝海'""多方联动推进高校毕业生就业"等案例，也有解剖问题的"医疗何以遭遇信任危机"等案例，读后能给人以多方面的借鉴与启发。

公共服务的广泛提供是社会发展到更高层次的结果，我国正处于现代化发展的进程中，公共服务的推进，包括体系的完善、质量的提升、结构的优化、能力的增强，仍然是社会建设和政府职能的主要任务和重要内容。基于此，对公共服务发展的探索尚未有穷期，仅就定量分析而言，对地方政府公共服务的质量、均等化的评估研究，在近期尚具有研究的紧迫性。但愿社会学所的同仁们，能再接再厉，突出地方政府公共服务定量研究的特色，为党和政府提交更多有价值、用得上的智库成果。

（作者系湖南省社会学学会会长、二级研究员）

目 录

第一部分 总报告

湖南公共服务绩效评价报告 …………………………………………（3）

第二部分 专题报告

基础教育服务发展评价 …………………………………………（37）
社会保障和就业服务发展评价 …………………………………（62）
医疗卫生服务发展评价 …………………………………………（77）
养老服务发展评价 ………………………………………………（91）
住房保障服务发展评价 …………………………………………（105）
环境保护服务发展评价 …………………………………………（120）
文化体育服务发展评价 …………………………………………（140）
公共交通服务发展评价 …………………………………………（161）

第三部分 案例分析

"双减"让教育回归初心使命 ……………………………………（175）
医疗何以遭遇信任危机 …………………………………………（184）
守好老人养老钱袋子 ……………………………………………（190）
垃圾分类催生财富"新蓝海" ……………………………………（196）

目　录

多方联动推进高校毕业生就业 …………………………………（203）
探索城市停车难最优解 ……………………………………………（211）
解读校园篮球的成功密码 …………………………………………（217）

参考文献 ……………………………………………………………（225）

后　记 ………………………………………………………………（228）

第一部分

总报告

湖南公共服务绩效评价报告

公共服务关乎社会成员的生存、发展和尊严，具有调节收入分配、促进社会公平、维护社会稳定、促进经济发展的重要作用，是各级政府的重要职能之一。我国《国民经济和社会发展第十四个五年规划和2035年远景目标纲要》（以下简称《"十四五"纲要》）明确提出继续健全国家公共服务制度体系，"加快补齐基本公共服务短板，着力增强非基本公共服务弱项，努力提升公共服务质量和水平"[①]。近年来，湖南在健全公共服务制度体系方面积极作为、持续加力，公共供给不断加大，基本服务体系持续完善，公共服务水平明显增强。为推动持续改善基本公共服务，提升政府公共服务能力，湖南省社会科学院（湖南省人民政府发展研究中心）成立"湖南基本公共服务发展绩效评价"课题组，对湖南14个市（州）的公共服务绩效进行全面评估，以期为推进全省公共服务高质量发展提供咨政参考。

一、公共服务绩效评价指标体系

（一）评价指标体系设计思路

构建科学合理的公共服务绩效评估指标体系，是持续推进公共服务均等化实现、准确衡量经济社会发展绩效、及时回应人民群众美好生活需要的不可或缺的重要环节。围绕该议题，国内学者开展了广泛探讨，并积累了丰厚的研究成果。如侯惠勤等人从公共交通、公共安全、住房

---

① 《国民经济和社会发展第十四个五年规划和2035年远景目标纲要》，人民出版社2021年版，第141页。

保障、基础教育、社会保障和就业、医疗卫生、城市环境、文化体育、公职服务九个层面构建了地方政府基本公共服务力评价指标体系。① 施昌奎等从基础教育、社会保障、医疗卫生、公共文化、环境保护和公共安全六个维度对北京市十六区公共服务绩效进行了综合比较与排名。② 郭雨晖等构建了医疗卫生、基础教育、公共文化、就业保障、社会保障、基础设施6个一级指标和39个二级测量指标在内的基本公共服务发展水平评估指标体系。③ 朱楠、任保平从基础教育、医疗卫生、社会保障及就业、公共安全、基础设施、公共环境、科技信息、文化传媒八个方面构建了中国政府公共服务质量评价指标体系。④ 整体而言，目前的各种评估不仅存在指标选择缺乏统一标准的问题，还存在客观评价指标和公民满意度的抉择问题。同时，现有的评价工作或是从省级层面展开全国性评价，或是选择全国主要城市特别是超大型城市进行评价，未见对一省各市（州）的公共服务绩效评估。基于此，本书参照国家《"十四五"公共服务规划》中关于基本公共服务的分类，及现有文献所构建的基本公共服务发展水平的评估指标体系，在保证数据可获取的前提下，尝试构建地方政府公共服务绩效评价指标体系，对湖南省14市（州）的公共服务绩效进行评价，探寻地方政府公共服务绩效的差异，并有针对性地提出从整体层面提升省域公共服务绩效水平的政策建议，以推动地方公共服务的高质量发展。

（二）评价指标体系设计原则

评估省域内地方政府公共服务绩效水平，构建指标体系需结合基本公共服务的内涵、特征和实际发展情况，不仅要考虑最基本的数据可获得性，还应遵循系统性、典型性和可量化基本原则。

系统性原则。公共服务涉及领域广泛，是一项系统综合工程。对公共服

---

① 侯惠勤等主编：《中国城市基本公共服务力评价：2010—2011》，社会科学文献出版社2011年版。
② 施昌奎主编：《北京公共服务发展报告2019—2020》，社会科学文献出版社2020年版。
③ 郭雨晖等：《基本公共服务均等化的评估与研判：区域补偿和质量提升下的动态演进》，《公共管理评论》2020年第4期。
④ 朱楠、任保平：《中国公共服务质量评价及空间格局差异研究》，《统计与信息》2019年第7期。

务绩效水平的测量必须充分考虑公共服务丰富内涵，将公共服务绩效水平看作是由各个指标综合反映出来的整体情况，选取的指标之间必须存在一定的逻辑关系，能从不同侧面反映出各市（州）基本公共服务的绩效水平。

典型性原则。 构建地方政府公共服务绩效评价指标体系是为了对地方政府公共服务绩效开展科学合理的评估，不仅应方便之后的数据计算，还要保障计算结果的可靠性。在不可能选取所有指标的情况下，选取具有一定代表性的公共服务评价指标，以尽可能反映地方政府公共服务绩效的综合特征。

可量化原则。 通过构建评价指标体系来评估地方政府的公共服务绩效水平，其方法是一种量化实证研究。因此在设计指标体系时候，必须充分考虑指标选取的可量化性，也就是说，所选择的指标应该是可以获取的、可以测量的和可以对比的，具有现实的可操作性。如此，才能在此基础上进行科学处理，以实现对不同地方政府公共服务绩效水平的对比分析研究。

（三）指标维度及说明

本书构建了包含 7 个准则层和 45 个指标层在内的综合评估指标体系，用以衡量地方政府的基本公共服务绩效水平，如表 1-1 所示。其中准则层分别代表基本公共服务在基础教育、社会保障、医疗卫生、环境保护、文化体育、公共安全、公共交通 7 个方面的子系统，二级指标为体现公共服务的投入水平、供给水平，在具体设计中容纳了兼具数量与比例的指标，如每千人口拥有执业（助理）医师数和社区卫生服务机构诊疗人次占总诊疗人次的比重。

表 1-1　　　　　　地方政府公共服务绩效评价指标体系

目标层	准则层	权重	指标层	权重
地方政府公共服务绩效水平	环境保护服务	0.1346	节能环保支出占一般公共预算支出比重	0.1680
			人均节能环保支出	0.1677
			空气质量优良天数比例	0.1655
			城镇生活污水处理率	0.1708
			城市建成区绿化覆盖率	0.1638
			生活垃圾无害化处理率	0.1641

第一部分　总报告

续表

目标层	准则层	权重	指标层	权重
地方政府公共服务绩效水平	基础教育服务	0.1536	一般公共预算教育经费占一般公共预算支出比例	0.1543
			生均一般公共预算教育经费	0.1539
			普惠性幼儿园覆盖率	0.1391
			每万人普通小学学校数量	0.1436
			每万人普通中学学校数量	0.1388
			普通小学生师比	0.1348
			普通中学生师比	0.1356
	公共安全服务	0.1554	公共安全财政支出占一般公共预算支出比重	0.1772
			人均公共安全财政支出	0.1710
			每万人火灾事故死亡人数	0.1541
			万车道路交通事故死亡人数	0.1570
			亿元GDP生产安全事故死亡人数	0.1578
			食品安全评价性抽检合格率	0.1828
	社会保障服务	0.1529	社会保障服务支出占一般公共预算支出比重	0.1632
			人均社会保障支出	0.1579
			城镇职工基本养老保险参保比例	0.1372
			城乡居民医疗保险参保比例	0.1396
			每千人口老人养老床位数	0.1341
			每万人社会救助人数	0.1316
			城市居民最低生活保障标准与城市居民人均消费支出之比	0.1366
	文化体育服务	0.1210	文化体育支出占一般公共预算支出比重	0.1598
			人均文化体育财政支出	0.1555
			人均公共图书馆藏书数量	0.1324
			万人公共图书馆建筑面积	0.1319
			万人艺术馆文化馆数	0.1375
			万人低免开体育场馆数	0.1502
			广播综合人口覆盖率	0.1653

续表

目标层	准则层	权重	指标层	权重
地方政府公共服务绩效水平	医疗卫生服务	0.1517	医疗卫生支出占一般公共预算支出比重	0.1550
			人均医疗卫生支出	0.1522
			每千人口拥有执业（助理）医师数	0.143
			每千人口拥有注册护士数	0.1385
			每千人口拥有医院床位数	0.1386
			每千人口拥有社区卫生服务机构专业技术人员数	0.1356
			社区卫生服务机构诊疗人次占总诊疗人次比重	0.1371
	公共交通服务	0.1308	公共交通支出占一般公共预算支出比重	0.2172
			人均交通运输财政支出	0.2119
			万人拥有公共交通车辆保有量	0.1964
			每百辆公交运送旅客数	0.1771
			人均城市道路面积	0.1974

环境保护服务。环境是人和生物生存的基本条件，环境保护是地方政府公共服务的重要内容，包括自然环境和人类对环境的利用和改造等，因此，使用节能环保支出占一般公共预算支出比重、生活垃圾无害化处理率、森林覆盖率、人均绿地面积等指标能够很好表述环境保护的公共服务质量。

基础教育服务。教育是社会流动和社会公平的基础性条件，在经济社会发展中具有先导性地位，是人类发展的关键性衡量指标。基础教育作为基础中的基础，是人民群众美好生活的重要诉求。本书主要衡量了政府对基础教育的投入和产出绩效，从一般公共预算教育经费占一般公共预算支出比例、生均一般公共预算教育经费、生师比、学校数量、幼儿园覆盖率等内容描述教育领域公共服务绩效。

公共安全服务。公共安全是维护社会和人民进行正常活动所需的稳定的外部环境和秩序，是保障公民安居乐业的基础。通常来说，应以刑事、民事、行政案件立案数量、生产事故死亡人数、信访人数等为指标，但从数据的可获得性考虑，将之替换为公共安全占财政支出比重、万车交通事故死亡人数、亿元 GDP 生产安全事故死亡人数、食品安全评价性抽检合格率等指标，从其侧面来反映公共安全。

社会保障服务。社会保障是现代社会应对无处不在的不确定性风险的兜底性安全网，是公民生存和发展的根本保障，也是实现社会治理的基础性条件。随着经济社会发展水平的提高，社会保障内涵进一步扩大到改善生活质量和提高人力资本层面，成为影响宏观经济社会发展的重要政策变量。本书主要从社会保障服务的财政支出、基本养老保险、居民医疗保险、社会救助、养老服务等层面来设计相关指标。

文化体育服务。文化体育主要满足人民精神文化需求和体育健身需求。在全面建设社会主义现代化国家的新征程中，人民群众对高品质文体服务的期盼日渐高涨。通过高品质的文体服务，丰富人民精神世界，增强人民身体素质，是衡量人民群众幸福指数的重要尺度，也是提高人民群众生活质量的关键因素。本书主要通过文化体育服务的财政支出、公共图书馆藏书量、图书馆艺术馆文化馆体育馆数量、广播综合人口覆盖率等对其供给效率进行描述。

医疗卫生服务。医疗卫生是公民身心健康的重要保障，事关千家万户的幸福安康。织牢国家公共卫生防护网，推动公立医院高质量发展，为人民提供全方位全周期健康服务，是政府施政的优先选项。本书主要从医院医疗服务和社区卫生服务两个方面设置相关的指标，从财政对医疗卫生服务的支持、医疗卫生技术人才和设施的拥有量、社区卫生服务机构就诊行为等来考察医疗卫生领域的服务供给绩效。

公共交通服务。公共交通与人民群众生产生活息息相关，不仅是满足民众出行需求的重大民生工程，也是促进经济发展的重要基础设施，还是提升经济社会包容度和公民社会参与度的重要变量。本书主要从公共交通的财政支出、万人拥有公共交通车辆保有量、每百辆公交运送旅客数、人均城市道路面积等指标来考察公共交通的服务绩效。

二 公共服务数据来源与处理

湖南公共服务绩效综合评价的主要数据来源是湖南省政府各职能部

门提供的部门统计数据、湖南省统计局公布的《湖南统计年鉴2021》以及2021年湖南省各市（州）统计年鉴、统计公报等。[①] 由于原始的统计数据存在类型和量纲的差异，为方便对不同单位的指标进行加总，本书采用极差方法来消除量纲，具体方法如下：如果该指标与公共服务绩效呈现正向关系，则该指标标准化得分：$X^* = (x - min)/(max - min)$，X表示原始数据，min表示该指标样本中的最小值，max表示该指标样本中的最大值，X^*表示标准化后得到的数据，范围在【0，1】之间。如果该指标与公共服务绩效呈现负向关系，则该指标标准化公式为$X^* = (max - x)/(max - min)$，X表示原始数据，min表示该指标样本中的最小值，max表示该指标样本中的最大值，X^*表示标准化后得到的数据，范围在【0，1】之间。

在对具体指标进行无量纲化的处理后，需要确定权重对指标进行合成，从而形成各级权重指数及总权重指数。理想的权重代表了各组成部分对于最终结果的影响或者贡献。如何为指标赋予合适的权重是一个非常棘手的难题，因为不同的权重赋予方案都有自身的优劣势，理想的完美的权重赋予方案在实践中是无法实现的。本书采用在实践中较为可行和普遍的专家打分法，即根据专家打分结果赋予各指标不同的权重，得到各级公共服务分类权重指标和公共服务绩效评价的总权重指标。为尽量增强专家打分法的准确性和科学性，选择受邀专家尽量遵循多样化多层级的要求，既有具有高级技术职称的理论工作者，也有具有丰富实践经验的实务工作者，行业领域包括党政机关、科研智库、高等院校、基层社区等不同层面。

（一）环境保护服务指标原始数据及处理

2020—2021年，湖南各市（州）的城市环境服务水平如表1-2所示，具体指标排名可参考如图1-1所示的标准化处理结果。从投入指标来看，益阳市、永州市、衡阳市、邵阳市、湘西州五个市（州）节能环保支出占一般公共预算支出比重超11%，长沙市、株洲市节能环保支出占一般公共预算支出比重虽然分别排第十四位和第十三位，但因其一般

[①] 后文中表格中所采用的数据，如非特别注明，均来自以上来源。

公共预算支出总额大,其人均节能环保支出分别排第一位和第二位,分别达到643.32元和532.22元,其余益阳市、岳阳市、湘西州人均节能环保支出均超400元。从产出指标来看,湘西州、张家界市、郴州市、怀化市空气质量优良天数比例名列前茅,均超过97%,长株潭三市则在空气质量优良天数比例方面表现差强人意。长沙市、常德市、益阳市、永州市的城镇生活污水处理率超98%,而怀化市、湘西州、张家界市则表现较差。人均绿地覆盖面积方面,岳阳市、郴州市等9市(州)超40%,生活垃圾无害化处理率全省大多达到100%,仅有邵阳市、湘西州和怀化市三市(州)略低于100%。

表1-2　　湖南各市(州)环境保护服务各指标的原始水平

地区	节能环保支出占一般公共预算支出比重（%）	人均节能环保支出（元）	空气质量优良天数比例（%）	城镇生活污水处理率（%）	人均绿地覆盖面积（%）	生活垃圾无害化处理率（%）
长沙市	5.20	643.32	83.30	99.51	40.79	100.00
株洲市	8.23	532.22	84.90	97.48	43.02	100.00
湘潭市	8.57	321.81	84.40	97.83	40.69	100.00
衡阳市	11.65	177.87	91.50	97.87	40.35	100.00
邵阳市	11.52	163.45	89.60	97.20	40.61	99.09
岳阳市	10.48	441.78	90.40	97.77	42.26	100.00
常德市	9.98	375.72	85.50	99.18	37.89	100.00
张家界市	9.05	370.65	97.80	96.25	37.95	100.00
益阳市	11.93	447.03	87.40	98.79	38.86	100.00
郴州市	10.95	333.73	97.80	96.93	42.20	100.00
永州市	11.66	274.20	94.80	98.29	40.71	100.00
怀化市	10.28	218.66	97.00	94.74	40.13	99.66
娄底市	10.63	143.80	91.50	97.75	38.48	100.00
湘西州	11.05	400.27	98.90	95.43	36.82	99.15

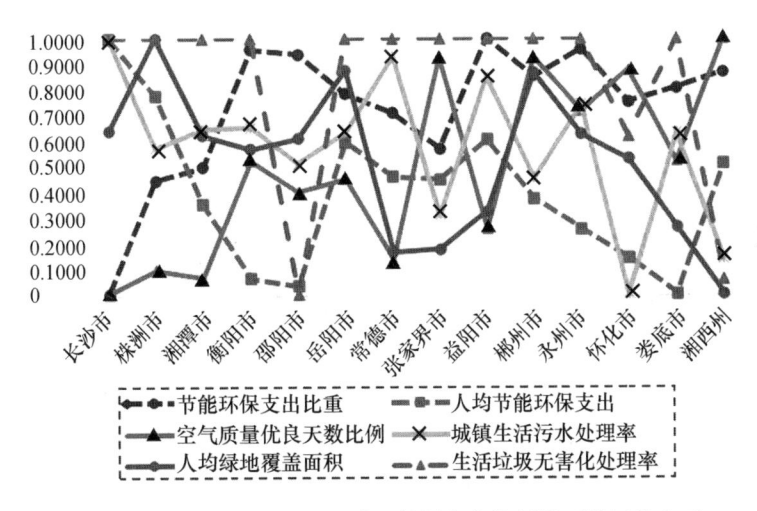

图 1-1 湖南各市（州）环境保护服务各指标的无量纲化水平

（二）基础教育服务指标原始数据及处理

2020—2021 年，湖南各市（州）的基础教育服务水平如表 1-3 所示，具体指标排名可参考如图 1-2 所示的标准化处理结果。从投入指标来看，永州、邵阳、娄底、怀化、衡阳、郴州六个市（州）在教育总投入方面超过全省平均水平，湘潭、常德表现相对较差；长沙、湘西州、常德、怀化、张家界、湘潭六个市（州）在生均教育资源供给水平方面超过全省平均水平，娄底和郴州表现相对较差。从产出指标来看，长沙市、岳阳市、湘潭市、永州市、株洲市的普惠性幼儿园覆盖率超过全省平均水平，常德市相对落后。湘西州万人普通小学学校数量最多，达 1.92 个。从万人普通中学学校数量看，怀化市表现较好，达 0.82 个。从普通小学生师比看，永州市、衡阳市、湘西州表现较好，娄底市、株洲市、长沙市表现较差。从普通中学生师比看，常德市、益阳市、岳阳市、湘潭市表现较好，虽然生师比指标并不能反映教育质量水平，但该评价结果至少说明娄底市、株洲市、长沙市等市（州）在小学教育资源方面存在较高的拥挤性，而邵阳市、郴州市、永州市等市（州）在中学教育资源方面存在较高的拥挤性。

— 11 —

第一部分 总报告

表1-3 湖南各市（州）基础教育服务各指标的原始水平

地区	一般公共预算教育经费占一般公共预算支出比例（%）	生均一般公共预算教育经费（元）	普惠性幼儿园覆盖率（%）	每万人普通小学学校数量（所/万人）	每万人普通中学学校数量（所/万人）	普通小学生师比	普通中学生师比
长沙市	15.64	16191.65	91.88	0.90	0.36	17.63	12.82
株洲市	13.69	9737.41	89.42	0.96	0.53	18.57	13.63
湘潭市	13.02	10584.77	90.23	1.38	0.58	17.17	12.53
衡阳市	17.76	9360.20	88.52	1.49	0.70	16.34	14.08
邵阳市	18.70	9074.16	87.38	1.40	0.73	17.29	15.12
岳阳市	14.89	9814.73	91.27	1.25	0.60	17.20	12.53
常德市	13.03	11363.62	83.55	0.79	0.54	16.58	11.73
张家界市	13.55	10590.58	87.41	0.64	0.69	16.52	13.04
益阳市	15.49	9804.51	88.16	1.06	0.57	16.60	12.20
郴州市	17.77	8388.35	87.87	0.77	0.67	16.56	14.58
永州市	19.45	9442.27	89.90	0.93	0.69	16.16	14.30
怀化市	18.33	10887.95	84.32	0.53	0.82	16.64	13.48
娄底市	18.39	7996.60	86.75	1.92	0.79	18.89	13.77
湘西州	15.87	11147.24	86.42	0.73	0.63	16.49	13.04
湖南省	16.14	10539.06	88.62	1.08	0.62	17.04	13.52

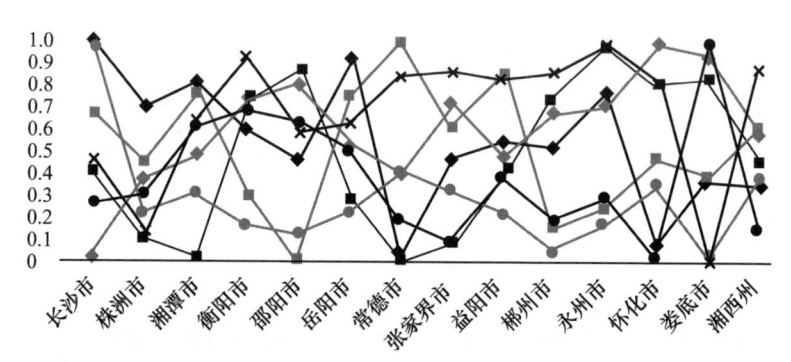

图1-2 湖南各市（州）基础教育服务各指标的无量纲化水平

（三）公共安全服务指标原始数据及处理

2020—2021 年，湖南各市（州）的公共安全服务水平如表 1-4 所示，具体指标排名可参考如图 1-3 所示的标准化处理结果。从投入比重来看，公共安全支出占一般公共预算支出比重排名全省前三的市（州）分别是长沙市、湘潭市、衡阳市。从人均支出水平看，长沙市排名第一位，达到 709.15 元，其次是株洲市和张家界市，分别达到 506.39 元和 500.32 元。从亿元地区生产总值事故死亡人数看，除湘西州外，其余市（州）相差不大，均未超过 0.06 人。从万人火灾死亡人数看，岳阳市、张家界市、永州市未发生火灾事故的人员死亡。从万车交通事故死亡人数看，郴州市交通事故死亡人数最低，为 0.58 人。从食品安全评价性抽检合格率看，全省各市（州）表现较为一致，除株洲市达到 100% 外，其余市（州）普遍在 98% 以上。

表 1-4　　　　　湖南省 14 市（州）公共安全服务水平

	公共安全支出占一般公共预算支出比重（%）	人均公共安全支出（元）	亿元地区生产总值事故死亡人数（人）	万人火灾死亡人数（人）	万车交通事故死亡人数（人）	食品安全评价性抽检合格率（%）
长沙市	4.75	709.15	0.0196	0.0078	1.64	99.59
株洲市	4.21	506.39	0.0309	0.0103	0.96	100.00
湘潭市	4.59	494.29	0.0427	0.0000	1.51	99.12
衡阳市	4.49	390.24	0.0390	0.0060	2.82	99.48
邵阳市	4.10	368.67	0.0471	0.0046	3.33	99.59
岳阳市	3.71	399.92	0.0315	0.0000	3.01	99.13
常德市	3.81	443.55	0.0421	0.0019	3.52	98.23
张家界市	3.84	500.32	0.0539	0.0000	0.65	99.21
益阳市	3.63	362.86	0.0534	0.0104	4.36	99.54
郴州市	3.69	366.27	0.0340	0.0064	0.58	98.69

续表

	公共安全支出占一般公共预算支出比重（%）	人均公共安全支出（元）	亿元地区生产总值事故死亡人数（人）	万人火灾死亡人数（人）	万车交通事故死亡人数（人）	食品安全评价性抽检合格率（%）
永州市	3.84	363.26	0.0508	0.0000	3.54	98.17
怀化市	3.74	392.97	0.0353	0.0132	2.33	98.20
娄底市	4.34	373.82	0.0476	0.0263	0.65	98.32
湘西州	3.16	454.58	0.1158	0.0309	3.95	98.83

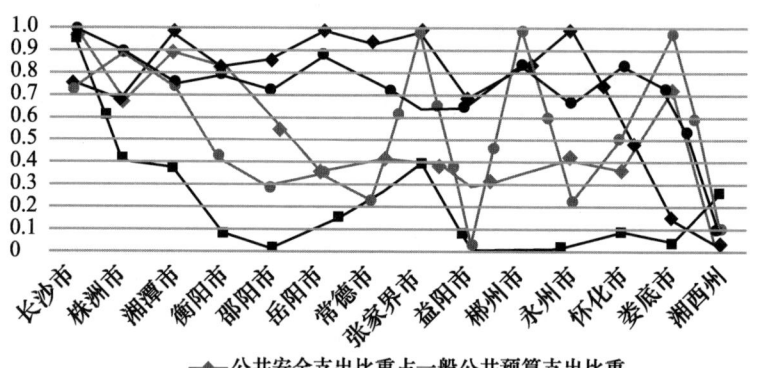

图 1-3　湖南各市（州）公共安全服务各指标的无量纲化水平

（四）社会保障服务指标原始数据及处理

2020—2021 年，湖南各市（州）的社会保障服务水平如表 1-5 所示，具体指标排名可参考如图 1-4 所示的标准化处理结果。从总投入来看，各市（州）社会保障和就业支出占一般公共预算支出比重普遍较大，除长沙市和湘西州外，其余 12 个市（州）社会保障和就业支出占一般公共预算支出比重均超过 10%，其中衡阳市最高，达到 15.56%。从人均水平看，湘西州最高，人均社会保障服务和就业支出达到 1774.27 元，其次是常德市（1624.37 元）和张家界市（1583.18 元）。从参加城镇职工养老保险比例看，株洲市、衡阳市、常德市三市比例较高，分别达到48.49%、47.15%和45.64%；从参加城乡居民医疗保险比例看，各市（州）的参保比例差异明显，益阳市参保比例最高，达91.34%。从每万人社会救助人数看，邵阳市最多，达到237.88人。从城市居民最低生活保障标准与城市居民人均消费之比看，湘西州的保障标准最高。从每千名老人拥有养老床位数看，湖南各市（州）表现较为均衡，除岳阳市、常德市、郴州市、益阳市、长沙市外，其余市（州）均在37.30—39.60张之间。

表1-5　　　　湖南省14市（州）社会保障和就业服务水平

地区	社会保障和就业支出占一般公共预算支出比重（%）	人均社会保障服务和就业支出（元）	参加城镇职工养老保险比例（%）	参加城乡居民医疗保险比例（%）	每万人社会救助人数（人）	城市居民最低生活保障标准与城市居民人均消费之比	每千名老人拥有养老床位数（张）
长沙市	8.44	1259.64	44.47	33.75	31.09	0.18	40.00
株洲市	10.16	1223.13	48.49	56.39	73.55	0.22	38.40
湘潭市	12.74	1370.76	33.34	53.63	119.32	0.22	37.30
衡阳市	15.56	1352.87	47.15	40.70	153.38	0.25	38.70
邵阳市	13.51	1215.42	35.35	50.65	237.88	0.33	39.60
岳阳市	12.50	1345.75	14.17	68.93	138.80	0.26	42.00
常德市	13.96	1624.37	45.64	82.39	73.56	0.25	42.00
张家界市	12.14	1583.18	13.05	72.11	81.42	0.32	37.50
益阳市	14.21	1421.93	25.50	91.34	107.80	0.29	40.60
郴州市	13.58	1347.80	15.56	50.54	41.11	0.27	41.17
永州市	14.71	1392.13	22.54	81.79	71.37	0.27	39.10
怀化市	13.91	1462.49	10.18	41.10	35.84	0.28	37.00
娄底市	13.86	1193.44	32.79	51.15	48.09	0.29	38.00
湘西州	8.44	1774.27	6.00	61.37	69.28	0.37	37.40

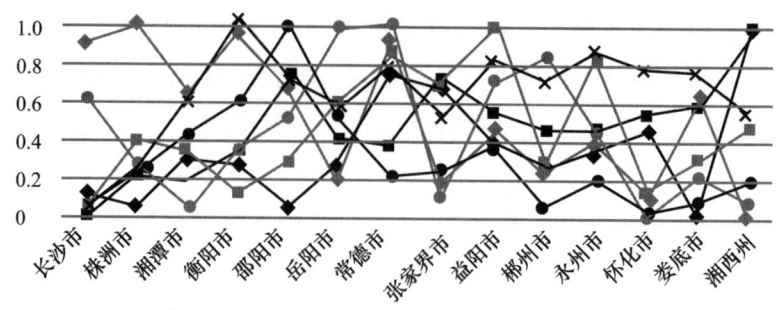

图1-4 湖南各市（州）社会保障服务各指标的无量纲化水平

（五）文化体育服务指标原始数据及处理

2020—2021年，湖南各市（州）的文化体育服务水平如表1-6所示，具体指标排名可参考如图1-5所示的标准化处理结果。从投入比重来看，各市（州）文化体育等支出占一般公共预算支出比重差异不大，只有郴州市、张家界市、永州市和衡阳市超过2%，其余均在2%以下。从人均水平看，张家界市、湘西州和郴州市遥遥领先其他市（州），超过260元，其余市（州）人均文化体育等支出均在200元以下。从人均拥有公共图书馆馆藏量看，长沙可谓一枝独秀，人均达到1.21册。除永州市人均拥有公共图书馆馆藏量达到0.85册外，其余市（州）人均拥有公共图书馆馆藏量均比长株潭三市少。从万人公共图书馆建筑面积看，湘西州排名第一，达到134.58平方米，其次为长沙市（124.68平方米），第三是郴州市（119.81平方米）。从万人艺术馆文化馆数和万人低免开体育场馆数看，湖南各市（州）的差异不大。从广播综合人口覆盖率看，除张家界市仅有93.89%外，其余各市（州）的差异不大。

表1-6　　　　湖南省14市（州）文化体育服务水平

地区	文化体育等支出比重（%）	人均文化体育等支出（元）	人均拥有公共图书馆馆藏量（册）	万人公共图书馆建筑面积（平方米）	万人艺术馆文化馆数（所）	万人低免开体育场馆数（所）	广播综合人口覆盖率（%）
长沙市	1.20	179.79	1.21	124.68	0.01	0.01	100.00
株洲市	1.26	151.93	0.92	80.73	0.03	0.02	100.00
湘潭市	1.52	163.25	0.62	116.68	0.02	0.03	100.00
衡阳市	2.06	178.81	0.39	43.18	0.02	0.01	99.91
邵阳市	1.51	135.83	0.35	70.77	0.02	0.01	97.36
岳阳市	1.19	127.79	0.38	69.90	0.02	0.02	99.99
常德市	1.45	168.37	0.42	97.09	0.02	0.02	100.00
张家界市	2.14	278.76	0.29	49.31	0.03	0.00	93.89
益阳市	1.98	198.03	0.36	68.09	0.02	0.03	99.55
郴州市	2.68	265.67	0.37	119.81	0.03	0.03	99.91
永州市	2.11	199.35	0.85	117.76	0.02	0.02	99.02
怀化市	1.25	131.14	0.48	95.25	0.03	0.02	99.52
娄底市	1.20	103.11	0.34	84.08	0.02	0.03	99.95
湘西州	1.93	277.46	0.46	134.58	0.04	0.03	98.64

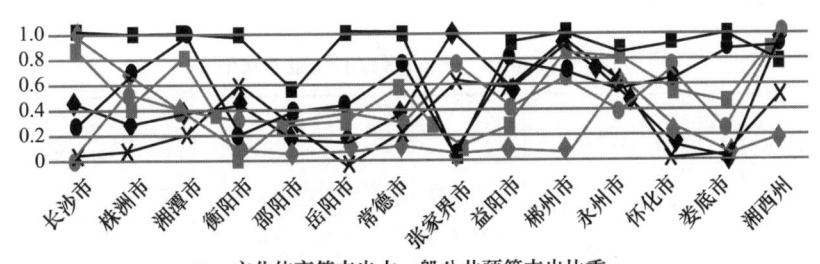

图1-5　湖南各市（州）文化体育服务各指标的无量纲化水平

(六) 医疗卫生服务指标原始数据及处理

2020—2021年，湖南各市（州）的医疗卫生服务水平如表1-7所示，具体指标排名可参考如图1-6所示的标准化处理结果。从投入指标看，益阳市、永州市、衡阳市在卫生健康支出占一般公共预算支出比重方面排在全省前三；人均卫生健康支出最高的市（州）是湘西州，达到1590.55元。从产出指标来看，湘西州、怀化市每千人口拥有医院床位数最多，分别达到9.11张和9.03张。从每千人口执业（助理）医师数看，长沙市、湘潭市、株洲市三市表现较好。从每千人口注册护士数看，长沙市、株洲市、湘潭市三市同样表现较好。虽然每千人口医师数和注册护士数指标不能反映医疗卫生服务的质量水平，但这两个指标的数值至少反映了排名靠前的市（州）拥有更好更多的医疗卫生人才，而排名靠后的市（州）在医疗卫生人才数量方面存在短缺现象。从每千人口拥有社区卫生服务机构卫生技术人员数看，长沙市表现优异，每千人口拥有社区卫生技术人员数位居全省第一位，达到0.75人。排在第二位和第三位的分别是株洲市和衡阳市，每千人口拥有社区卫生技术人员数分别为0.4人和0.36人，其余市（州）每千人口拥有社区卫生技术人员数均低于全省平均水平。从社区卫生服务机构总诊疗人次占医疗卫生服务机构总诊疗人次比重看，长沙市、株洲市、衡阳市分别居第一、第二、第三位。

表1-7　　湖南省14市（州）医疗卫生服务水平

地区	卫生健康支出比重（%）	人均卫生健康支出（元）	每千人口拥有医院床位数（张）	每千人口执业（助理）医师数（人）	每千人口注册护士数（人）	每千人口拥有社区卫生服务机构卫生技术人员数（人）	社区卫生服务机构总诊疗人次占医疗卫生服务机构总诊疗人次比重（%）
长沙市	5.20	776.31	8.51	3.46	4.51	0.75	13.70
株洲市	8.23	990.12	7.61	3.02	3.74	0.40	8.90

续表

地区	卫生健康支出比重（%）	人均卫生健康支出（元）	每千人口拥有医院床位数（张）	每千人口执业（助理）医师数（人）	每千人口注册护士数（人）	每千人口拥有社区卫生服务机构卫生技术人员数（人）	社区卫生服务机构总诊疗人次占医疗卫生服务机构总诊疗人次比重（%）
湘潭市	8.57	922.73	7.93	3.18	4.12	0.31	6.30
衡阳市	11.65	1012.61	7.64	2.73	3.83	0.36	7.46
邵阳市	11.52	1036.50	7.46	2.46	3.07	0.17	3.90
岳阳市	10.48	1128.67	7.38	2.70	3.15	0.30	5.56
常德市	9.98	1161.35	7.96	2.85	3.19	0.34	5.72
张家界市	9.05	1181.18	7.13	2.73	3.05	0.34	3.14
益阳市	11.93	1193.63	8.19	2.99	3.48	0.22	3.96
郴州市	10.95	1087.02	7.96	2.74	3.61	0.25	7.02
永州市	11.66	1103.66	8.37	2.79	3.34	0.34	5.77
怀化市	10.28	1080.63	9.03	2.97	3.74	0.12	1.81
娄底市	10.63	915.33	7.92	2.83	2.98	0.20	4.90
湘西州	11.05	1590.55	9.11	2.85	3.67	0.18	3.20

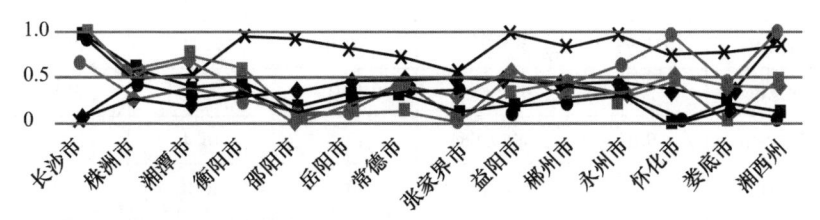

图1-6 湖南各市（州）医疗卫生服务各指标的无量纲化水平

（七）公共交通服务指标原始数据及处理

2020—2021年，湖南各市（州）的公共交通服务水平如表1-8所示，具体指标排名可参考如图1-7所示的标准化处理结果。从投入比重看，张家界市交通运输支出占一般公共预算支出比重遥遥领先全省，接近10%。从人均支出水平看，张家界市同样表现抢眼，接近1200元。从万人公共交通车辆保有量来看，郴州市、益阳市、长沙市最多，分别达到24.3辆、23.5辆、21.0辆。从每百辆公交运送旅客数看，张家界市、岳阳市的公交运行效率最高，达到1489.4人和1311.0人。

表1-8　湖南省14市（州）公共交通服务水平

地区	交通运输支出占一般公共预算支出比重（%）	人均交通运输支出（元）	万人公共交通车辆保有量（辆）	人均城市道路面积（平方米）	每百辆公交运送旅客数（万人）
长沙市	3.11	463.8717	21.0	21.6	445.3
株洲市	3.04	365.3762	11.2	25.1	996.7
湘潭市	2.84	305.7311	16.3	17.4	529.9
衡阳市	3.03	263.5964	17.9	13.7	432.0
邵阳市	4.21	378.2794	14.6	16.4	713.4
岳阳市	4.93	531.2311	10.0	22.3	1311.0
常德市	5.82	677.6853	10.1	22.1	821.0
张家界市	9.19	1199.064	12.5	16.4	1489.4
益阳市	5.06	506.5032	23.5	20.0	464.3
郴州市	4.49	446.2527	24.3	11.5	870.8
永州市	3.79	358.9744	13.5	21.0	1124.7
怀化市	4.69	492.932	7.8	10.9	1247.6
娄底市	3.41	293.7376	8.6	23.5	1081.6
湘西州	5.62	809.1129	8.6	14.1	870.0

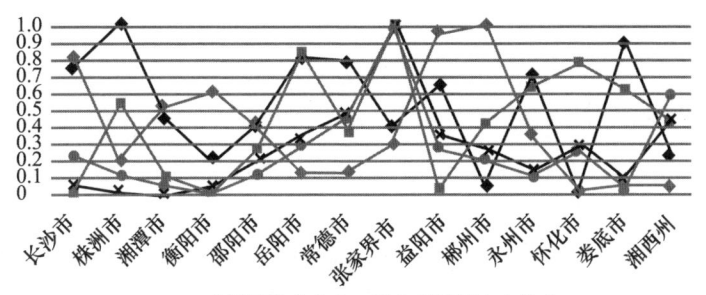

图 1-7 湖南各市（州）公共交通服务各指标的无量纲化水平

三 公共服务绩效得分

（一）2020—2021 年湖南 14 市（州）公共服务综合绩效得分

按照指标权重及标准化后的数据，通过算数加权平均的方式，课题组计算出湖南省各市（州）公共服务绩效综合得分（见表1-9）。各市（州）之间的公共服务综合绩效存在明显的区域差异（见图1-8）。

表 1-9　2020—2021 年湖南省各市（州）公共服务绩效综合评价　　单位：分

地区	环境保护	基础教育	公共安全	医疗健康	文化体育	社会保障	公共交通	综合得分
长沙市	0.6108	0.5500	0.8755	0.6539	0.5263	0.2284	0.3627	0.5480
株洲市	0.6488	0.3203	0.7535	0.4331	0.5351	0.3341	0.3623	0.4826
湘潭市	0.5324	0.5062	0.7117	0.4589	0.6097	0.3738	0.2196	0.4893
衡阳市	0.6286	0.5920	0.6053	0.4599	0.4136	0.5264	0.1695	0.4921
邵阳市	0.4210	0.5045	0.5360	0.2616	0.3035	0.5622	0.2774	0.4161
岳阳市	0.7233	0.5422	0.5245	0.3370	0.3626	0.5045	0.4640	0.4950
常德市	0.5718	0.3981	0.4186	0.4058	0.4973	0.7017	0.4440	0.4903

续表

地区	环境保护	基础教育	公共安全	医疗健康	文化体育	社会保障	公共交通	综合得分
张家界市	0.5738	0.4374	0.6570	0.2728	0.3741	0.4508	0.7386	0.4988
益阳市	0.6762	0.5204	0.3962	0.4742	0.5447	0.6168	0.4497	0.5235
郴州市	0.7453	0.4491	0.5254	0.4339	0.7846	0.4125	0.3760	0.5240
永州市	0.7175	0.5961	0.3726	0.4700	0.6530	0.5110	0.3784	0.5240
怀化市	0.4882	0.5116	0.3875	0.4513	0.4875	0.3078	0.2558	0.4125
娄底市	0.5399	0.5132	0.4410	0.3133	0.3984	0.3714	0.3198	0.4144
湘西州	0.4342	0.4800	0.1326	0.5720	0.7961	0.4869	0.3460	0.4557
湖南省	0.5937	0.4944	0.5241	0.4284	0.5052	0.4563	0.3688	0.4833

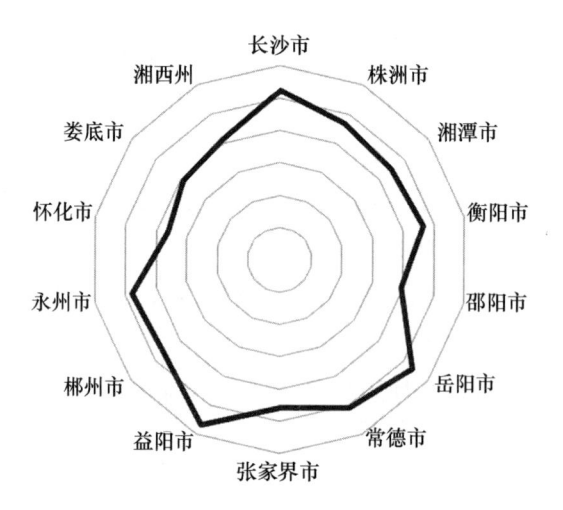

图 1-8 湖南各市（州）公共服务综合得分雷达图

（二）2020—2021 年湖南 14 市（州）公共服务绩效评价单项指标排行

1. 环境保护服务

2020—2021 年湖南 14 市（州）城市环境服务综合评价得分为 0.5937 分（见表 1-10），在七项公共服务要素之中排名第一。该要素得分排名前三的市（州）分别为郴州市、岳阳市、永州市（见图 1-9），其得分分别为 0.7453 分、0.7233 分和 0.7175 分。跻身前五的市（州）

还有益阳市（0.6762 分）、株洲市（0.6488 分）。从具体数值来看，14个市（州）有 7 个市（州）该项得分超过全省平均分。

表 1-10　　　　　湖南各市（州）城市环境服务得分

地区	得分	地区	得分
长沙市	0.6108	张家界市	0.5738
株洲市	0.6488	益阳市	0.6762
湘潭市	0.5324	郴州市	0.7453
衡阳市	0.6286	永州市	0.7175
邵阳市	0.4210	怀化市	0.4882
岳阳市	0.7233	娄底市	0.5399
常德市	0.5718	湘西州	0.4342
湖南省	0.5937		

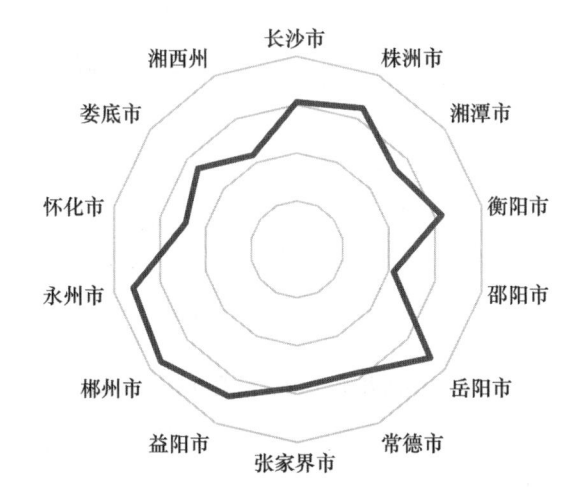

图 1-9　湖南各市（州）城市环境服务得分雷达图

2. 基础教育服务

2020—2021 年湖南 14 市（州）基础教育服务综合评价得分为 0.4944 分，在七项公共服务要素之中排名第四。总体来看，各市（州）基础教育总体得分差异相对较小（见图 1-10），从 0.3203 分到 0.5961 分不等，有 9 个市（州）得分超过全省平均分。

表 1-11　　　　湖南各市（州）基础教育服务得分

地区	得分	地区	得分
长沙市	0.5500	张家界市	0.4374
株洲市	0.3203	益阳市	0.5204
湘潭市	0.5062	郴州市	0.4491
衡阳市	0.5920	永州市	0.5961
邵阳市	0.5045	怀化市	0.5116
岳阳市	0.5422	娄底市	0.5132
常德市	0.3981	湘西州	0.4800
湖南省	0.4944		

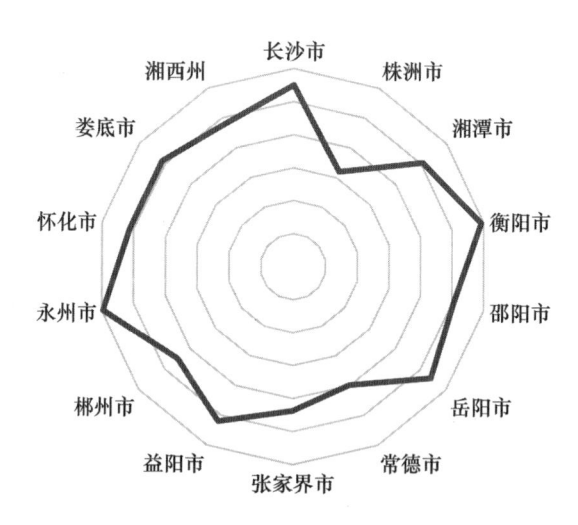

图 1-10　湖南各市（州）基础教育得分雷达图

3. 公共安全服务

2020—2021 年湖南 14 市（州）公共安全服务综合评价得分为 0.5241 分（见表 1-12），在七项公共服务要素之中排名第二。该要素得分排名前三的市（州）分别为长沙市、株洲市、湘潭市（见图 1-11），其得分分别为 0.8755 分、0.7535 分和 0.7117 分。跻身前五的市（州）还有张家界市（0.6570 分）、衡阳市（0.6053 分）。从具体数值来看，14 个市（州）有 8 个市（州）该项得分超过全省平均分，最高分和最低分差距在七项公共服务要素中排在第一位，说明湖南各市（州）公共安全服务的均衡发展尚需进一步完善和提升。

表1-12　　　　　湖南各市（州）城市环境服务得分

地区	得分	地区	得分
长沙市	0.8755	张家界市	0.6570
株洲市	0.7535	益阳市	0.3962
湘潭市	0.7117	郴州市	0.5254
衡阳市	0.6053	永州市	0.3726
邵阳市	0.5360	怀化市	0.3875
岳阳市	0.5245	娄底市	0.4410
常德市	0.4186	湘西州	0.1326
湖南省	0.5241		

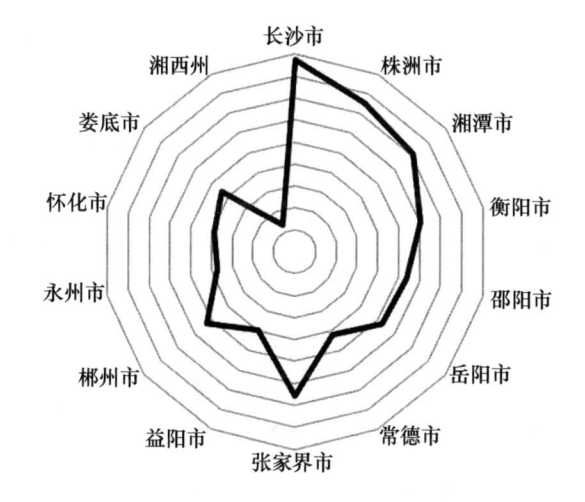

图1-11　湖南各市（州）公共安全服务得分雷达图

4. 社会保障服务

2020—2021年湖南14市（州）社会保障服务综合评价得分为0.4563分（见表1-13），在七项公共服务要素之中排名第五。该要素得分排名前三的市（州）分别为常德市、益阳市、邵阳市，其得分分别为0.7017分、0.6168分和0.5622分。跻身前五的市（州）还有衡阳市（0.5264分）、永州市（0.5110分）。从具体数值来看，14个市（州）有

第一部分 总报告

7个市（州）该项得分超过全省平均分，湖南省各市（州）社会保障服务水平的均衡化发展有待进一步完善和提升（见图1-12）。

表1-13　　　　　湖南各市（州）社会保障服务得分

地区	得分	地区	得分
长沙市	0.2284	张家界市	0.4508
株洲市	0.3341	益阳市	0.6168
湘潭市	0.3738	郴州市	0.4125
衡阳市	0.5264	永州市	0.5110
邵阳市	0.5622	怀化市	0.3078
岳阳市	0.5045	娄底市	0.3714
常德市	0.7017	湘西州	0.4869
湖南省	0.4563		

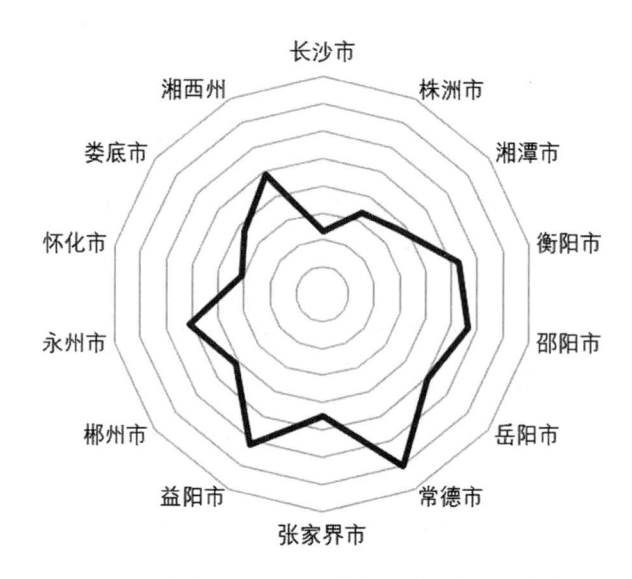

图1-12　湖南各市（州）社会保障服务得分雷达图

5. 文化体育服务

2020—2021年湖南14市（州）文化体育服务综合评价得分为0.5205分（见表1-14），在七项公共服务要素之中排名第三。该要素得分排名前三的市（州）分别为湘西州、郴州市、永州市，其得分分别为0.7961分、0.7846分和0.6530分。跻身前五的市（州）还有湘潭市

(0.6097 分)、益阳市 (0.5447 分)。从具体数值来看，14 个市（州）有 7 个市（州）该项得分超过全省平均分，湖南省各市（州）文化体育服务水平的不均衡现象较为突出，需要进一步改进和优化（见图 1-13）。

表 1-14　　　　湖南各市（州）文化体育服务得分

地区	得分	地区	得分
长沙市	0.5263	张家界市	0.3741
株洲市	0.5351	益阳市	0.5447
湘潭市	0.6097	郴州市	0.7846
衡阳市	0.4136	永州市	0.6530
邵阳市	0.3035	怀化市	0.4875
岳阳市	0.3626	娄底市	0.3984
常德市	0.4973	湘西州	0.7961
湖南省	0.5205		

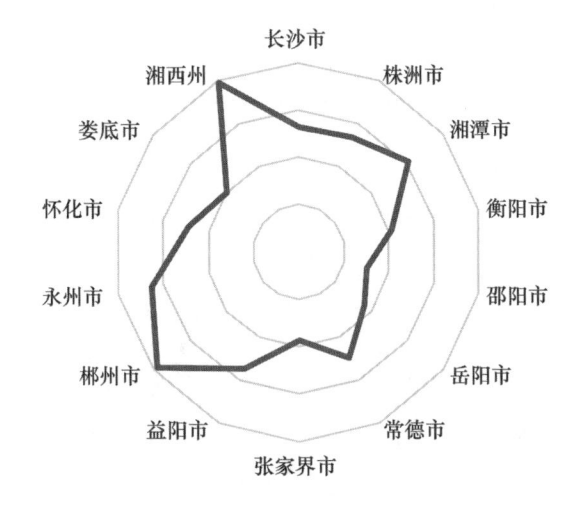

图 1-13　湖南各市（州）文化体育服务雷达图

6. 医疗卫生服务

2020—2021 年湖南 14 市（州）医疗卫生服务综合评价得分为 0.4284 分（见表 1-15），在七项公共服务要素之中排名第六。该要素得分排名前三的市（州）分别为长沙市、湘西州、益阳市，其得分分别为0.6539、0.5720、0.4742分。跻身前五的市（州）还有永州市（0.4700分）、衡阳市（0.4599分）。在14个市（州）中，最高分为0.6539分，最低分为0.2616分，最高分与最低分相差0.3923分，表明各市（州）之间的发展差异相对较大，部分市（州）的公共安全状况需要进一步优化（见图1-14）。在14市（州）中有9市（州）在该项的得分超过全省平均水平，占比为64.3%。

表1-15　　　　　　湖南各市（州）医疗卫生服务得分

地区	得分	地区	得分
长沙市	0.6539	张家界市	0.2728
株洲市	0.4331	益阳市	0.4742
湘潭市	0.4589	郴州市	0.4339
衡阳市	0.4599	永州市	0.4700
邵阳市	0.2616	怀化市	0.4513
岳阳市	0.3370	娄底市	0.3133
常德市	0.4058	湘西州	0.5720
湖南省	0.4284		

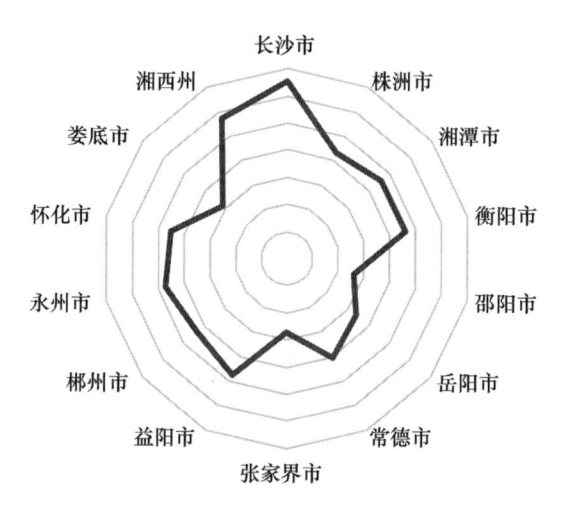

图1-14　湖南各市（州）医疗卫生服务得分雷达图

7. 公共交通服务

2020—2021 年湖南 14 市（州）公共交通服务综合评价得分为 0.3688 分（见表 1-16），在七项公共服务要素之中排名第七。该要素得分排名前三的市（州）分别为张家界市、岳阳市、益阳市，其得分分别为 0.7386 分、0.4640 分和 0.4497 分。跻身前五的市（州）还有常德市（0.4440 分）、永州市（0.3784 分）。从具体数值来看，公共服务该项要素的整体得分较低，全省平均分仅为 0.3688 分，14 个市（州）只有 6 个市（州）该项得分超过全省平均分，湖南各市（州）公共交通服务整体有待加强（见图 1-15）。

表 1-16　　　　湖南各市（州）公共交通服务得分

地区	得分	地区	得分
长沙市	0.3627	张家界市	0.7386
株洲市	0.3623	益阳市	0.4497
湘潭市	0.2196	郴州市	0.3760
衡阳市	0.1695	永州市	0.3784
邵阳市	0.2774	怀化市	0.2558
岳阳市	0.4640	娄底市	0.3198
常德市	0.4440	湘西州	0.3460
湖南省	0.3688		

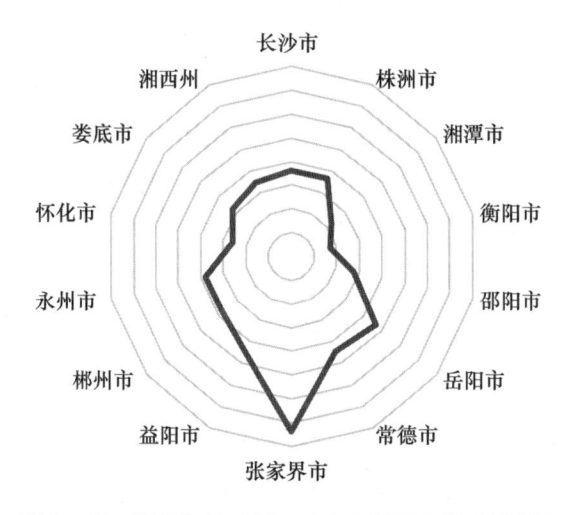

图 1-15　湖南各市（州）公共交通服务得分雷达图

四 研究结论及政策建议

2020—2021年湖南各市（州）公共服务绩效综合评价平均得分为0.4833分，得分排名前五的是市（州）是长沙市、郴州市、永州市、益阳市、张家界市，得分超过平均分的市（州）还有岳阳市、衡阳市、常德市、湘潭市。长沙市在公共安全服务和医疗卫生服务两个单项指标排行中名列榜首，郴州市、永州市、湘西州、常德市、张家界市分别在城市环境服务、基础教育服务、文化体育服务、社会保障服务和公共交通服务单项指标排行中位居第一。整体而言，各市（州）公共服务绩效综合评价得分整体不高，公共服务发展地区不平衡和要素间不平衡现象同时并存，全省推进公共服务高质量发展的任务依然艰巨。

《中共中央关于党的百年奋斗重大成就和历史经验的决议》指出，人民对美好生活的向往就是我们的奋斗目标，增进民生福祉是我们坚持立党为公、执政为民的本质要求，让老百姓过上好日子是我们一切工作的出发点和落脚点，补齐民生保障短板、解决好人民群众急难愁盼问题是社会建设的紧迫任务。[1] 公共服务是人民群众最关心最直接最现实的民生问题，加强公共服务供给是党和政府坚持以人民为中心最直接最生动的体现。《中华人民共和国国民经济和社会发展第十四个五年规划和2035年远景目标纲要》将公共服务划分为基本公共服务、非基本公共服务和生活服务三大类，提出持续推进基本公共服务均等化，不断扩大普惠性非基本公共服务供给，丰富多层次多样化生活服务供给。[2] 为筑牢兜实基本民生底线，促进公共服务高质量发展，提升全体人民的获得感幸福感安全感指明了方向和路线。贯彻落实好中央关于公共服务的决策部署，达成2035年实现公共服务均等化的目标，从当前全省公共服务综合绩效现状出发，湖南还应该在以下方面持续发力。

---

[1] 《中共中央关于党的百年奋斗重大成就和历史经验的决议》，人民出版社2021年版，第47页。

[2] 参见《中华人民共和国国民经济和社会发展第十四个五年规划和2035年远景目标纲要》，人民出版社2021年版。

（一）系统设计，全面提升公共服务整体性

进入社会主义现代化新阶段后，人民群众美好生活需要在数量上呈几何级数增长，在内容上日益多样化多层次，特别是在民主、法治、公平、正义、安全、环境等方面的诉求越来越凸显，再加之因人口流动性引发的跨地区跨部门服务需求迅猛发展，对传统公共服务供给及其有效性带来严峻挑战。在此背景下增强全体人民的获得感幸福感安全感，必须进一步加强公共服务的整体性，提高各类服务主体解决综合性问题的能力，形成系统性、协同性、整体性公共服务传递机制。为此，不仅要从省级层面统筹建立健全公共服务制度，形成系统完整、无缝衔接、科学适用的公共服务标准体系、供给体系、规范体系，还要对承担公共服务供给主导责任的省—市—县（区）各级政府间的关系进行系统调整，以公共服务问题和资源为导向，探究如何"按照传统的自上而下的层级结构建立纵向的权力线，并根据新兴的各种网络建立起横向的行动线"，在具体的公共服务供给领域建立起协作和协同关系。[①] 纵向上，重新界定有类似公共服务职责的省—市—县（市、区）级政府的职权范围，对职责"分割化"和"碎片化"进行必要的协调和整合，有条件的市（州）可以探索建立公共服务委员会总揽全局，统筹规划全市域公共服务供给，以此实现公共服务组织及其职能的整合。横向上，市、县（市、区）级政府应将业务相似、职能相近的部门进行整合，共享信息、资金、人力等要素资源，大力推行一站式服务，提高服务的便捷性。区域间的横向政府也应加强沟通协作，超越行政边界联合提供面向区域的公共服务。

（二）需求为本，健全基本公共服务标准体系

《国家基本公共服务标准（2021年版）》涵盖幼有所育、学有所教、劳有所得、病有所医、老有所养、住有所居、弱有所扶七项百姓最为关心的"七有"，以及优军服务保障、文化服务保障"两个保障"，共9个方面、22大类、80个服务项目，并明确了每个项目的服务对象、服务内

---

① 任博、孙涛：《整体性治理视阈下我国城市政府公共服务职责划分问题研究》，《东岳论丛》2018年第3期。

容、服务标准、支出责任和牵头负责单位。在此基础上，湖南也出台了《湖南省基本公共服务标准（2021年版）》。国家级和省级公共服务标准的出台，是党和政府对人民群众的庄严承诺，也是推进基本公共服务均等化的重要政策路径。从政策实质上看，体现的是"国家标准兜底线、地方具体实施标准促提升"的公共服务分级保障思路，要求各省市在不折不扣地落实国家标准的前提下，因地制宜出台与本区域经济社会发展相适应的具体实施标准和特殊化指标，推动形成多层次、全覆盖、人性化的基本公共服务供给网络。为此，应坚持需求为本的原则，从人民最关心、最直接、最现实的利益入手，根据发展环境和发展基础的变化，及时对清单进行删减补充，推动形成基本公共服务标准的动态调整机制，确保公共服务标准体系有机衔接、因地制宜、因时制宜，实现公共服务内容与民生需求的合理匹配。要及时公开各项基本公共服务标准，畅通意见建议反馈渠道，适时组织开展基本公共服务供给水平测算和基本公共服务社会满意度调查，加强基本公共服务标准实施效果反馈，明晰公共服务的主要性短板与普遍性诉求，及时发现服务标准执行落地中的操作性问题并加以改进和完善，切实让公共服务答卷更有"厚度"，服务成效更有"温度"。

（三）精准投入，按人口要素统筹公共服务资源布局

2020年10月14日习近平总书记《在深圳经济特区建立40周年庆祝大会上的讲话》中指出，"要把提高发展平衡性放在重要位置，不断推动公共资源向基层延伸，构建优质均衡的公共服务体系建成全覆盖可持续的社会保障体系"[①]。从湖南各市（州）的公共服务绩效综合评价得分来看，公共服务不均衡依然客观存在，整体推进高水平的公共服务建设依然任重道远。同时，随着经济增长进入中高速阶段，财政性公共服务支出增长压力加大，推进公共服务高质量发展不仅要不断提高财政性投入，还要将提高财政性投入的效率能级作为新的增长点。因此，提高公共服务发展平衡性必须坚持以人民为中心，从区域平衡、城乡平衡、人群平

---

① 习近平：《在深圳经济特区建立40周年庆祝大会上的讲话》，人民出版社2020年版，第11页。

衡多个角度推动公共服务资源的均衡配置，实现公共服务的均衡发展：要健全全省对下转移支付制度，给予公共服务欠账多的地区和领域政策资金倾斜支持，更加注重农村基本公共服务体系建设，尽可能缩小人均财政支出差异，保障公共服务供给的普惠性；要确立"按人口要素统筹资源布局"的原则，将公共服务资源与常住人口总量、结构、流动趋势相衔接，增强公共服务体系与人口需求结构的匹配性；要针对基本公共服务需求识别不精准导致供给低效或无效的短板，构建基本公共服务供需无缝衔接的运行机制，解决供需错位、供不应求或供非所求的结构性失衡；要建立基于全生命周期基本公共服务需求反馈机制，精准识别不同区域、人群、年龄对基本公共服务的需求，改大水漫灌为精准滴灌，确保不同群体的获得感、幸福感、安全感都得到提升。

（四）转变方式，促进人找服务向服务找人的转变

人人平等享有政府提供的公共服务特别是基本公共服务是公民的基本权利。回应公共需求、承担公共责任、提供公共服务以及追求公共利益是各级政府理应承担的重要职责。在社会治理中凸显政府的公共性和服务性，强化政府的公共责任和公共利益价值追求，是实现"以人民为中心"必须坚持的价值取向。要坚持公共性和服务性的价值取向，将"以人民为中心"的思想融入公共服务供给全过程，明确划分市、区、街乡的事权，推动公共服务资源和力量下沉，加强家门口公共服务设施规划建设，做强做实家门口服务功能，以家门口服务设施为平台，推进体—医—养结合、"一老一小"融合，实现公共服务资源一体化整合、服务一站式享有。要彻底转变管理者思维，摒弃服务意识淡薄、以追求政治晋升并为此而作为的"官本位"意识，全力引导公职人员提高服务群众意识，增强服务群众能力，把广大群众的普遍需求当作哨声，做到"民有所呼、我有所应"，把困难群众的安危冷暖放在心上，做到权为民所用、情为民所系、利为民所谋。

（五）技术加持，实现公共服务智慧化便利化

公共服务高质量发展，不仅需要物理设施和人力资源的优化配置，还要充分运用大数据和新技术，从技术设施上发力，增强公共服务的可达性、便捷性，助力公共服务资源优化共享和群众的服务获得感。一是要借助互联网等信息技术完善公共服务资源的配置决策，准确识别公民全生命周期的服务需求，反映不同类别公共服务的需求强度，缩小地区、城乡、人群之间的公共服务资源配置差距，改善政府公共服务供给效能。二是要发挥"互联网+"对政务服务的技术效率改进效果，优化政府信息化顶层设计，提高部门间协同程度，缩小公共服务提供者与服务对象之间的信息差距，提升政府提供跨区域精准服务的水平。三是要借助大数据、区块链、人工智能等，丰富多样化服务场景，推进自助服务、指尖服务、网络服务，缩短服务对象接受服务的排队等候时间，提高公共服务便利性和智慧化，解决好公共服务"最后一公里"的问题。四是要借助现代网络技术实施"互联网+公共服务"模式，推进基本公共服务数字化、智能化改革，促进"城市大脑"与"社区微脑"的互通互联，发挥线上线下双向融合的治理模式，提高人民对公共服务的共建共享水平，引导公共服务发展的理性预期，改善公共服务主观评价绩效。

（六）强化监督，推动公共服务水平提质增效

没有评价就没有改进，没有监督就没有约束。尽管公共服务各主管业已基本构建了部门统计监测制度体系，但随着基本公共服务建设的不断推进，现有的统计监测制度体系还不能全面反映基本公共服务的建设状况和均等化进程，也尚无法通过监测数据来实现公共服务监督，提高公职人员公共服务动机和效能。推进高质量公共服务发展，必须紧扣基本公共服务标准体系，建立简单便捷的公共服务反馈机制，完善优化统计监测制度体系，及时反馈公共服务政策目标达成度、政策执行有效度、政策感知满意度等，对公共服务结构性短板弱项精密智控，对公共服务供给绩效精细质控。同时，要以统计监测体系为基础健全公共服务监督体系，完善基本公共服务统计监测评估机制，评测并提升公职人员公共服务领导力和公共服务动机，实现线上线下融合评估、主观和客观联合评估，发挥目标评价导向作用，逐步将公共服务的相关指标纳入政府考核体系中，与政府目标责任挂钩，更好地发挥数据统计在提高基本公共服务绩效方面的积极作用，为公共服务高质量发展提供监督保障。

第二部分

专题报告

基础教育服务发展评价

基础教育是国民教育的基石。随着科教强省战略和教育现代化战略的提出，湖南基础教育已取得了许多战略性、标志性、支柱性的重大成绩。为助力构建具有湖湘特色的高质量教育体系，本节试图选取投入类、能力类和效果类的主要客观评价数据，直观展示湖南各市（州）基础教育服务发展的基本情况，分析比较各市（州）基础教育的优势和劣势，深入挖掘影响基础教育发展水平的问题与困境，引导地方政府高度重视、家校社积极行动，采取有效应对策略促进湖南各市（州）持续提高基础教育服务水平，从而推动湖南基础教育向优质均衡、高质量发展迈进。根据数据的可获得性和代表性，本节将基础教育限定为学前教育和普通中小学教育，包括幼儿园、普通小学、普通初中和普通高中。

一 湖南省基础教育的主要成就

（一）"五育"并举水平全面提升

一是在立德树人中提升德育。线上，湖南省首创的被称为湖南"学习量最大、影响面最广、实效性最好"的数字化思政课堂"我是接班人"，影响辐射全国各地，2021年总学习人次突破10亿，先后被中宣部、教育部评为优秀案例。线下，湖南省充分利用全国爱国主义教育示范基地、全省革命旧址、红色研学实践资源基地等，组织开展参观学习、现场授课、红色讲演等沉浸式体验活动，全面推进全省中小学生德育大课堂建设。

二是在减负增效中提升智育。2021年7月湖南将"双减"工作作为全省教育系统"一号"工程，全省上下致力于优化作业设计质量，提高课堂教学质量,提升课后服务水平,创新学业评价方式,规范学科类培训发展等,逐渐形成"减负不减质、增质不增量"的良好局面。数据显示,"双减"实施一周年交出了一份出色成绩单:全省义务教育学校课后服务覆盖率达100%,作业时间控制达标率达100%,线下线上义务教育学科类培训机构压减率为100%,线下义务教育学科类培训机构压减4700余家,压减率超过80%。[①] 14个市州全部出台学科类培训政府指导价,学科类培训收费标准较"双减"前降低30%。株洲市被确定为全国义务教育课后服务案例单位,其课后服务经验还得到了中央教育工作领导小组的专刊推介。

三是在体教融合和以美育人中提升体育美育。湖南省将学生身心健康和审美素养提升到了更为重要的地位。全省各地各校积极举办了各式各样的体育竞赛活动,切实开展了丰富多彩的大课间和课外体育活动。2021年全省小学、初中、高中音乐器材配备学校达标率、美术器材配备学校达标率都达到96%以上,中小学音乐、美术专任教师分别达到1.9万人和1.7万人。

四是在劳动促进中提升劳动教育。湖南省因地制宜开展劳动教育,其中长沙市、湘潭市雨湖区、益阳市赫山区入选全国中小学劳动教育实验区,探索劳动育人的"湖南经验"。[②]

(二)教育民生改善取得实效

一是幼儿教育普及普惠水平持续提升。"增加公办园学位"是全省的重点民生实事项目,2021年,湖南省在2020年增加39.15万个幼儿园公办园学位基础上,继续扩充增加公办园学位13.5万个,公办园在园幼儿占比达到53.43%,相较2020年提升了5.77个百分点,超额完成国家规定的目标任务,让更多幼儿家长有了幸福感和获得感。2021年,在园幼儿人数增加到229.4万人,全省普惠性幼儿园覆盖率达到88.62%,比2020年增长了2.14个百分点,超过全国平均水平,全省幼儿教育已进入"普惠"新时代。

---

① 阳锡叶、余杏:《湖南:"双减"落地背后的"刚力量"》,http://m.jyb.cn/rmtzcg/xwy/wzxw/202208/t20220829_2110939390.html,访问日期:2022年8月。
② 余蓉:《展现新时代湖南教育新担当新气象》,《湖南日报》2022年1月25日。

二是普通中小学教育更加优质均衡。湖南省义务教育大班额、超大班额降幅居全国首位，普通高中大班额全省累计消除1923个，比例从2020年的9.63%降至0.83%，超大班额实现清零。营养改善计划覆盖全部贫困县，发放各级各类助学资金221.58亿元，安排专项资金30.9亿元支持乡镇寄宿制学校和乡村小规模学校建设，其中19.83亿元建成了361所乡镇标准化寄宿制学校；招收培养各类乡村教师公费定向师范生5.49万人。[①] 新田县率先在全省探索乡村小规模学校优化优化提质改革。百所芙蓉学校"花开三湘"。2021年，历经4年累计投入97.6亿元的101所芙蓉学校全部投入使用，为湖南边远地区提供学位14.6万个，拥有在校学生12.18万人，新引进教师5213人，为农村孩子插上腾飞的翅膀。"统一标准、统一设计、统一风格"的101所芙蓉学校，不仅硬件设施一应俱全，而且通过各县市区教育局公开招聘，选优配强了一大批好校长、好教师。一所所芙蓉学校不仅成为各地义务教育优质均衡发展的新标杆，也成为了当地的文化地标，有力改善了湖南部分农村地区办学条件较差、优质学位供应不足等突出问题，推进乡村振兴教育和教育振兴乡村的良性循环，极大增强了人民群众的获得感和幸福感。

三是教育信息化有效实施。湖南教育信息1.0时代，主要以建立"三通两平台"为主，湖南省自2013年每年安排不少于1亿元的教育信息化专项经费，同时将教育信息化经费列入财政预算，并要求各地各校每年安排教育信息化经费不低于公用经费支出的10%。一系列政策措施使得教育信息化建设取得突破性进展。湖南教育信息2.0时代，随着湖南省人民政府印发实施《湖南省"互联网+教育"行动计划（2019—2022年）》开启了新的进程。省教育厅主动向教育部递交了"厅长突破项目"申请，明确将教育数字化转型作为省、市、县三级"教育厅局长突破项目"，建立"互联网+教育"工作领导小组和联席会议等制度，成为全国第一个推动国家教育信息化2.0的试点省。在2019年"学校联网攻坚行动"网络全覆盖，以及2020年"多媒体教室攻坚行动"终端全覆盖基础上，2021年湖南全省全面实现了"网络到校""终端到校"。湖南将继续

---

① 余杏、蒋志平：《乡村教育如何振兴？湖南奋力闯、大胆创、扎实干》，参见https://edu.rednet.cn/content/2021/12/13/10555360.html，访问时间：2021年12月13日。

深入推进国家教育信息化2.0试点省建设，探索教育信息化2.0的模式、打造教育信息化2.0的学校、构建教育信息化2.0的生态，促进优质教育资源共享，城乡基础教育均衡发展。

（三）教师队伍素质整体提升

一是师德师风建设不断加强。"学高为师，身正为范"，湖南一直把思想政治素质和师德师风作为评价教师的第一标准。一方面，通过树典型、强宣传、扬风尚，表彰一大批品行优良、德高望重的优秀教师为广大教师树立榜样；另一方面，通过考核评价、师德督导、违规惩处问责等方式，敦促教师遵规守纪，防微杜渐，防止失德失范。2021年是湖南"师德师风建设年"，推选、表彰和宣传了一批教书育人的先进典型，使"学高为师、身正为范"的好教师在湖湘大地广为人知，让教书育人的楷模们的理想信念、责任意识、担当奉献精神等引领良好的师风、校风和学风。同时，在《湖南省中小学教师违反职业道德行为处理实施办法（试行）》《关于进一步加强师德师风建设有效预防中小学生遭受侵害的指导意见》等政策出台的基础上，省委教育工委、省教育厅、省纪委监委、驻教育厅纪检监察组联合下发了《湖南省师德师风教育读本》，编印了《典型案例警示录》，以"国培计划"为平台，开展中小学教师师德修养领航工作坊研修，研发全省师德培训课程体系等，多措并举推进师德师风建设再上新台阶。[1]

二是教师队伍建设扎实推进。教育大计，教师为本。湖南省教师队伍规模不断发展壮大。据统计，截至2021年，湖南各级各类学校共有教职工107.2万人，共有专任教师85.23万人。其中，幼儿园教师13.02万人，比2020年增长0.81万人；小学教师31.1万人，比2020年增长1.1万人；初中教师19.55万人，比2020年增长0.65万人；高中教师9.51万人，比2020年增长0.52万人。同时，湖南省形成了公费师范生培养的"湖南模式"。自2006年湖南在全国率先恢复公费师范教育以来，湖南共有33所高校承担了公费定向师范生的培养任务，招生人数也从2006年的1000人扩大到2021年的1.45万人，湖南现已成为全国规模最大的公费

---

[1] 黄京、余蓉：《打造德才兼备的高素质教师队伍——湖南开展"师德师风建设年"活动综述》，《湖南日报》2022年1月28日。

师范生培养省份。2021年，湖南还启动了"优师专项"计划，招生2300余人扩大师范生培养规模。① 此外，湖南省教师的学历水平不断提高。相关数据显示，全省幼儿园专任教师专科及以上人数占84.19%，中小学（不含中职）教师本科及以上学历占比78%。②

三是乡村教师人才培养体制机制不断健全。在人才补充方面，湖南省创造性地构建了新时代乡村教师队伍培养补充机制，在全国率先启动农村小学教师定向培养专项计划，针对乡村小规模学校特点启动"小学全科型"教师培养计划，通过"特岗计划"、"三区"支教计划、银龄讲学计划等不断充实壮大乡村教师队伍，同时加大对乡村音体美、科学、信息技术、心理健康等紧缺学科师资的培养，弥补乡村师资的结构性不平衡。在待遇提升方面，2021年，湖南省共投入补助资金11.4亿元，其中省本级财政投入6.7亿元，为25.5万名乡村教师发放了乡村教师人才津贴，实现了乡村教师人才津贴政策全覆盖。绩效工资分配也向艰苦地区、乡村小规模学校和乡镇寄宿制学校教师倾斜，每年固定安排12.77亿元，支持县市区为义务教育教师兑现绩效工资。③ 在职称评聘方面，以突出教学科研成果贡献度为考核重点，改革完善职称评审制度，建立了全省统一的中小学教师职称制度。在编制配备方面，在全国率先建立中小学教职工编制动态调整机制，2021年底实现全省中小学教职工编制以县为单位全面达到国家基本标准。湖南省全面推进引才、聚才、铸才、育才、扶才和优才，成效显著。

（四）教育综合改革不断推进

一是教育评价改革实施方案稳步推进。为贯彻落实中共中央、国务院正式印发的《深化新时代教育评价改革总体方案》以及《关于深化新时代教育督导体制机制改革的意见》的精神，2021年11月，湖南省结合实际制定了相关实施方案和意见，就如何完善立德树人体制机制，克服

---

① 杨斯涵、黄京：《优师专项、特岗计划……湖南这样充实乡村教师队伍》，《三湘都市报》2022年9月11日。
② 余蓉、黄京：《打造乐教善教的新一代"筑梦人"》，《湖南日报》2022年9月10日。
③ 余蓉、黄京：《打造乐教善教的新一代"筑梦人"》，《湖南日报》2022年9月10日。

"重'五唯'轻素质"的顽瘴痼疾，促进学生德智体美劳全面发展，形成正确的选人用人导向，引导教师更好履行教书育人职责等改革任务进行了规定和要求。同时，针对各级教育督导机构设置不统一、督导结果运用不充分、督学队伍不稳定、督导保障不到位等问题，在完善管理体制、优化运行机制、健全结果运用机制、完善队伍建设机制、落实条件保障机制以及工作要求等方面提出了25条具体举措。湖南省对教育评价改革的积极推进，对于新时代办好人民满意的教育，引导全党全社会树立科学的教育发展观、人才成长观、选人用人观具有非同寻常的意义，将为全国教育评价改革的推进实施贡献"湖南方案"和"湖南经验"。

二是"双减"政策实施初见成效。随着"双减"政策颁布实施，湖南省快速构建起纵向贯通、横向协同的"双减"工作协同联动机制，成立了省领导任组长、省直单位为成员的"双减"协调小组，各市州、县市区也陆续建立党委政府领导、相关部门参与的"双减"工作协调机制。湖南省教育厅还新成立校外培训监管处加强校外监管等，推动"双减"工作的有效开展。湖南结合省情，印发了《湖南省减轻义务教育阶段学生作业负担和校外培训负担实施方案》，全省14市州以此为蓝本，研究制定出了立足本地、更加细致、更具操作性的市州"双减"实施方案。湖南还出台了《关于建立全省"双减"问题监督举报长效机制的通知》《关于进一步做好中小学生课后服务工作的暂行办法》等一系列配套文件，为减轻学生负担、规范校外培训提供了政策保障。

三是义务教育招生入学改革和高考综合改革进一步深化。湖南省出台了中小学生招生入学政策和相关文件，着力构建规范有序和监督有力的普通中小学生招生机制，坚决堵住"掐尖"渠道，杜绝跨区域争抢生源，全面落实免试就近入学和"公民同招"政策，推动各地各校从"抢好生源"向"教好学生"转变，家长们"择校热"大幅降温，切实维护了良好教育生态。

二 湖南基础教育服务的基本情况

（一）湖南基础教育财政投入情况比较

加大教育投入，合理使用教育经费，是办好基础教育的重中之重。

本节选取一般公共预算教育经费[①]占一般公共预算支出[②]比例和生均一般公共预算教育经费（仅含学前教育、普通中小学教育）2个指标，参照教育部出台的《中国教育监测与评价统计指标体系（2020年版）》，通过对比研究一般公共预算教育经费占一般公共预算支出的比例和生均一般公共预算教育经费，反映湖南各地对教育事业的投入水平和支持力度。由于2021年湖南省教育经费执行情况暂未发布，本节采用湖南省教育厅官网发布的2020年湖南省教育经费执行情况统计公告提供的相关数据予以支持研究比较。

1. 湖南省一般公共预算教育经费增长情况

（1）横向对比

一般公共预算教育经费占一般公共预算支出的比例反映政府对教育投入的重视程度。所占比例越高，表明政府对教育投入的重视程度越高。2020年，全省一般公共预算教育经费（包括教育事业费、基建经费和教育费附加）为1356.67亿元，比上年增长6.49%，一般公共预算教育经费占一般公共预算支出比例为16.14%。14市（州）一般公共预算教育经费投入最多的是长沙市，邵阳市、衡阳市分列第二、第三位，随后依次是永州市、怀化市、郴州市、岳阳市、常德市、株洲市、娄底市、益阳市、湘西土家族苗族自治州、湘潭市、张家界市。但一般公共预算教育经费占一般公共预算支出比例最大的是永州市，其次依次是邵阳市、娄底市、怀化市、郴州市、衡阳市、湘西土家族苗族自治州、长沙市、益阳市、岳阳市、株洲市、张家界市、常德市和湘潭市，各市（州）差距明显，说明省内各个市（州）对教育投入的重视程度有明显的差别。从地理分布来看，湘中南部地区和湘西地区的一般公共预算占比较大，说明后发区域能够正视其在教育水平上的差距，加大对教育的投入比例，这将有助于缓解省内教育资源发展不平衡的问题。14市（州）有6个城市超出16.14%这一全省平均水平，分别是永州市、邵阳市、娄底市、怀化市、郴州市和衡阳市。

[①] 指政府财政预算后直接拨付的用于教育支出款项，含教育事业费、基本建设经费和教育费附加等。

[②] 指国家财政将筹集起来的资金进行分配使用，以满足经济建设和各项事业需要。

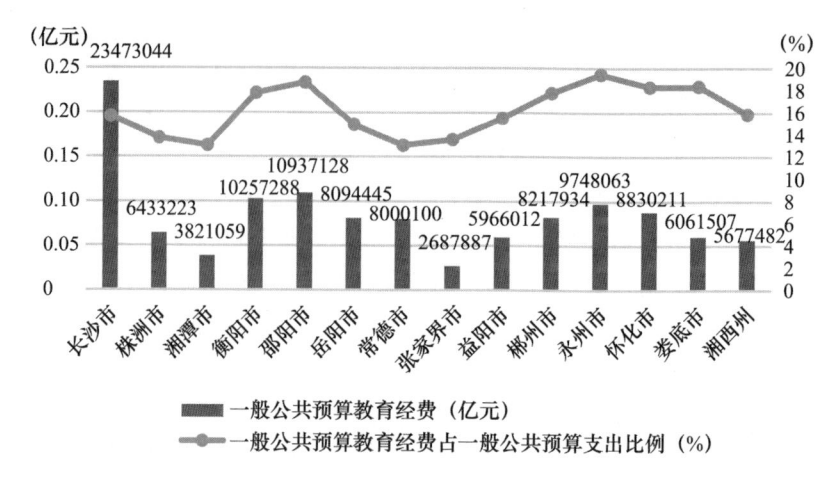

图 2-1 2020 年湖南省 14 市（州）一般公共预算教育经费占比情况

数据来源：湖南省教育厅官网。

（2）纵向对比

2020 年湖南省一般公共预算教育经费增长比例为 6.49%，其中增长幅度排名前三的分别是长沙市、邵阳市和岳阳市，分别比上年增长了 10.39%、10.06% 和 9.01%，而其余市（州）一般公共预算教育经费增长比例也均为正值，说明各市（州）都加大了在教育方面的投入。

2020 年湖南省一般公共预算教育经费占一般公共预算支出比例为 16.14%，比上年的 15.86% 提高了 0.28 个百分点。分市（州）看，除了张家界市和郴州市外，其余 12 个市（州）一般公共预算教育经费占比的增加幅度均为正值。这说明在 2020 年新冠疫情开始出现的这一年，尽管大规模的防疫工作可能增大了各市（州）卫生防疫方面的支出，但对教育支出没有产生大的影响，全省整体而言继续增加了一般公共预算教育经费占比，其中株洲市、邵阳市、湘潭市分列第一、第二、第三名，分别提高了 1.88、1.62、1.31 个百分点。

2. 基础教育生均一般公共预算教育经费增长情况

基础教育生均一般公共预算教育经费，是指在基础教育阶段，一般公共预算教育经费支出与基础教育在校生总数之比，可反映以生均基础教育经费的充足程度。根据 2020 年全省幼儿园、普通小学、普通初中、普通高中各级教育生均一般公共预算教育经费增长情况以及相应阶段学

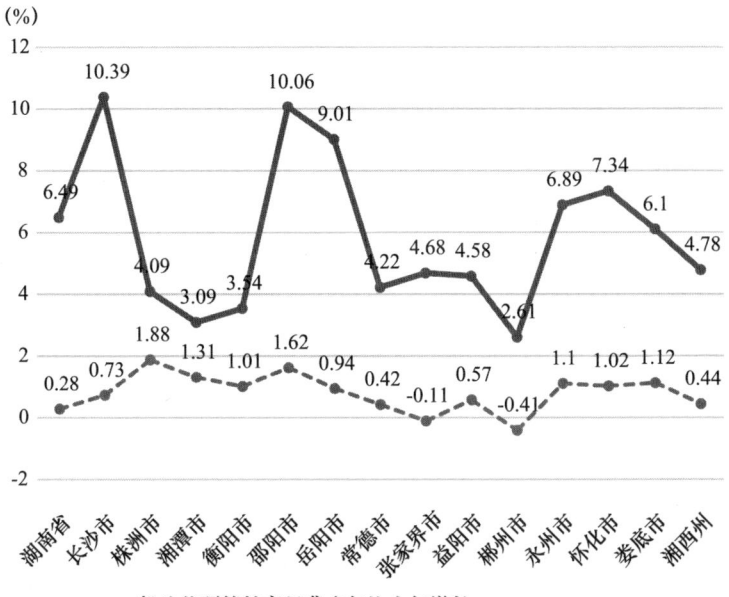

图 2-2 2020 年湖南省一般公共预算教育经费增长情况

数据来源：湖南省教育厅官网。

生人数计算得出，2020 年全省基础教育生均教育经费为 10539.00 元。湖南基础教育生均教育经费排名第一的是长沙市 16191.65 元，排名第二、第三的分别是常德市和湘西土家族苗族自治区。

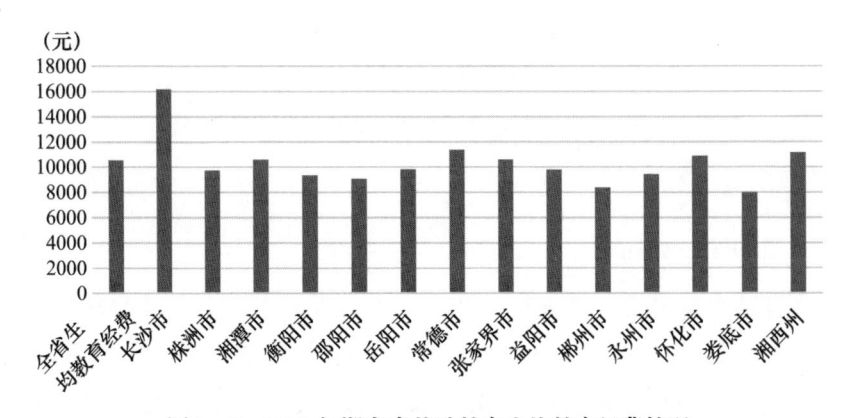

图 2-3 2020 年湖南省基础教育生均教育经费情况

数据来源：根据湖南省教育厅官网发布的 2020 年湖南省教育经费执行情况统计公告及学生人数计算得出。

第二部分 专题报告

（1）学前教育阶段

具体来看，在学前教育阶段，湖南省14市（州）生均一般公共预算教育经费投入最多的是长沙市8358.15元，其次依次是岳阳市、永州市、湘西州、怀化市、湘潭市、郴州市、常德市、邵阳市、衡阳市、张家界市、娄底市、益阳市、株洲市。与2020年全国幼儿园生均一般公共预算教育经费9410.76元相比，全省14市（州）都未达到全国平均水平。从增长情况来看，除邵阳市、张家界市、怀化市、湘西州，其他市（州）都呈现出负增长态势，全省幼儿园2020年生均一般公共预算经费较2019年下降4.21%，与全国9.23%的增长率相比，湖南学前教育生均投入与全国平均水平之间的差距正在变大。

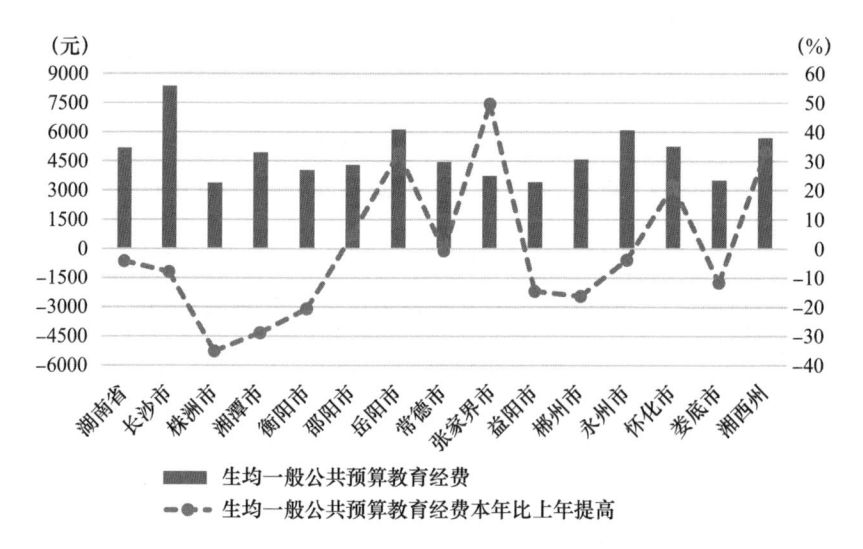

图2-4　2020年湖南省幼儿园生均一般公共预算教育经费情况

数据来源：湖南省教育厅官网。

（2）义务教育阶段

在普通小学阶段，湖南省14市（州）生均一般公共预算教育经费投入最多的是长沙市14236.23元，其次依次是湘西州、常德市、怀化市、张家界市、湘潭市、益阳市、株洲市、岳阳市、永州市、衡阳市、邵阳市、郴州市、娄底市。与全国普通小学生均一般公共预算教育经费12330.58元相比，超过全国平均水平的只有长沙市。从增长情况来看，除株洲市、益阳市以外的其他市（州）都保持了正增长，与全国均值3.19%相比，湖南全省增长率高于全国平均水平，说明湖南正在加大在小学教育方面的生均投入，按照发展趋势，在小学教育生均投入上，追上并超越全国平均水平将是可期的。

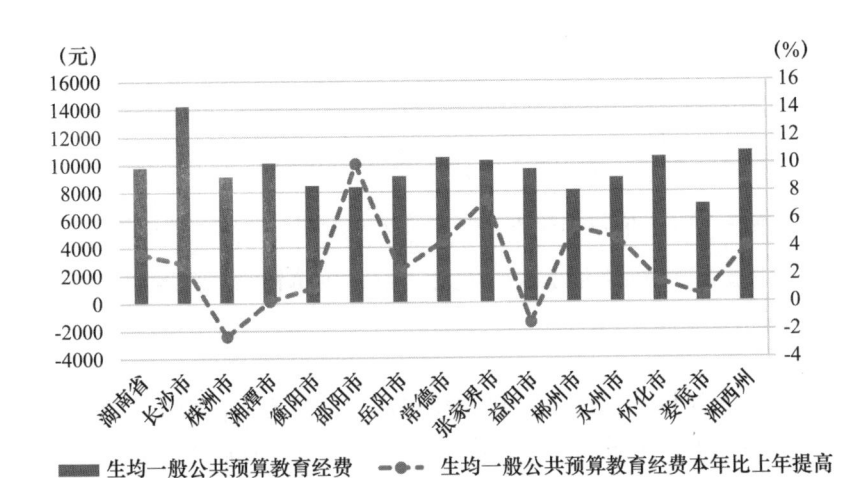

图2-5　2020年湖南省普通小学生均一般公共预算教育经费情况

数据来源：湖南省教育厅官网。

在普通初中阶段，湖南省14市（州）生均一般公共预算教育经费投入最多的也是长沙市24941.81元，紧随其后的是常德市、湘潭市。与全国普通初中生均一般公共预算教育经费的17803.60元相比，超过全国平均水平的只有长沙市。从增长情况来看，除株洲市、湘潭市和娄底市以外的其他市（州）都保持了正增长，与全国均值2.80%相比，全省增长率远超全国平均水平，说明湖南初中教育生均投入与全国平均水平之间的差距正在迅速缩小，按照发展趋势，在初中教育生均投入上，追上并超越全国平均水平也将是可期的。

(3) 普通高中教育阶段

在普通高中阶段，湖南省14市（州）生均一般公共预算教育经费投入最多的也是长沙市29437.93元，排名第二、第三的分别是株洲市、张家界市。与全国普通高中生均一般公共预算教育经费的18671.83元相比，超过的仍只有长沙市。但是从增长情况来看，除株洲市和永州市外的其

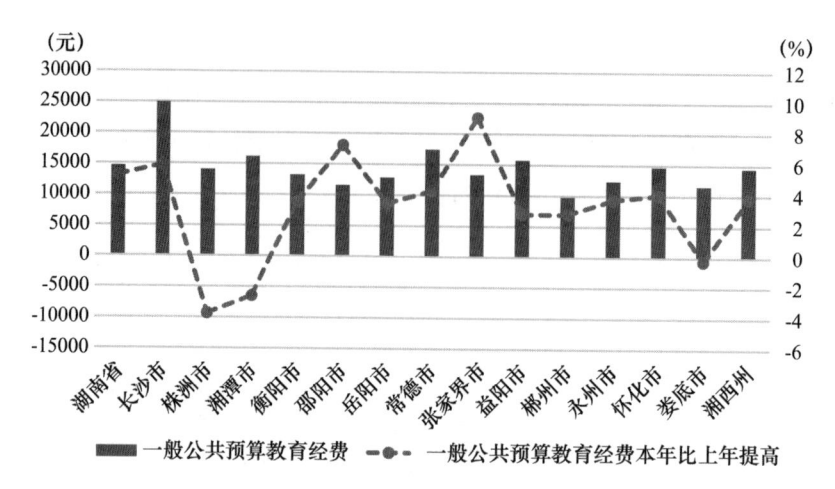

图 2-6 2020 年普通初中生均一般公共预算教育经费情况

数据来源：湖南省教育厅官网。

他市（州）都保持了正增长，其中娄底市、怀化市、岳阳市、邵阳市 4 市的增长率超过了 10%。全省增长率超过了全国平均水平 4.74%，说明湖南高中教育生均投入与全国平均水平之间的差距正在迅速缩小，按照发展趋势，在高中教育生均投入上，追上并超越全国平均水平也将是可期的。

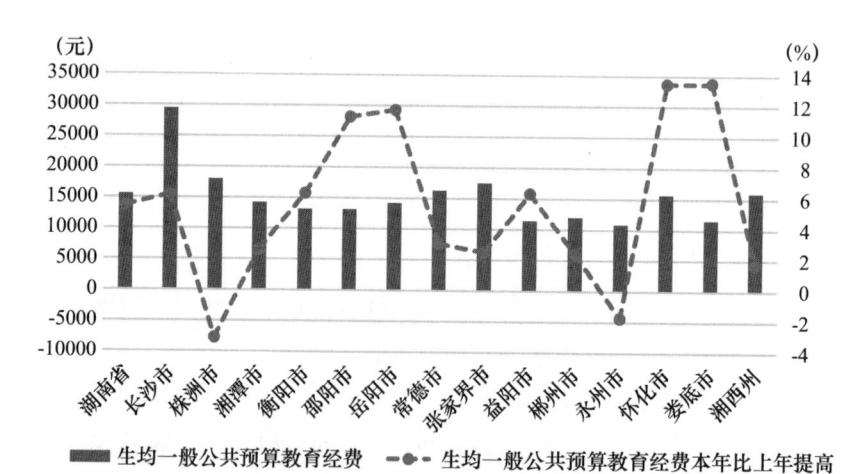

图 2-7 2020 年普通高中教育生均一般公共预算教育经费情况

数据来源：湖南省教育厅官网。

(二) 湖南基础教育学校资源覆盖情况比较

按照国家教育部的规定和要求，普惠性幼儿园覆盖率是指公办幼儿园和普惠性民办幼儿园在园（班）幼儿数之和占在园（班）幼儿总数的百分比，是反映公益、普惠幼教资源的相对规模指标，数值越大，代表各级政府对公益、普惠性学前教育资源的支持力度越大。"每万人拥有学校数量"是衡量基础教育规模的指标，数值越大，代表学校资源越丰富，学生就近上学也就越容易。

1. 湖南省14市（州）普惠性幼儿园覆盖率情况

国家教育部网站信息显示，自2016年开始进行普惠性幼儿园覆盖率（普惠性幼儿园在园幼儿占比）统计，全国普惠性幼儿园覆盖率从2016年的67.26%增长到2021年的87.78%，增长了20.52个百分点。湖南省的普惠性幼儿园覆盖率从2016年的59.59%增长到2021年的88.62%，无论是增长速度还是覆盖率均超过全国平均水平，保障了广大适龄儿童接受基本的、有质量的学前教育，实现了弯道超车。从2020、2021年两年情况来看，各市州都在之前的基础上实现了一定增长。可见，湖南各市（州）学前教育已进入"普惠"新时代，"入公立园难""入私立园贵"等现实困境得到有效化解，基本建成覆盖城乡、布局合理、普及普惠的学前教育公共服务体系。

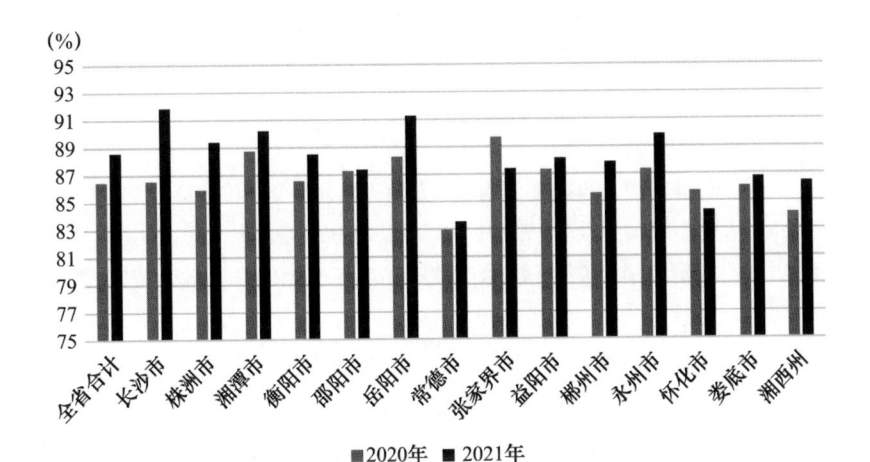

图2-8 2020年、2021年湖南省普惠性幼儿园覆盖率

数据来源：湖南省相关统计数据。

2. 每万人普通小学学校数量情况比较

从 2021 年湖南省各市（州）小学学校数量来看，最多的是衡阳市，有 989 所小学。2021 年，湖南省 14 市（州）每万人拥有普通小学学校数量最高的是娄底市的 1.917 所/万人，其次依次是衡阳市 1.494 所/万人、邵阳市 1.398 所/万人、湘潭市 1.377 所/万人、岳阳市 1.245 所/万人、益阳市 1.061 所/万人、株洲市 0.961 所/万人、永州市 0.932 所/万人、长沙市 0.901 所/万人、常德市 0.794 所/万人、郴州市 0.773 所/万人、湘西州 0.728 所/万人、张家界市 0.636 所/万人、怀化市 0.526 所/万人。长沙市作为省内唯一拥有千万人口以上的省会城市，尽管其学校数目在全省排名第二，但因为人口基数大，每万人拥有普通小学学校数量在全省排名中并不突出。

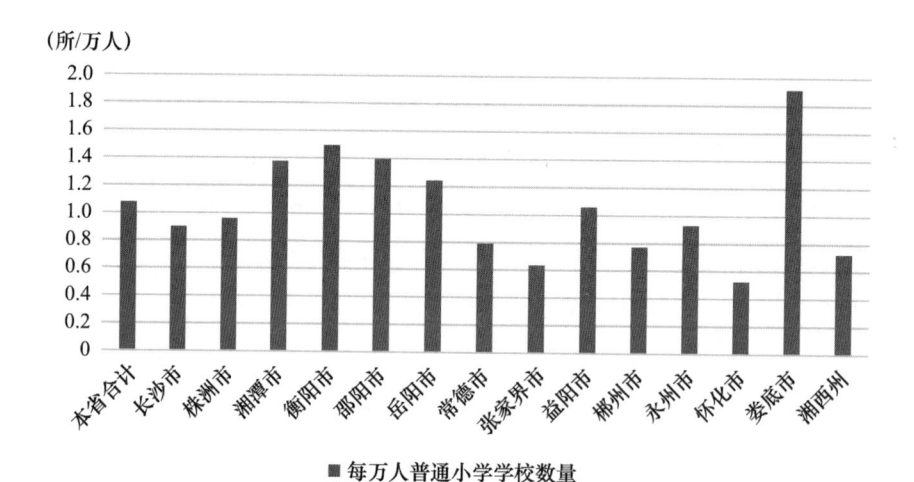

图 2－9　2021 年湖南城市每万人普通小学学校数量

注：每万人普通小学学校数量＝普通小学数量/常住人口数量。

数据来源：根据湖南省相关统计数据以及湖南省 2021 各市（州）统计公报中"常住人口数"计算得出。

3. 每万人普通中学学校数量情况比较

2021 年，湖南省 14 市（州）每万人拥有普通中学学校数量最高的是怀化市 0.818 所/万人，位列第二、第三的分别是娄底市 0.790 所/万人、邵阳市 0.734 所/万人，每万人拥有普通中学学校数量最多的城市是最少城市的 2 倍多。长沙市尽管集中了全省优质的教育资源，但学校数量少，竞争压力大。长株潭地区每万人拥有普通中学学校数量在全省排名比较靠后，湘南、湘西地区反而表现比较亮眼，娄底市、邵阳市、衡阳市、张家界市位居前四。

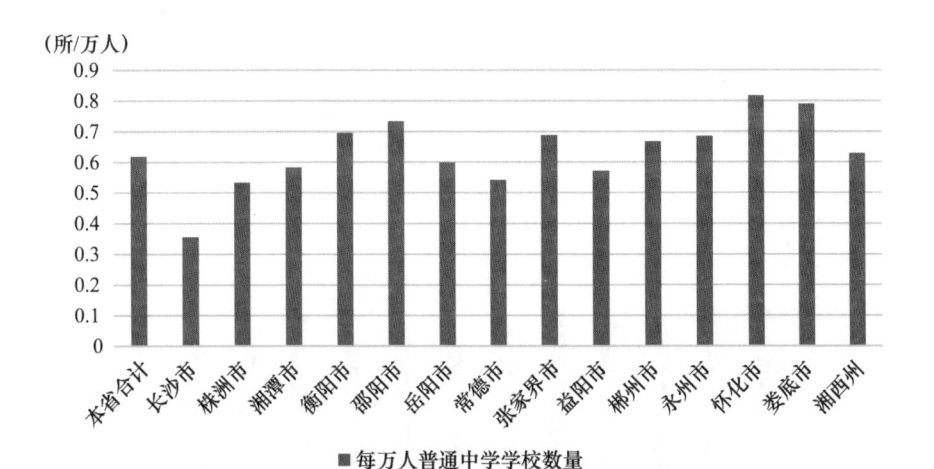

图 2－10　2021 年湖南城市每万人普通中学学校数量

注：每万人普通中学学校数量 = 普通中学数量/常住人口数量。

数据来源：根据湖南省相关统计数据以及湖南省 2021 各市（州）统计公报中"常住人口数"计算得出。

（三）湖南基础教育生师配比情况比较

生师比是指某学年内某级教育中每位专任教师平均所教的学生数，是反映教师数量充足程度的指标，经常用作教育质量的替代指标。[①] 不同的国家对生师比的要求不一，即便是同一国家在不同时期也有着不同的要求。"生师比"历来就是教育研究领域中的一个重要指标，一定程度上是衡量教育教学能力、人力资源的利用效率和办学质量的重要参考。一般说来，评价同一时期基本条件相同的地区，该指标值越高，表明每位教师平均所教的学生越多，需要花费教师更多的时间和更大的心力；该指标越低，表明平均每位教师所教的学生越少，老师有更多的精力去关

---

① 参见教育部《中国教育监测与评价统计指标体系》，2020 年。

注每一个学生，同时也有更多的时间花在教学研究上，有助于取得更好的教育效果。总体来看，一个地区的生师比应保持在一个合理的区间。

1. 湖南学前教育生师比情况

2021年，湖南省14市（州）学前教育生师比最低的是常德市，比值为14.46∶1，排名第一。位列第二、第三的分别是益阳市（14.67∶1）、张家界市（15.01∶1）。学前教育生师比数值相差不大，主要集中在14—16这个区间范围，其中常德市、益阳市、张家界市达到并优于2021年全国幼儿园15∶1的生师比水平，2021年，湖南学前教育生师比与上年相比，整体呈稳定下降状态，各市（州）学前教育生师比差距也在不断缩小。

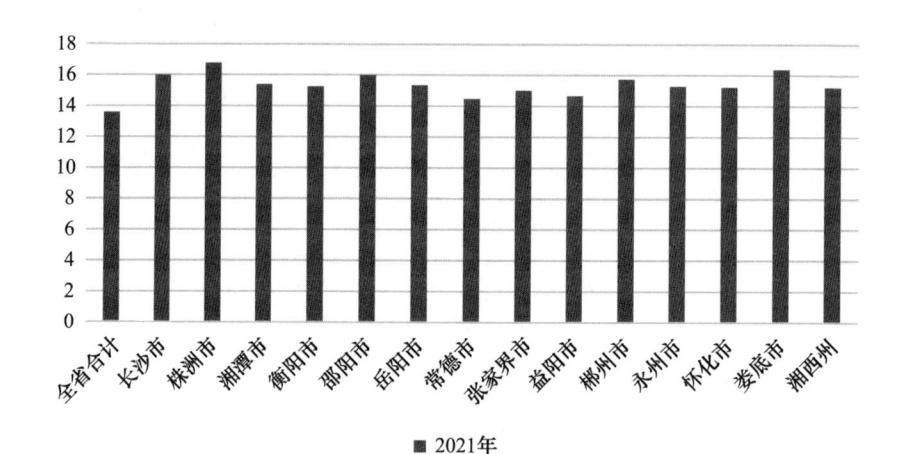

图2-11　2021年湖南省学前教育生师比

数据来源：根据湖南省相关统计数据计算得出。

2. 湖南小学教育生师比情况

2021年，湖南省14市（州）普通小学教育阶段生师排首位的是永州市（16.16∶1）、分列第二、第三位的是衡阳市（16.34∶1）、湘西州（16.49∶1）。整体来看，普通小学教育生师比数值相差不大，主要集中在16—18这个区间范围。

3. 湖南中学教育生师比情况

从2021年湖南省普通中学教育生师比这一指标来看，湖南省14市（州）中学教育生师比排名第一的为常德市（11.73∶1）随后是益阳市

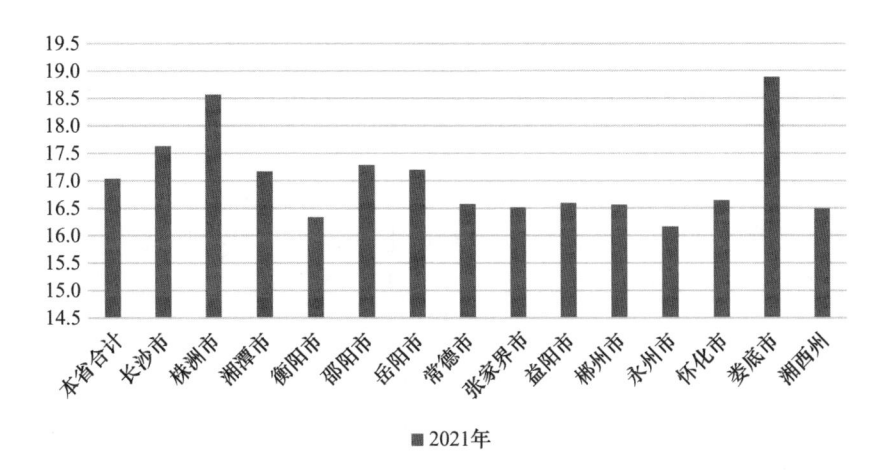

图 2－12　2021 年湖南省小学教育生师比

数据来源：根据湖南省相关统计数据计算得出。

（12.20∶1）和湘潭市（12.53∶1）。中学教育生师比的区间范围是 11—15，各市（州）存在较大差距。整体来看，普通中学教育阶段的生师比普遍低于学前教育阶段生师比，学前教育阶段生师比又普遍低于小学教育阶段生师比。

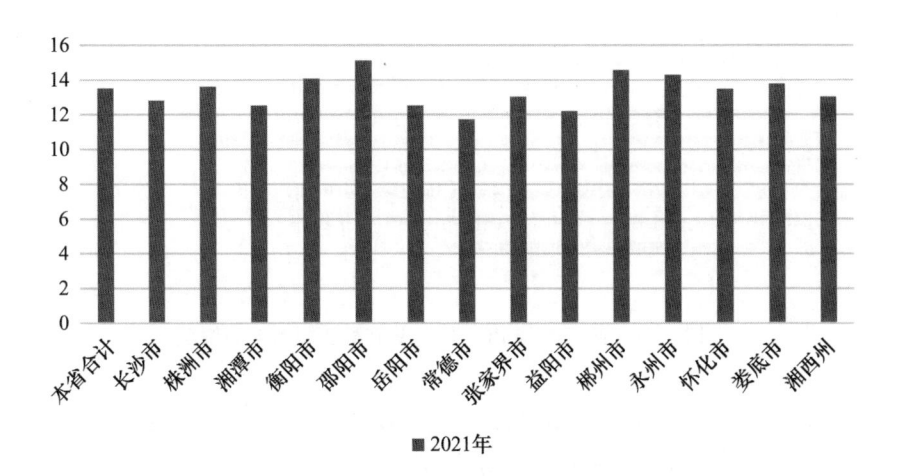

图 2－13　2021 年湖南省中学教育生师比

数据来源：根据湖南省相关统计数据计算得出。

三 湖南基础教育服务的总体评价

经测算,将投入类、能力类、效果类等 7 项指标分别赋予权重并进行评分,湖南省 14 市(州)基础教育服务能力情况如图 2-14 所示,排名第一的是永州市,得分 0.5961,衡阳市位居第二得分 0.5920,与永州市几乎并驾齐驱。长沙市排名第三。整体来看,一方面,在各级各类教育中,财政支持力度大的地方,基础教育发展速度就比较快;财政支持力度小的地方,基础教育发展就相对缓慢。如得分最高的永州市,2020年一般公共预算教育经费投入以及教育经费占比情况都很靠前,在 14 市(州)中分别排名第四和第一,实现了后发赶超。另一方面,基础教育资源底子好的城市,有些因吸引大量本、外地生源聚集,学校规模数量、师资力量无法充足匹配生源增长速度,总排名稍有落后。具体分析,有几个方面值得进一步提高和改善。

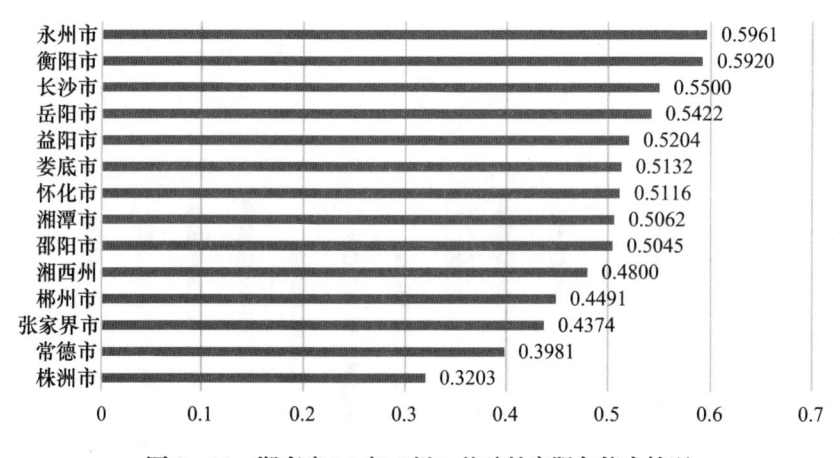

市(州)	得分
永州市	0.5961
衡阳市	0.5920
长沙市	0.5500
岳阳市	0.5422
益阳市	0.5204
娄底市	0.5132
怀化市	0.5116
湘潭市	0.5062
邵阳市	0.5045
湘西州	0.4800
郴州市	0.4491
张家界市	0.4374
常德市	0.3981
株洲市	0.3203

图 2-14 湖南省 14 市(州)基础教育服务能力情况

(一)基础教育财政投入逐年递增,但还要进一步加大力度

一是教育优先发展战略在部分地方落实还不到位。从 2020 年湖南各市(州)一般公共预算教育经费占一般公共预算支出的比例情况来看,教育支出相比医疗卫生、交通运输、公共安全、住房保障、文化旅游等公共服务领域的支出,占比较大。大部分市(州)都十分重视对教育的投入。但湖南省一般公共预算教育经费占一般公共预算支出的比例为16.14%，在全国处于中游位置。湖南省 14 个市（州）中超出全省平均水平的只有永州市、邵阳市、娄底市、怀化市、郴州市和衡阳市 6 个城市。长沙市作为省会城市，其地区生产总值、人均地区生产总值、教育经费支出、生均教育经费支出都位列全省第一，但教育经费支出占一般公共预算支出比例在全省居第八位。可见，各市（州）基础教育经费支出及占比、生均教育经费支出与各市（州）地区生产总值（GDP）、人均地区生产总值并不完全匹配，教育保障水平还有待提高。

二是各级各类教育生均经费仍然较低。尽管湖南各市（州）调整优化各级政府财政支出结构，落实教育投入法定增长要求，确保一般公共预算教育支出逐年只增不减，确保按在校学生人数平均的一般公共预算教育支出逐年只增不减，一般不低于中部平均水平，但各市（州）、各级教育生均一般公共预算教育经费投入情况与全国各级教育生均一般公共预算教育经费的平均水平相比，投入还不够。如 2020 年湖南省幼儿园、普通小学、普通初中、普通高中生均一般公共预算教育经费分别为5169.95 元，9810.41 元，14633.79 元和 15588.31 元，而全国幼儿园生均一般公共预算教育经费为 9410.76 元，全省 14 市（州）都未达到全国平均水平。全国普通小学、普通初中、普通高中生均一般公共预算教育经费分别为 12330.58 元、17803.60 元和 18671.83 元，全省 14 市（州）超过全国平均水平的也只有长沙市。

三是不同地区基础教育经费投入也很不均衡，差异显著。2020 年，全省生均一般公共预算教育经费分别是幼儿园 5169.95 元、普通小学9810.41 元、普通初中 14633.79 元、普通高中 15588.31 元。排名第一的长沙市，幼儿园、普通小学、普通初中、普通高中生均公共预算教育经费分别为 8358.15 元、14236.23 元、24941.81 元和 29437.93 元，大大超过全省平均水平，普通初中和普通高中更是超过 20000 元。从生均一般公共预算教育经费情况来看，全省生均教育经费的投入与基础教育的层级呈正相关关系，教育层级越高，财政的投入和支持力度就越大。以 2020年生均经费为例，大部分城市幼儿园投入最少，普通高中投入最多。

（二）基础教育供给效果不断变好，但有待进一步完善

一是地区经济水平影响教育发展水平。全省 14 个市（州）经济发展水平不一，基础教育供给差异也十分明显。2021 年统计数据显示，从经济总量方面来看，长沙市 GDP 高居全省第一，达到 13270.7 亿元，站上 1.3 万亿元新台阶。从人均 GDP 方面来看，以《湖南省统计年鉴 2021》各市（州）地区生产总值和 2021 年各市（州）统计公报提供的常住人口数来计算，长沙市人均 GDP 仍位居全省第一，由 2020 年的 12.07 万元增至 12.96 万元。同时发现，从人力资本看，根据第七次人口普查数据显示，湖南全省每 10 万人拥有大学生数是 12239 人，长沙市是每 10 万人中有 27453 人为全省第一，也是湖南省唯一一个在每 10 万人中拥有大学学历人数超 2 万的城市。可见，经济发展水平高的城市受教育程度普遍偏高，经济发展的绝对优势让其累积了教育优势。

二是教育供给不平衡不充分现象仍然存在。一方面，随着城镇化进程的推进，城市学生生源越来越多，特别是优质学校吸引大量学生聚集，导致优质学校的规模数量、师资力量无法充足匹配现有生源增长的速度。以长沙市为例，作为湖南省省会城市，本身具备集团化教育管理优势和名校"马太效应"的特点，加上加速推进新区开发和经济发展时引进了大批人才，外地生源也不断集中和壮大致使长沙市学校规模、教师群体和学生数量都比其他市（州）大。但 2021 年数据显示，长沙市每万人拥有普通小学数量和中学数量、学前教育和小学教育生师比排名都比较靠后。从这两个维度的指标可看出，长沙市的基础教育虽然在全省范围内领先，但在学校数量和教师队伍建设上，由于无法充分满足广大人民群众对优质教育的需求，仍有进步空间。另一方面，各市（州）虽然近些年在基础教育资源配置方面提质增量，从一般公共预算教育经费占比排名、每万人拥有中小学学校数量、生师比等一年的指标排名情况可以看出，湘西、湘南地区地方政府对于教育十分重视，后发赶超优势明显，教育资源不均衡现象得到很大改善，但不同地区之间、同一地区的城乡之间、校际之间甚至不同学段之间，基础教育仍不均衡，还有很长一段鸿沟需要跨越。

三是基础教育领域的短板弱项在各市（州）仍然突出。从学前教育看，2021年湖南省政府重视"增加公办园学位"建设，将其纳入全省重点民生实事项目，使得公办园在园幼儿占比达到53.43%，比去年提高了7.77%，普惠性幼儿园覆盖率达到了88.62%，超额完成国家规定的目标任务，但随着全面三孩政策落地，"入公办园难、入民办园贵"的状况仍是各市（州）需要面对和解决的薄弱环节和明显短板。从中小学教育看，不同学校在师资力量、基础设施、管理水平上的差异进一步加大，优质公办学位相对不足，"城镇挤、乡村弱"的情况仍不同程度存在，中小学生负担太重，短视化、功利性问题没有从根本上得到解决，家校社协同育人模式还没真正建立，乡村教师队伍有待进一步加强，劳动教育较为薄弱，心理健康课程还不达标等普遍问题，音乐、体育、美术等学科教师缺乏等结构性矛盾在各市（州）都有不同程度的体现。

（三）基础教育师资配备逐步变强，但仍需进一步提升

一是城乡教师队伍在数量结构上仍存在不均衡。教师队伍建设存在小学教师相对充裕，农村义务教育结构性过剩，城市义务教育缺编较多，高中教育阶段缺编严重现象。从生师比来看，按照《国家中长期教育改革和发展规划纲要（2010—2020年）》要求，以及中央编办、教育部、财政部《关于统一城乡中小学教职工编制标准的通知》（中央编办发〔2014〕72号）中明确地将县镇、农村中小学教职工编制标准统一到城市标准，即小学阶段生师比应达到19.00∶1，初中阶段生师比应达到13.50∶1，普通高中生师比应达到12.50∶1。2021年，湖南省小学、初中、普通高中阶段的生师比分别为17.04∶1，13.16∶1和14.24∶1，各市（州）小学生师比均优于国家19.00∶1标准，师资力量相对充裕。初中阶段生师比有长沙市、湘潭市、岳阳市、常德市、张家界市、益阳市、怀化市、娄底市和湘西州优于国家13.50∶1的标准，其余5市未达到标准水平。但普通高中生师比除了常德市，其余均未达到国家12.50∶1的标准，师资力量有待进一步改善。特别是随着城镇化进程深入推进，农村人口不断向城镇转移，乡村学校学生和教师数量均呈现下降趋势，乡村教师队伍呈现总量过剩、结构性缺编的状况。

二是区域教师队伍在质量发展水平上仍存在不均衡。教师资源是教育事业发展的第一要素，教师质量决定着学生的整体发展，影响着学校的教学质量，体现一个城市教育均衡发展的基本要素和保证。2021年全省14个市（州）幼儿园教师具有专科及以上学历占主体，小学、初中甚至高中教师具有本科及以上学历占主体，并随着小学、初中、高中阶段层级的升高，本科及以上学历教师占比随之越高。经计算发现，幼儿园教师具有专科及以上学历，小学、初中、高中教师具有本科及以上学历都是长沙市占比最高。但高学历的小学、初中、普通高中教师分布呈现显著的东高西低的梯度结构。以各市（州）普通高中具有研究生学历的专任教师为例，长沙市普通高中专任教师具有研究生以上学历的为21.26%，占比最多。高层次教师人才还有待提升。

四　结论与政策建议

（一）加强教育经费投入保障

应始终把教育投入作为战略性投入予以优先保障，完善教育投入的长效机制，落实教育投入法定增长需求，建立以提高教育质量为导向的经费使用机制。

一是健全政府投入为主，多渠道筹集教育经费的体制。国家应继续加大对基础教育财政性教育经费投入的力度，同时支持社会力量兴办教育，引导社会力量加大教育投入，引进市场优质教育资源，充分发挥中央补助资金、自有财力以及社会资金的资金使用效益。

二是加强全省教育经费管理，科学确定全省各级各类教育投入比例。各市（州）要把义务教育作为教育投入的重中之重，建立健全义务教育经费投入与分配制度，加强对新一轮义务教育薄改与能力提升、乡镇标准化寄宿制学校建设等的经费保障；要加大对学前教育、普通高中教育等的教育经费支出比例，逐步提高学前教育财政支持水平，建立健全普通高中生均财政拨款制度，多渠道增加普惠性学前教育资源供给，改善普通高中教育教学条件；要根据在校生人数变化情况，及时调整、足额拨付、逐年提高生均教育经费，进一步缩小城乡、地区、校际之间基础教育发展水平的差距。

三是优化分配结构，提高教育资源配置效率。优化省与市县教育经费分担机制，巩固完善城乡统一、重在农村的教育经费保障机制，进一步将教育资源向困难地区和薄弱环节倾斜。如争取中央财政优先为师资短缺的乡村小学培养全科教师提供经费支持；健全中小学教师工资长效联动机制，确保教师工资待遇与当地公务员工资收入实现同步调整，特别是在对公务员发放年终奖励性补贴时统筹考虑教师待遇，以奖优罚劣的方式推动市县教育经费投入到位。

（二）提高教育基本公共服务均等化水平

教育基本公共服务均等化是教育现代化的基本特征，实现教育基本公共服务均等化，应按照保基本、促公平、高质量、可获得的原则，保障所有适龄孩子均享有平等的受教育权利。

一是建立健全教育公共服务体系。按照国家基础教育阶段学校办学基本标准，因地制宜统筹城乡中小学校、幼儿园布局和建设规模等，优化基础教育资源配置，保障城乡各级各类学校在办学条件、师资配备等方面都达到基本标准；推动全省范围内脱贫地区、少数民族地区教育资源均等化步伐，促进随迁子女入学待遇同等化，建立健全关爱帮扶资助体系，残疾学生随班就读支持保障机制，推进家庭经济困难学生认定和精准识别机制，构建资助育人质量提升体系，健全学生资助制度，实现应助尽助。着力解决人民群众关心的控辍保学、"大班额"、随迁子女、困境、留守、残疾儿童等入学难的问题。以教育公平和教育权益推动实现基础教育基本公共服务全覆盖。

二是要重点加强乡村基础教育建设。硬件建设上，加大乡村薄弱学校改造力度和小规模学校优化力度、加大乡镇寄宿制学校建设提质力度，在学校布局、资源配置等方面实施城乡一体化管理，促进城乡教育一体化发展，从基本均衡向优势均衡迈进；软件配置上，实施乡村教师支持计划，统一调配基础教育师资，充分发挥各市（州）优质省级示范性学校的区域性辐射、带动作用，对口帮扶乡村基础较为薄弱的普通中学，从学校管理、教育教学质量提升上振兴乡村教育，提高乡村学校办学水平，保障乡村与城市少年儿童同等享有公平而有质量的基础教育。

三是要扩大城市优质教育资源供给。实施主城区提质行动，强化区县（市）政府主体责任，对各市、各区中小学进行校点整合、布局调整，新建改扩建一批义务教育学校和普通高中，增加城市主城区人口高度密集地的中小学学校数量，改善因常住人口过多导致人均享有教育资源下降的局面；实施基础教育优质学位攻坚行动，依据城市发展状况及人口变动趋势，进一步加强公办幼儿园建设、城区学位建设；实施基础教育信息化建设，促进智慧校园和网络联校建设，组建网络名师名校长工作室，加强教育信息化管理等，形成优质教育资源全域覆盖。

（三）建立健全省域教师培养和发展体系

加快教育现代化和教育高质量发展实现教育强省，需要在省域内建立科学完善的、长效可持续的教师培养和发展体系，推动教师教育振兴发展，造就新时代高素质专业化创新型中小学教师队伍。

一是要建立健全师资均衡发展制度。教师资源的均衡配置是缓解办学资源分布不均、城乡发展不均，促进基础教育基本育人功能发挥、保障教育水平稳步提高的关键。需继续建立校长、教师交流轮岗制度，改革完善师资培养培训和补充机制；通过公费定向师范生培养、"特岗计划"，为农村学校补充优秀师资，针对乡村学校和教学点教师结构性缺编问题，积极主动探索完善义务教育学校教师"县管校聘"制度，采取"一校区设岗，多校区使用，巡回走教"的方式弥补音体美等紧缺学科师资力量的不足。

二是要加强教师编制的合理配置。在总量控制下盘活用好现有的编制资源。教师编制配置过程中需教育行政管理部门联合人社部门，根据全省各市（州）城乡幼儿园、小学、初中、普通高中教师需求变化，严格按照"总量控制、统筹城乡、结构调整、有增有减"原则，根据生源变化、政策变化和教育教学改革需要，结合生师比、班师比等，合理科学地配置，确保公费定向师范毕业生到农村学校任教有编有岗，同时全面落实农村教师工资待遇，并适时提高农村教师工资性补助标准，建立稳定增长的农村教师工资待遇保障制度。

三是要着力提升教师的综合素质。在着力提升教师经济待遇的同时，同步提升城乡教师整体素质。引导广大师范生、教师树立正确的国家观、历史观、民族观、文化观和宗教观，提升教师思想政治素质；深入落实新时代幼儿园、中小学教师职业行为准则以及违反职业道德处理办法，推进师德培育涵养，全面加强教师师德师风建设；依托省内优势教育资源,充分发挥高校作用构建现代教师培养培训体系,建立名师名校长工作室,推进教师队伍信息化建设,利用"国培计划""省培计划"深化精准培训改革等,全面提高教师素质,建设一支高水平的中小学校长、教师队伍,培养一批硕士层次中小学教师和教育领军人才。

(四)保障学生享有公平而有质量的教育

教育的本质就是最大限度满足人的全面发展的需要,使受教育者树立正确的人生观和价值观,形成良好的人格品质和行为习惯,促进身体与心灵健康协调发展,是教育的初心和使命所在。

一是创新教育体制机制,推进"以生为本"。通过推进招生考试制度改革、促进民办教育管理体制改革、深化教育评价管理体制改革、加强教育督导体制机制改革等方面,实施义务教育公办学校免费就近入学制度,初中毕业生学业成绩与综合素质评价相结合的高中招生制度,稳妥推进高等学校招生考试制度改革,促进素质教育全面实施,逐步建立有利于人才发展的选拔机制,逐步做到教育机会公平、教育资源配置公平和教育制度规则公平。

二是切实减轻学生过重课业负担和校外培训负担,持续推进"双减"政策走深走实。"双减"政策的落实落地,既要强化政府为主、多方联动,统筹协调各方的减负工作职责,又要夯实学校教育教学的主体地位,提高作业管理水平,丰富课后服务内容,提高课后服务质量,树立"双减"典范学校、典范教师、典范课堂、典范课后服务等优秀典型,让学生更好地回归校园,营造良好教育生态。

三是加快构建家校社协同育人格局。依托政府相关部门及社会组织建立家校社协同育人领导小组和联席会议制度,依托大中小学校、研究机构创建家校社协同共育研究和专业人才培养机制,利用"互联网+"技术构建家校社网络互动平台机制,全面形成家长、学校和社会的教育共识,拓展师生、家长和社会参与学校治理的渠道,推动协同育人共同体建设,将学生培养成为德智体美劳全面发展的社会主义建设者和接班人。

社会保障和就业服务发展评价

社会保障水平体现了一国经济社会发展水平,是检验政府公共服务绩效的重要内容。习近平总书记指出:"社会保障是保障和改善民生、维护社会公平、增进人民福祉的基本制度保障",同时他进一步强调"我们要加大再分配力度,强化互助共济功能,把更多人纳入社会保障体系,为广大人民群众提供更可靠更充分的保障"①。社会保障有狭义和广义之分,狭义的社会保障主要指社会保险,广义的社会保障不仅包括社会保险,还包括社会救助、社会福利、慈善事业、优抚安置等。社会保障与就业密切相关,有利于提高劳动者抵御风险的能力,在消除劳动者后顾之忧的同时也能够实现就业质量的提高。因此,社会保障和就业是民生关注的焦点,特别是关于社保基金余额、支付可持续性、就业创业等问题常常挑动人们的神经,是省域经济社会发展中的重要议题。

一 湖南社会保障和就业服务的基本情况

2021年是"十四五"开局之年,湖南省社会保障和就业服务部门坚持以习近平新时代中国特色社会主义思想为指导,全面落实省委、省政府"三高四新"战略定位和使命任务,克服种种困难,凝心聚力抓好抓实民生保障工作,扎实推进社会保障和就业服务,全省社会保障和就业服务工作成效显著,实现了"十四五"良好开局,为促进全省经济发展、

---

① 习近平:《完善覆盖全民的社会保障体系 促进社会保障事业高质量发展可持续发展》,《人民日报》2021年2月28日第1版。

维护社会稳定和保障劳动者权益发挥了重要作用。

(一) 健全"广覆盖、保基本"的多层次社会保障体系

湖南坚持把社会保障体系建设放在保民生、稳社会的突出位置，积极推进社会保障长效机制建设，进一步兜底线、织密网、建机制，覆盖城乡的社会保障体系更加健全完善，居民各项社保待遇不断提升，为应对疫情影响、有效拉动内需提供了有力支持。

1. 参保扩面工作有序推进

以人人享有为目标，项目化、清单化实施参保扩面行动。2021年全省各级人社部门以新增规模工业企业、高新技术企业与农民工、个体工商户和灵活就业人员、新业态从业人员等群体为重点，推进参保征缴扩面工作，全力推动符合条件的人员应参尽参、应保尽保。基本养老保险和基本医疗保险覆盖各类劳动者和城乡居民，工伤、失业、生育保险覆盖全体职业人群。截至2021年年底，全省城镇职工基本养老保险参保人数1849.5万人，增长6.9%；城镇职工基本医疗保险参保人数1025.2万人；参加失业保险职工人数687.4万人，增长7.3%；参加工伤保险职工人数853.3万人；参加生育保险职工人数652.8万人，社保体系覆盖范围进一步扩大。①

2. 社保制度改革平稳向前

企业职工养老保险省级统筹达到人力资源和社会保障部提出的"七个统一"要求，为实施全国统筹夯实了湖南基础。积极开展被征地农民社会保障试点，探索总结出"前补改为后缴"的措施，取得明显成效。持续完善工伤保险省级统筹政策体系，组织实施"工伤预防万人培训行动"等五大行动计划。平稳运作社保基金，积极争取中央财政支持约500亿元，基本养老保险基金、工伤保险基金、失业保险基金可支撑能力比较稳定。职业年金投资收益良好，全省149个统筹区均启动了职业年金待遇发放。完善基金监管体系，以省委、省政府两办名义出台《关于切实加强社会保险基金监管工作的意见》，社保基金监管"1+N"制度体系逐步完善，从体制机制上解决了"为谁管""谁来管""怎样管""如何

---

① 数据来源于湖南省2021年国民经济和社会发展统计公报。

管好"的问题,打造了基金监管的"湖南特色"。

3. 医疗保险成效显著

湖南医保部门以"制度建设年"为主线,坚持以人民为中心,全面落实上级决策部署,着力推动重大改革任务,统筹疫情防控和医保事业,服务管理继续提质增效,群众待遇逐步改善。2021年,全省基本医疗保险参保人数6748.66万人,整体参保率达到101.91%。全省城镇职工医保基金总收入(不含上解、下拨收入,支出同)453.22亿元,同比增长8.89%;总支出347.92亿元(含生育待遇支出20.25亿元),同比增长2.37%;当期结余105.30亿元,累计结余767.39亿元。全省城乡居民医保基金总收入(不含上解、下拨收入,支出同)502.80亿元,同比增长5.04%;总支出458.30亿元,同比减少0.43%;当期结余44.50亿元,累计结余293.10亿元。[1] 株洲、郴州被国家医保局确定为"两病"门诊用药保障专项行动示范城市。

4. 民生保障全面有力

企业离退休人员基本养老金持续调高待遇,2021年离退休人员养老金上调4.5%,实现"17连涨",从2000年实施"两个确保"开始,湖南省每年都实现了企业离退休人员养老金按时足额发放,真正做到了"不欠一分、不少一人、不拖一天"。失业保障能力进一步提升,2021年末领取失业保险职工人数17.2万人。获得政府最低生活保障的城镇居民39.0万人,发放最低生活保障经费21.0亿元;年末提供住宿民政机构床位27.8万张,收养人数12.4万人。其中,养老机构床位26.2万张,养老机构服务人数11.6万人。社区服务机构和设施3.2万个。全年销售社会福利彩票51.4亿元,筹集福彩公益金16.7亿元。圆满完成20件重点民生实事。[2]

(二)坚持做好"扩、稳、提、实"就业服务四字文章

2021年,受疫情的持续影响,全国普遍就业形势严峻,湖南省各级就业服务部门围绕"扩、稳、提、实"四个字努力做好就业文章,全年

---

[1] 谈文胜、钟君:《2022年湖南社会发展报告》,中国社会科学文献出版社2022年版。
[2] 数据来源于湖南省2021年国民经济和社会发展统计公报。

共争取中央和省级投入就业资金32.25亿元,全年城镇调查失业率平均值为5.3%,保持在控制目标内,为中部地区最低,就业局势保持基本稳定,就业工作连续两年(2020年、2021年)荣获国务院真抓实干激励表扬。

1. "扩":多渠道增加就业岗位

湖南是劳动力大省,每年都要新增大量的劳动力,其中高校毕业生是新增劳动力的主力军,2021年全省高校毕业生大约42.5万人。全省各级就业服务机构迎难而上,通过加强就业帮扶、巩固拓展脱贫攻坚成果等长效机制,持续做大就业"蛋糕"。大力实施"创响三湘"行动计划,新增2个国家级、23个省级创业孵化示范基地;积极开发乡村领雁创业培训,全年新发放担保贷款37.1亿元,扶持创业1.5万人,带动就业10.2万人;新登记市场主体92.1万户。多渠道募集见习岗位,鼓励见习单位留用,全年组织见习1.6万人,发放补贴1.1亿元。① 2021年,全省城镇新增就业75.3万人,比2020年增加2.9万人,超出年度任务的7.6%。②

2. "稳":稳定重点群体就业

坚持把稳定就业与发展经济紧密结合起来,在扩大就业岗位的同时,重点实施高校毕业生品质就业、农民工转移就业、脱贫人口稳岗就业、退捕渔民安置就业、困难人员托底就业五大行动,千方百计稳定重点群体的就业,确保零就业家庭动态清零。2021年全省人社部门强力推出"两个优先、四个聚焦、五个工程"就业服务政策组合拳,③ 加大稳岗留工、惠企惠民"五进五送"和高校毕业生就业服务力度,积极开展"稳企业保就业"专项行动,在全国率先实施失业保险稳岗返还"免申即享"。全省共发放稳岗返还7.1亿元,惠及参保单位5.4万家,惠及职工

---

① 《打好政策服务保障组合拳 全力以赴稳就业保民生》,《工人日报》2022年6月28日。
② 谈文胜、钟君:《2022年湖南社会发展报告》,社会科学文献出版社2022年版,第24页。
③ "两个优先"指政策优先支持、绩效优先考核;"四个聚焦"指聚焦基层就业治理、聚焦职业培训提质、聚焦服务能力提升、聚焦权益维护保障;"五个工程"指实施援企稳岗工程、实施创业增岗工程、实施见习留岗工程、实施新业扩岗工程、实施公益安岗工程。详见《工人日报》2022年6月28日。

256.8万人。全省就业局势总体稳定。

3. "提"：提升就业创业服务水平

全省就业服务机构着力提升服务能力，积极推进重点企业、产业园区用工服务保障机制建设。2021年全省共建立118家产业工人培养基地，强化"湘人才""湘就业"线上线下岗位归集发布，为886家重点企业、143家省级产业园区解决用工19.7万人。加强职业培训提质，积极对接22条新兴优势产业链，动态更新发布市场紧缺职业目录，遴选认定80个省级优质培训项目，全年培训156.2万人次。大力开展高校毕业生留湘来湘、"湘融湘爱"农民工市民化融合、脱贫人口定期送岗、退捕渔民"双联双包"等行动。聚焦权益维护保障，建立保障农民工工资支付长效机制，实施劳动关系预警，开展农民工权益关爱湖南行动。积极适应传播方式变革，用最通俗易懂、最简便迅捷的方式提供就业服务，全年共推出政策图解13条、短剧20集、脱口秀20期，实现"一图就懂、一呼就应、一算就清、一办就结、一听就明"。

4. "实"：做实基层平台基础

加强基层就业服务工作，将1462个社区（村）纳入充分就业社区（村）重点建设对象，加强对884家重点企业、143家产业园区的用工保障，进一步夯实就业基础。做实城镇新增就业、失业待业帮扶台账，及时跟进落实"131"就业服务，构建"一网"（公共就业网）、"一微"（湘就业微信）、"一端"（自助终端）信息化体系。开展维护新就业形态劳动者劳动保障权益专项行动，上线湖南灵活用工平台，入驻企业6000多家，为16万余人提供用工服务。实施公益安岗工程。整合各方资源，合理开发公益性岗位，全年发放公益性岗位补贴5.8亿元，惠及6.1万人次。

二 湖南社会保障和就业服务的总体评价

整体来看，2021年湖南省社会保障和就业服务工作顶住了压力、增加了动力、释放了活力、获得了定力，稳步跨入良性发展轨道。但从市（州）来看，各地区表现不均衡现象依然存在。下面主要从社会保障和就业服务水平、人均社会保障和就业服务支出、每万城镇人口中城镇职工养老保险参保人数等指标逐项进行分析。

（一）社会保障及就业服务支出水平总体高于全国，但各市（州）支出水平不均衡

社会保障水平是指一定时期内，一国或地区社会成员享受的社会保障的高低程度，包括待遇水平、制度成熟水平、基金运作水平、管理水平等。在相同条件下，社会保障水平越高，人民生活的保障程度也就越高。穆怀中教授早在 1997 年就提出社会保障体系包括多方面内容，其中社会保障水平是关键因素之一；同时他又指出：社会保障水平从量上讲，有"高""低"之分，衡量方法是社会保障支出总额占国内生产总值的百分比。[①] 此后，国内大部分学者都参照穆怀中教授提出的社会保障适度水平测定模型进行分析。

随着时代的发展，国家又进一步把就业服务纳入社会保障系统中，参照穆怀中教授提出的社会保障水平及测算方法，我们可以进一步提出社会保障和就业服务支出水平及其测算方法，即社会保障和就业服务支出水平 = 社会保障和就业服务支出总额/国内生产总值 × 100%，这一公式测算出来的数值就是衡量社会保障和就业服务支出水平的量化指标。按照这种量化指标方法测算，2020 年湖南省社会保障和就业服务支出水平指标值为 2.15%，比同期全国指标值 1.87% 高出 0.28 个百分点。总的说来，这个差距不算大，保持在合理的范围内。从全省各市（州）来看，有 8 个市（州）高于全国水平，只有 4 个市低于全国水平。而且省内各市（州）水平高低不一，差距较大（见图 2 - 15）。

值得注意的是，社会保障支出增长速度主要取决于国民收入及国民经济增长速度，但不能超越国民经济增长。应该保持适度社会保障水平，即与社会保障的基本功能相适应。[②] 由此可见，社会保障和就业服务支出水平并非越高越好，超越于国民经济增长的社会保障和就业服务支出水平，是不可取的。水平过低又对保护劳动者的权益不利，从长远来看，也会对经济的可持续发展不利。因此，社会保障和就业服务支出水平应与当地经济发展协调共进。

从社会保障和就业服务人均支出来看，全省各市（州）的人均支出

[①] 穆怀中：《社会保障适度水平研究》，《经济研究》1997 年第 2 期。
[②] 穆怀中：《社会保障适度水平研究》，《经济研究》1997 年第 2 期。

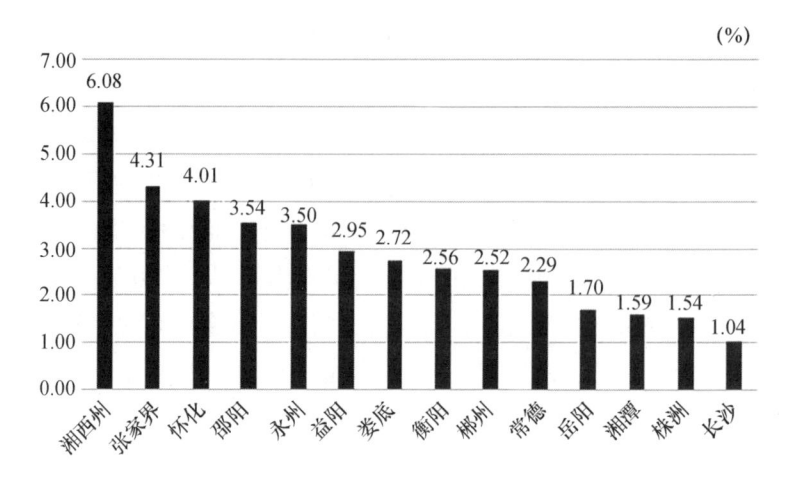

```
(%)
7.00
6.08
6.00
5.00    4.31
         4.01
4.00          3.54 3.50
                        2.95 2.72
3.00                             2.56 2.52
                                           2.29
                                                1.70 1.59 1.54
2.00                                                           1.04
1.00
0.00
    湘西州 张家界 怀化 邵阳 永州 益阳 娄底 衡阳 郴州 常德 岳阳 湘潭 株洲 长沙
```

图 2 - 15　湖南省社会保障和就业服务支出水平

数据来源：2021 年湖南省及各市（州）统计年鉴。由于 2022 年湖南统计年鉴还未公布，故采用 2020 年数据分析，2021 年数据不会变化很大，所以有参考价值。

也存在一定的差距，人均支出最高的是湘西自治州 1774.27 元，其次是常德市 1624.37 元，张家界市 1583.18 元，人均支出最高和人均支出最低两者相差 580.79 元（见图 2 - 16）。总体而言，经济发展滞后的地区，人均社会保障和就业服务支出相对较高；而经济发展越好的地区，人均社会保障和就业服务支出则相对较低。这也从一定程度反映了社会保障所具有的维护稳定、保障民生的功能。此外，人均支出也受该地区支出总量和人口总量的影响。

（二）社会保险参保人数基本达到"应参尽参、应保尽保"的要求，但各市（州）参保人数比例不均衡

湖南省社会保障覆盖面越来越广，各种社会保险参保率越来越高，达到或高于国家和省里"应参尽参、应保尽保"的要求。从参保率数据看，全省各市（州）的参保率都很高，差距不大；但从各市（州）每万城镇人口中参保人数看，市（州）之间的差距还是明显的，每万城镇人口中参保人数反映出该地区经济社会发展水平及城镇职工的参保意识。

（1）每万城镇人口中城镇职工养老保险参保人数

每万城镇人口中城镇职工养老保险参保人数大体反映出当地城镇化

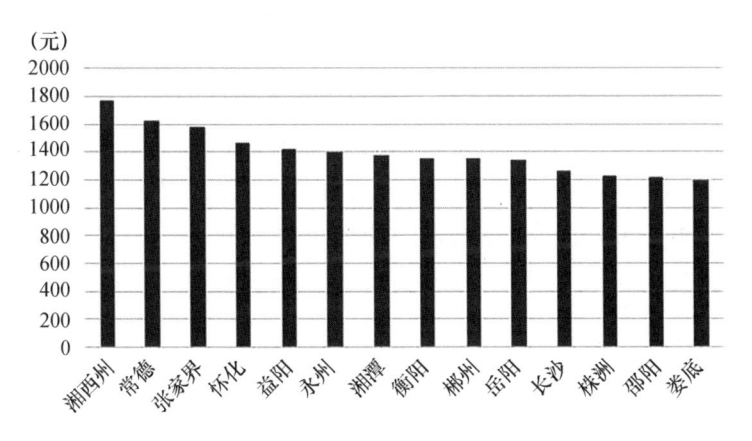

图 2-16　湖南省各市（州）人均社会保障和就业服务支出

数据来源：2021 年湖南省及各市（州）统计年鉴。

及工业化水平。一般说来，每万城镇人口中城镇职工参保人数越多，该地区城镇化水平越高，工业化水平也越好。全省 14 市（州）每万城镇人口中城镇职工养老保险参保人数差距较大，最高的是长沙市 5007 人，占全市城镇总人口的 50.1%；紧随其后的是常德市 4795 人，株洲市 4320 人。

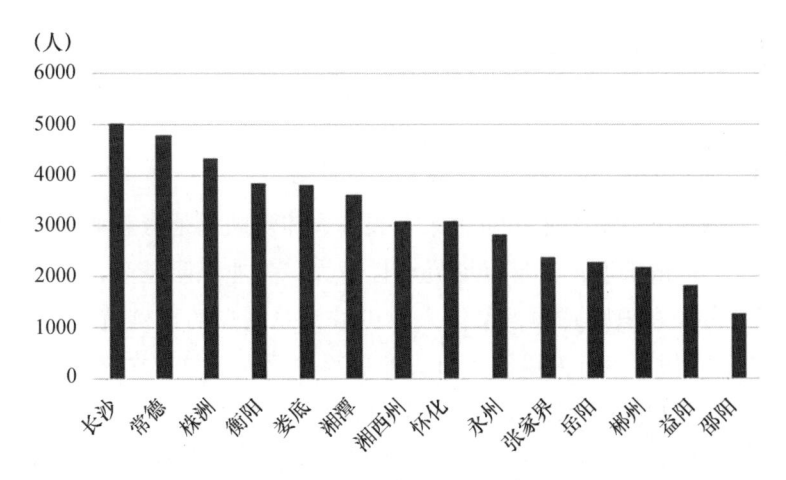

图 2-17　2020 年湖南省各市（州）每万城镇人口中城镇职工养老保险参保人数

数据来源：2021 年湖南省及各市（州）统计年鉴。

(2) 每万城镇人口中城镇职工医疗保险参保人数

每万城镇人口中城镇职工医疗保险参保人数和养老保险参保人数一样，也能大体反映出地区城镇化及工业化水平。全省14市（州）每万城镇人口中城镇职工医疗保险参保人数也存在一定的差距，但比养老保险参保人数的差距要小。最高的是长沙市3676人，占全市城镇总人口的36.8%（见图2-18）。

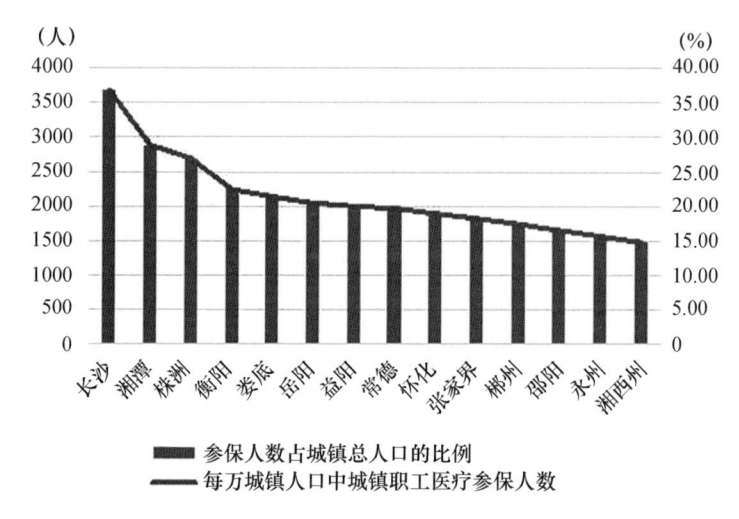

图2-18 2020年湖南省各市（州）每万城镇人口中职工医疗保险参保人数

数据来源：2021年湖南省及各市（州）统计年鉴。

（3）每万城镇人口中失业保险参保人数

每万城镇人口中失业保险参保人数可大体反映出地区就业市场的流动性大小。一般来说，就业市场流动性越大，失业风险越高，城镇居民失业保险参保意识则越强，参保人数占城镇总人口的比例就相对高些。全省14市（州）每万人城镇人口失业保险参保人数也存在一定的差距，但与养老保险和医疗保险相比，全省市（州）之间参保人数和参保人数占城镇总人口的比例差距要小，相对均衡。最高的是长沙市2200人，占全市城镇总人口的22.0%；最低的是邵阳市967人，占全市城镇总人口的9.7%，两者相差1233人、12.3个百分点，全省有11个市（州）的占比集中于10%—20%（见图2-19）。

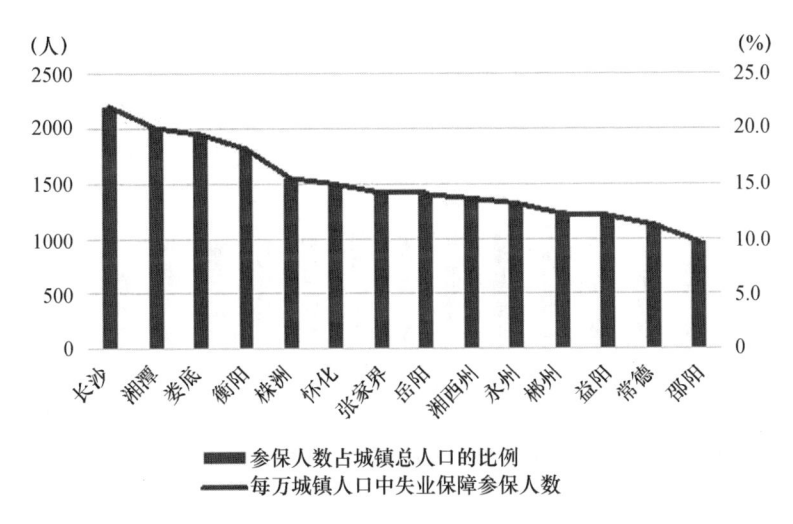

图 2-19 2020 年湖南省各市（州）每万城镇人口中失业保险参保人数

数据来源：2021 年湖南省及各市（州）统计年鉴。

（三）社会救助整体保障水平较高，但市（州）发展不均衡现象较为明显

社会救助是帮助遭受灾害、失去劳动能力的公民以及低收入群体维持最低生活水平，确保其生活需要和生命尊严的兜底性、基础性制度安排，是社会保障的最后一道防护线。湖南省已基本建立起以生存救助制度为基础，专项救助制度相配套，临时救助、灾害救助和社会互助为补充的多层次社会救助体系，但各市（州）社会救助水平不均衡，在解决低收入家庭共同富裕方面仍有提升空间。

（1）每万城镇人口中城市居民最低生活保障人数

每万城镇人口中城市居民最低生活保障人数反映出社会救助的覆盖水平。一般来说，每万城镇人口中城市居民最低生活保障人数越多，该地区社会救助覆盖率越广泛。从全省 14 市（州）来看，每万城镇人口中享受城市居民最低生活保障人数差距较大，最高的是湘西自治州 255 人；最低的是长沙市 22 人，两者相差 233 人。全省有 12 个市（州）享受城市居民最低生活保障人数超过 100 人，百人之下的只有郴州市和长沙市（见图 2-20）。

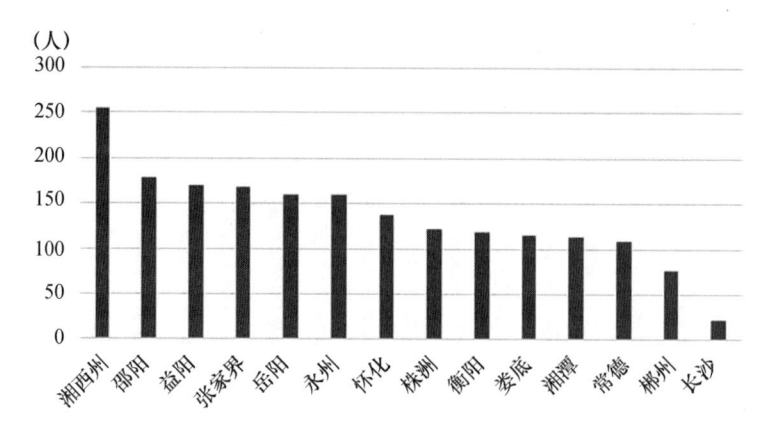

图 2－20　2020 年湖南各市（州）每万城镇人口中城市居民最低生活保障人数

数据来源：2021 年湖南省及各市（州）统计年鉴。

（2）城镇居民最低生活保障标准与城市居民人均消费之比

城镇居民最低生活保障标准与城市居民人均消费之比，反映的是社会救助的相对保障能力。从数据来看，湘西州、邵阳市、张家界市的社会救助相对保障水平较高，城镇居民最低生活保障标准与城市居民人均消费之比超过 0.3，长沙市、湘潭市和株洲市的社会救助相对保障水平偏低（见图 2－21）。

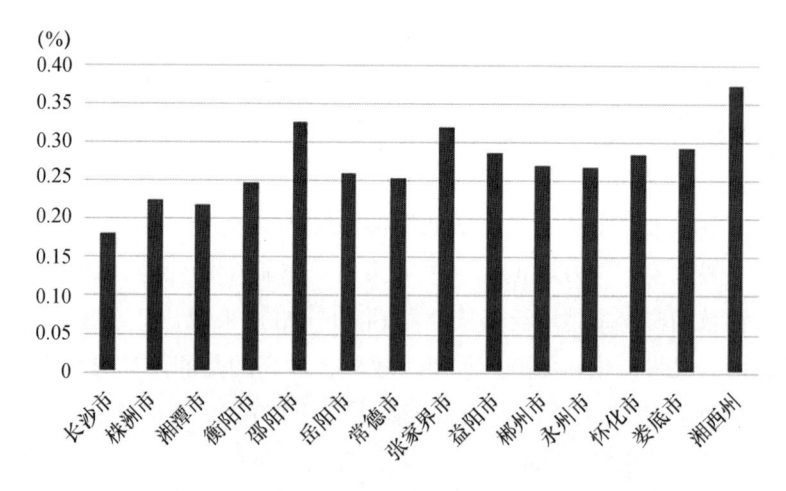

图 2－21　湖南城镇居民最低生活保障标准与城市居民人均消费之比

（四）就业形势整体稳中向好，但城镇登记失业率市（州）参差不一

就业作为民生之本，是经济社会发展的根本支撑。2021年湖南省积极克服新冠疫情带来的不利因素，千方百计稳定和扩大就业，全省就业规模保持稳定、就业结构持续优化、就业质量稳步提升，全省就业工作整体呈现稳中向好的态势，被国务院评为全国促进就业工作4个先进省份之一。2021年城镇新增就业75.30万人，失业人员再就业42.52万人，就业困难人员再就业13.89万人，分别完成年度目标任务的107.6%、141.7%和138.9%。分市（州）来看，除邵阳未公布城镇登记失业率外，其余13个市（州）中，益阳、岳阳、永州、长沙、株洲5个市（州）城镇登记失业率相对较低，控制在2.0%以下，怀化市和衡阳、常德市城镇登记失业率相对较高，超过3.0%，其余市（州）在2%—3%（见图2-22）。

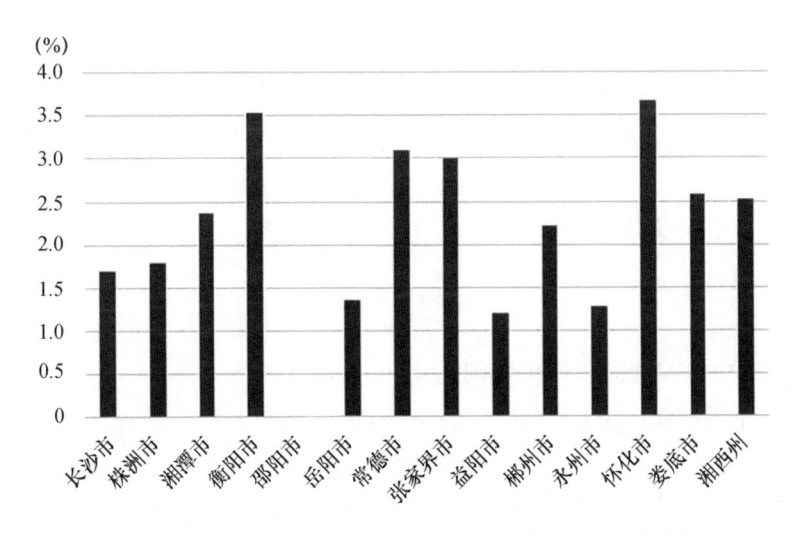

图2-22 2021年湖南省13市（州）城镇登记失业率比较

三 结论与政策建议

2021年，在各级人力资源和社会保障部门的共同努力下，湖南省社

会保障和就业服务各项事业保持合理增长，并与本地区经济社会发展水平相适应，呈现出良性发展的态势。各市（州）要继续把与群众密切相关的就业、社会保险、收入分配等民生热点问题当作大事来抓，牢牢守住保障群众基本生活和基本权益这一民生底线，集中力量做好普惠性、基础性、兜底性民生建设，努力缩小市（州）之间的发展差距，推动全省社会保障和就业服务各项事业健康发展。

（一）深入实施"五项改革"

一是按照国家部署推进实施企业职工养老保险全国统筹，完善被征地农民参加基本养老保险政策，妥善处理全省被征地农民社会保障工作遗留问题。二是稳步推进失业保险省级统筹，全面实现"六个统一"，即统一失业保险政策、统一基金收支管理、统一信息系统、统一经办服务管理、统一责任分担机制、统一考核奖惩办法。三是完善工伤保险省级统筹，有序推进工伤保险基金省级统收统支，积极开展国家机关公务员和参公管理人员参加工伤保险、基层快递网点优先参加工伤保险、新就业形态新就业人员职业伤害保障等试点。四是按照国家部署稳妥实施渐进式延迟法定退休年龄，加强特殊工种提前退休审批管理，及时做好政策宣传和解读。五是推进职业年金管理改革，稳健开展职业年金投资运营，优化完善运营管理制度机制，实现合理投资收益，加快虚账向实账管理转换。

（二）扎实推进"四个贯彻"

一是贯彻实施全民参保计划，针对灵活就业人员、进程务工农民等重点群体持续实施精准扩面；加强部门之间的协调配合，人社部门积极与公安、民政、税务等部门沟通协调，建立部门间信息共享机制，统筹推进全民参保全面实施。二是贯彻落实基金管理提升年行动，开展全省社会保险基金管理专项整治巩固拓展行动，严格按照收支两条线和岗位权限相互制约、相互监督的内控要求，规范业务经办流程，建立有效的权限监督制约机制；强化内审稽核，定期开展社保基金管理风险专项检查，全程跟踪检查各经办环节。三是贯彻落实推动个人养老金实施办法，确定建立个人养老金制度的先行城市，做好政策宣传。四是贯彻落实人力资源和社会保障部即将出台的企业职工基本养老保险病残津贴暂行办法，结合湖南省实际抓好政策执行，推动建立城乡居民基本养老保险丧葬补助金制度。

（三）努力实现"三个提升"

一是通过加强社会保障经办服务体系建设，健全社会保险待遇调整机制，实现退休人员养老金水平、城乡居民养老保险待遇水平、社保经办服务水平"三个提升"，推动社会保险治理达到新水平。二是推进社会保险待遇水平与经济社会发展的联动调整，综合考虑物价变动、职工平均工资增长、基金承受能力以及财力状况等因素，完善城镇职工基本养老保险、工伤保险待遇水平调整机制，确立适度的保障水平。三是建立统一的社会保险公共服务平台，实现全省人社政务服务"一网通办"；建立与养老保险全国统筹相适应的经办服务体系，推进社会保险关系转移接续顺畅便利。四是推动经办模式转型升级，完善信息系统功能，推进网上业务经办，实现"一次办、马上办"。加强业务系统数据与省部主要数据平台对接。

（四）贯彻落实就业优先政策

一是强化就业优先，推动将就业工作列入各级党委、政府中心工作，列入人大立法执法检查、政协建言献策重要选项，将更加充分、更高质量的就业作为经济社会发展的优先目标，将稳定和扩大就业作为宏观调控的下限，将城镇新增就业、城镇调查失业率作为宏观调控重要指标。二是加强宏观政策协调联动，健全财政、金融、产业、投资、消费等政策与就业政策协同和传导落实机制，强化就业影响评估，支持投资岗位创造多的项目，支持发展吸纳就业能力强的行业产业，实现经济增长与就业扩大良性互动。三是积极创造更多就业岗位，支持吸纳就业能力强的服务业、中小微企业和劳动密集型企业发展，稳定拓展社区服务岗位。四是压实就业工作属地责任和部门责任，健全县级以上地方政府就业工作组织领导机制，完善市县政府就业资金刚性投入机制，建立跨层级、跨部门、跨区域的重大就业风险协同应对机制，持续开展促进就业真抓实干督察激励考核。

（五）完善重点群体就业支持体系

突出做好高校毕业生、退役军人、就业困难人员等重点群体就业工作。坚持把高校毕业生就业作为重中之重，结合"三高四新"发展战略，创造更多有利于发挥高校毕业生专长和优势的知识技术型就业岗位；对困难毕业生和长期失业青年实施就业帮扶。落实退役军人就业优待政策，将退役军人按规定纳入现有就业服务、职业培训等政策的覆盖范围。加强就业援助，把解决失业人员再就业问题摆在突出位置，畅通失业人员求助渠道，健全失业登记、职业介绍、职业培训、职业指导、生活保障联动机制，促进失业人员尽快实现就业，保障基本生活。动态调整就业困难人员认定标准，健全就业困难人员就业援助机制，对城镇就业困难人员建立台账、动态管理，提供优先扶持和重点帮助。对通过市场渠道难以实现就业的就业困难人员，合理开发公益性岗位托底安置，确保零就业家庭动态清零。开展高质量就业帮扶服务活动，对各类重点群体分类帮扶、精准援助和跟踪服务。

医疗卫生服务发展评价

医疗卫生服务是社会公共服务的主要内容之一。随着健康湖南建设的不断推进，全省的医疗卫生服务能力得到了极快的提升，人们对医疗卫生服务的需求更加多元化，也期待得到更多优质的医疗服务。2021年是"十四五"开局之年，湖南医疗卫生事业发展基础不断夯实，全省常态化疫情防控向好态势持续巩固，全面纵深推进医改，公立医院综合改革真抓实干再获国务院表彰奖励。对全省的医疗卫生服务水平进行整体评价，对于缩小全省不同市（州）医疗卫生服务水平的差异，进而有效提升湖南省基本医疗卫生服务水平和效率，具有重要意义。

一 湖南医疗卫生服务发展概况

2021年，湖南坚持以人民为中心，聚焦解决"看病难、看病贵"问题，服务"三高四新"战略，着力推动以治病为中心转变为以人民健康为中心，统筹疫情防控和医疗卫生事业发展，基层医疗服务能力稳步提升，重点人群健康保障不断改善，实现了"十四五"良好开局。截至2021年年末，全省共有卫生机构55682个。其中，医院1716个，妇幼保健院（所、站）136个，专科疾病防治院（所、站）78个，乡镇卫生院2099个，社区卫生服务中心（站）970个，诊所、卫生所、医务室12200个，村卫生室37082个。卫生技术人员50.6万人，比上年增长1.1%。其中，执业医师和执业助理医师19.2万人，注册护士23.9万人。医院拥有床位39.0万张，增长3.6%；乡镇卫生院拥有床位10.6万张，减少1.0%。

第二部分 专题报告

（一）医疗卫生服务能力稳步提升

一是优质医疗资源供给不断增强。湖南省政府与国家卫生健康委签订委省共建国家医学中心和国家区域医疗中心协议，启动中南大学湘雅医院新院区建设，创建综合国家医学中心。基层服务网底进一步夯实，出台《关于促进基层卫生健康事业高质量发展的意见》。在全国基本公共卫生服务项目绩效考核中，湖南省位列全国第五、中部第一。永州在全省率先出台《永州市基层医疗卫生机构高质量发展实施方案》，确定零陵区为综合展示项目并召开现场推介会，将健康永州建设纳入政府绩效考核，全面开展15项重大专项行动，健康永州建设全面加强，全市完成卫生健康项目建设投资8.79亿元，新创建"三级医院"3所（三级医院增加到10所）、"二甲"中医院1所，累计创建国家、省级临床重点专科31个，医院拥有床位3.04万张，增长4.2%。长沙在推动高质量发展上，率先全国创新"健康长沙"建设PPP项目，高位推进"三医联动"。卫生技术人员9.46万人，比上年增加0.66万人，其中执业医师、执业助理医师3.54万人，增加0.26万人；注册护士4.61万人，增加0.34万人。卫生机构床位8.72万张，增加0.40万张，其中医院、卫生院7.88万张，增加0.27万张，县域内就诊率保持在95%。常德持续推进基层医疗卫生机构标准化建设，"五大体系五大中心"初具规模，防控救治能力全面提升，基层服务能力再次增强，省级区域医疗中心位置更加凸显。

二是巩固拓展健康扶贫成果与乡村振兴有效衔接。保持现有健康扶贫政策基本稳定，将村卫生室运行经费纳入省财政常规预算，多措并举保障乡村医生合理待遇。娄底全科医生驻村全覆盖工作位居全省第一；湘西自治州启动全城爱国卫生城镇创建工作，完成了30个乡镇、101个村（社区）的省州级卫生乡镇、卫生村（社区）创建工作，全州乡镇卫生院拥有床位5499张，人民群众健康获得感进一步提升。

三是中医药赢得重大发展机遇。成功获批建设国家中医药综合改革示范区，出台《湖南省"十四五"中医药发展规划》；中医特色重点医院和人才队伍建设等一批项目和改革举措陆续落地见效。长沙获批全国基层中医药工作先进市。常德继续蝉联全国基层中医药工作先进市、国家卫生城市等国家级荣誉称号。株洲出台《关于促进中医药传承创新发展的实施意见》，全市所有社区卫生服务中心和建制乡镇卫生院实现中医药服务"四有"要求；永州出台实施《促进中医药传承创新发展实施方案》，建设应用基于5G的中医药智能服务平台，将中医药与人工智能、区块链、云计算、大数据、互联网技术融合，发挥"线下赋能基层医疗、线上远程问诊、智能电子处方、智能煎药配送服务"四大功能，方便群众享受"简、便、验、廉"的中医药服务。

四是群众就医服务体验不断改善。在大型三级医院推行"日间手术""预住院"等模式，平均住院日持续降低。全省三级医院门诊患者满意度位居全国第四，住院患者满意度位居全国第八，员工满意度位居全国第一。全省所有三级医院均实现"电子健康卡一卡通"，电子健康卡注册人数占常住人口比例以及在医疗机构的使用人次数均位居全国第一。株洲电子健康档案建档率达90%以上；益阳倾力打造智慧医疗，运用"互联网+医疗健康"及"物联网"技术，统筹建设全民健康信息平台，以医疗联合体为载体，在全市30家公立医院逐步实现远程医疗、远程示教、在线预约诊疗、检查结果互认、随身电子病历管理、移动支付等服务。

（二）省级综合医改全面纵深推进

一是深化公立医院综合改革。公立医院综合改革连续5年获国务院真抓实干表彰激励。出台《湖南省推动公立医院高质量发展实施方案》；建立编制动态核增机制，16家省属公立医院核增编制4400余个；医疗卫生机构高级岗位比例提高10%—21%，全省高级职称增加4万余个。长沙公立医院综合改革获国务院真抓实干表彰奖励；湘雅医院成为国家首批高质量发展试点医院；湘潭市成为国家第二批公立医院综合改革示范城市；益阳公立医院综合改革真抓实干取得新成效，市域内就诊率达90%。综合医改完成立项争资6.28亿元，全市40家涉改医院医占比37.2%，药占比24.5%。

二是推进分级诊疗制度建设。组建各种形式医联体725个；推进20个县市区紧密型县区医共体建设试点，试点县域内住院人次占比、县域内就诊率等监测指标均高于全国均值；推动防、治、康、管协同，高血压患者规范管理率达68.8%，糖尿病患者规范管理率达68.5%。郴州在全省率先推行"一次挂号管三天"服务，健全心理服务体系源头化解矛盾纠纷、食源性疾病监测县乡村一体化、基层卫生健康监督体系建设、公立医院党建、县域内急性胸痛医防融合网格化救治"五早"模式等多项特色亮点被国家和省推介，获全省2021年度公立医院综合改革真抓实干成效明显表扬激励。

三是实施短缺药品清单动态管理制度。稳步推进处方流转与监管，建立中南六省药品临床综合评价协作机制。株洲在全国首创药品采集"九市联盟"，牵头组建医用耗材集采"七市联盟"。醴陵市县域医共体建设代表株洲分获国务院和省政府真抓实干激励表彰。

（三）重点人群健康保障不断改善

一是"一老一小"服务全面加强。印发《湖南省建立完善老年健康服务体系实施方案》，积极应对人口老龄化。老年健康支撑体系不断健全，建成16家省级"安宁疗护标准病房"，124家医疗机构被评为"省级老年友善医疗机构"，1120家医疗机构被评为"市级老年友善医疗机构"。开展全国婴幼儿照护服务示范城市创建活动，实施第三批普惠托育服务专项行动，全省新增5000个普惠托位。株洲养老机构医疗服务全覆盖，4个社区获批2021年全国示范性城乡老年友好型社区。益阳市医疗养老中心的全国智慧健康养老应用试点示范有序开展，全市共有医养结合机构22所，医疗养老床位近4102张，每千名老年人拥有医疗养老床位数1.06张。益阳全市共有居家养老服务中心515个，养老服务机构186所，现有机构养老床位22320张，每千名老年人床位25.6张。

二是重点民生实事圆满完成。救治奖扶政策落实落细，争取财政资金5000万元，实施无责任主体农民工尘肺病基本医疗救治救助行动。益阳市常住人口家庭医生签约率58.9%，重点人群签约率84.8%，农村脱贫人口家庭医生签约服务率100%，慢病签约服务率100%，医疗服务改善明显。开展营养与健康学校建设试点，在中小学推进"护苗"行动。各级财政共安排计划生育家庭农村奖扶、计生特扶、城镇奖励独生子女保健费26.95亿元。优生优育政策调整完善，出台育儿假、独生子女护理假等一系列配套和保障措施；全面优化生育登记服务流程，推进网上生育登记证办理；强化人口实时监测，开展人口形势研判；广泛开展了生育关怀、住院护理补贴、健康保险等民生项目和关爱活动，筹措2.16亿元的资金及物资，帮扶慰问计生群众300多万人次。

三是妇幼健康水平持续提升。45家市（州）、县市区疾控中心标准化建设工程全部达标；圆满完成100万农村和城镇低保适龄妇女"两癌"免费检查、40万孕产妇免费产前筛查的目标任务；中医药服务基层全覆盖项目完成率100%。14个市（州）全部出台了计生协改革方案，2.9万个村（社区）计生协换届全面完成。最为突出的是益阳市，完成免费产前筛查25137人，农村适龄妇女"两癌"筛查72933人，适龄儿童免疫规划疫苗接种率保持在95%以上。

（四）健康湖南建设持续加强

一是湖南省委、省政府审议印发《健康湖南"十四五"建设规划》，精心擘画卫生健康事业宏伟蓝图。二是健康湖南行动持续推进，2019—2020年度考核的重点任务完成情况居全国前列。三是"互联网+医疗健康"快速发展，建成互联网医院45家。四是深入开展爱国卫生运动，9个城市、6个县分别通过国家卫生城市和国家卫生县城复审。株洲不仅顺利通过国家卫生城市复审，还成为全省首个全域化国家卫生城市，全市健康素养水平超过23%。五是无烟党政机关、无烟医疗卫生机构等无烟环境建设成效明显。全面普及健康知识，全省居民健康素养水平较上年度提高了2.5个百分点。六是投入保障力度加大，全省公立医疗卫生机构共获得各级财政补助350.45亿元。七是医院法治建设走在全国前列，工作经验在全国卫生健康系统法治工作会上推介。八是强化科技创新引领，医疗卫生机构获省自然科学奖的数量逐年增长。九是建立生物安全风险防范机制，出台了贯彻生物安全法的实施方案。十是综合监管和食品安全工作全面加强，食品安全工作在省食安委年度考核中取得历史最好成绩。

二 湖南14市（州）医疗卫生服务评价情况分析

2021年湖南省医疗卫生服务资源总量不断增加，医疗卫生水平快速提升。同时，也应该看到新冠疫情的不确定性、人口老龄化加剧的严峻挑战性、医疗卫生事业发展不平衡不充分矛盾的客观性等问题对医疗卫生事业发展的压力和挑战。

（一）2021 年湖南省 14 市（州）医疗卫生服务绩效整体评价

一是各市（州）医疗卫生服务水平差异性较大。通过各市（州）的综合比较发现，湖南省 14 市（州）的医疗卫生服务总体绩效水平参差不齐，相互之间的差异较大，且并不完全与各市（州）经济发展水平挂钩。排名前三的分别是长沙、湘西自治州和益阳（见图 2-23 和表 2-1）。

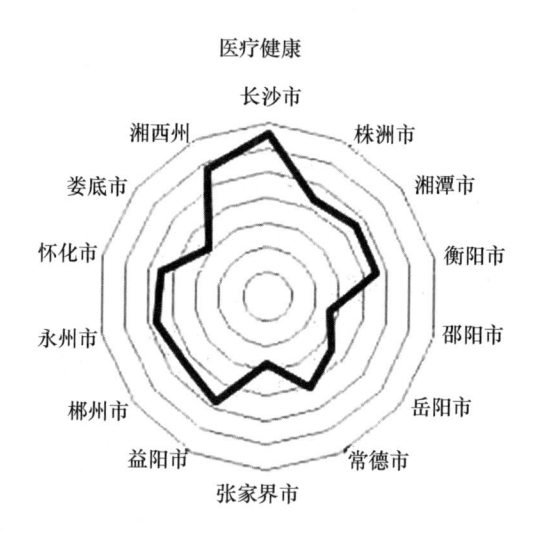

图 2-23　湖南省 14 市（州）医疗卫生服务评价雷达图

从数据来看，长沙虽然居榜首，但卫生健康支出比重和人均卫生健康支出比重两项得分其实是全省最低的，主要还在于省会城市的综合实力吸引省内优秀的医疗卫生资源，使其整体的医疗卫生服务水平远远超过其他地区。与之相对，邵阳市在卫生健康支出和人均卫生健康支出两项上的评分在全省其实属于前列，但受当地经济发展水平的影响，经济欠发达导致财力、物力等资源有限，限制了其医疗卫生服务水平的发展，千人口执业医师、护士数、床位数都远远不足，尤其是社区卫生机构卫生技术人员数远远低于全省其他市（州），投入力度虽在加大，但整个医疗卫生服务体系仍有待进一步健全（见表 2-1）。

表2-1　2021年全省14市（州）卫生资源与医疗服务评价得分情况

地区	卫生健康支出比重	人均卫生健康支出	2021年千人口执业（助理）医师数（人）	2021年千人口注册护士数	2021年千人口实有床位数	2021年每千人口拥有社区卫生服务机构卫生技术人员数	2021年社区卫生服务机构总诊疗人次占医疗卫生服务机构总诊疗人次比重	得分
长沙市	0.0016	0.0015	0.1430	0.1385	0.0966	0.1356	0.1371	0.6539
株洲市	0.0696	0.0400	0.0801	0.0688	0.0336	0.0593	0.0817	0.4331
湘潭市	0.0776	0.0274	0.1030	0.1032	0.0560	0.0400	0.0518	0.4589
衡阳市	0.1485	0.0442	0.0386	0.0769	0.0357	0.0509	0.0651	0.4599
邵阳市	0.1456	0.0486	0.0014	0.0081	0.0231	0.0107	0.0240	0.2616
岳阳市	0.1216	0.0659	0.0343	0.0154	0.0175	0.0390	0.0432	0.3370
常德市	0.1101	0.0720	0.0558	0.0190	0.0581	0.0459	0.0450	0.4058
张家界市	0.0887	0.0757	0.0386	0.0063	0.0014	0.0468	0.0153	0.2728
益阳市	0.1550	0.0780	0.0758	0.0453	0.0742	0.0212	0.0247	0.4742
郴州市	0.1324	0.0581	0.0400	0.0570	0.0581	0.0282	0.0601	0.4339
永州市	0.1488	0.0612	0.0472	0.0326	0.0868	0.0478	0.0456	0.4700
怀化市	0.1170	0.0569	0.0729	0.0688	0.1330	0.0014	0.0014	0.4513
娄底市	0.1251	0.0260	0.0529	0.0014	0.0553	0.0170	0.0356	0.3133
湘西州	0.1347	0.1522	0.0558	0.0625	0.1386	0.0122	0.0160	0.5720

二是各市（州）医疗卫生人员配置存在较明显差异。排在全省前五的市（州），除了长沙市，湘西自治州、益阳市、永州市、衡阳市主要都是在卫生健康支出项得分较高，而在医疗技术人才相关要素项上的得分，依然落后于株洲、湘潭等经济相对发达的地区。由于卫生人员的数量、专业结构等在各市（州）间配备不合理，缺乏医疗人力资源的市（州）的医疗患者疗程比较长、疗效相对较差，患者对医疗机构的信任度较低，所以在相应的设备、技术等配置下，病床使用率较为低下，导致其医疗卫生服务体系的有效性存在不足。各市（州）医疗服务卫生人员差异明显的主要原因在于不同地区的医疗卫生机构的薪资待遇机制不一样。经济欠发达地区的基本医疗卫生机构缺乏较为稳定的财政投入，其医疗工

作环境和薪资待遇与经济发达地区的医疗卫生机构存在明显的差距,导致其难以吸引和留住医疗卫生人员。因此,在加大医疗卫生服务方面投入额绝对规模的同时,更需要着力促进物力资源供给和医疗卫生服务人力资源的同步发展,加强各地区的医疗卫生服务人力资本投入,加大吸引人才力度,提高医疗服务水平落后地区卫生人员工资福利待遇,吸引更多的医疗卫生服务方面的人力资源,充实医疗卫生服务力量。

三是各市(州)间基础的医疗卫生服务设施建设和利用整体效能不高。每千人口拥有社区卫生服务机构卫生技术人员数和社区卫生服务机构总诊疗人次占医疗卫生服务机构总诊疗人次比重均处于较低水平。产生原因:看病难、看病贵的问题;基础医疗服务利用率低、效能发挥不足的问题;大医院人满为患、因医德建设和医院管理导致的医患矛盾突出的问题;病患对社区医院信任不足;医疗技术水平和卫生管理的效率难以满足医疗需求的问题。这些问题的具体表现并不完全相同,需要结合不同地区、不同主体的具体情况制定对策。

(二)湖南省14市(州)医疗卫生服务要素纵向比较

1. 医疗卫生服务不平衡和不充分的问题比较突出。

从供给侧看,全省医疗卫生服务体系建设不断推进,卫生资源总量增加,布局逐步合理,医疗卫生服务提供能力达到较高水平。但是,依然存在不平衡、不充分、供需不匹配等问题。尤其是区域发展不平衡的情况较为突出,以社区卫生服务机构总诊疗人次占医疗卫生服务机构总诊疗人次比重为例,2021年全省平均水平为7.05%,比2020年增长0.72%。长沙市一枝独秀,是14个市(州)中唯一一个社区卫生服务机构总诊疗人次占医疗卫生服务机构总诊疗人次比重超过10%的市(州),为13.70%,其次是株洲市(8.90%),其余12个市(州)的社区卫生服务机构总诊疗人次占医疗卫生服务机构总诊疗人次比重均低于全省平均水平(见图2-24)。对比2020年数据,湘潭市、张家界市、长沙市和岳阳市社区卫生服务机构总诊疗人次占医疗卫生服务机构总诊疗人次比重还存在不升反降的现象。

2. 应对人民医疗卫生服务需求能力不足。

不仅是对老年人口健康养老与长期护理、残疾人的医疗及康复服务

医疗卫生服务发展评价

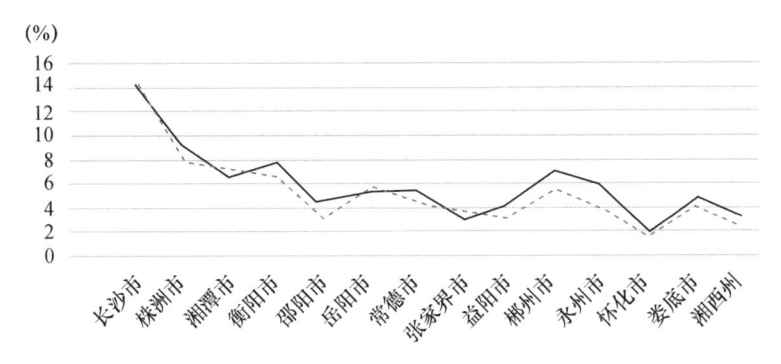

----- 2020年社区卫生服务机构总诊疗人次占医疗卫生服务机构总诊疗人次比重
—— 2021年社区卫生服务机构总诊疗人次占医疗卫生服务机构总诊疗人次比重

图 2-24　湖南省 14 市（州）社区卫生服务机构总诊疗人次占医疗卫生服务机构总诊疗人次比重

等多样化的服务需求提供能力不足，还体现在公共医疗资源配置和供给能力的不充分上。从千人口实有床位数看，2021 年全省平均千人口床位数为 8.04 张，14 个市（州）中有 8 个市（州）千人口实有床位数低于全省平均水平，其中张家界市与全省平均水平相差 0.91 张，岳阳市相差 0.66 张，邵阳市相差 0.58 张。纵向来看，株洲、岳阳、常德三市千人口实有床位不增反降（见图 2-25）。从千人口执业（助理）医师数看，

----- 2020年千人口实有床位数　—— 2021年千人口实有床位数

图 2-25　湖南省 14 市（州）千人口实有床位数

2021年湖南省平均千人口执业（助理）医师数为2.91人，14个市（州）有9个市（州）千人口执业（助理）医师数低于全省平均水平，只有长沙、株洲、湘潭、益阳和怀化市高于全省平均水平。与2020年相比，常德市和衡阳市千人口执业（助理）医师数出现负增长，其中常德市的千人口执业（助理）医师数从2020年的3.38人降到2021年的2.85人，衡阳市的千人口执业（助理）医师数从2020年的2.78人降到2021年的2.73人（见图2-26）。

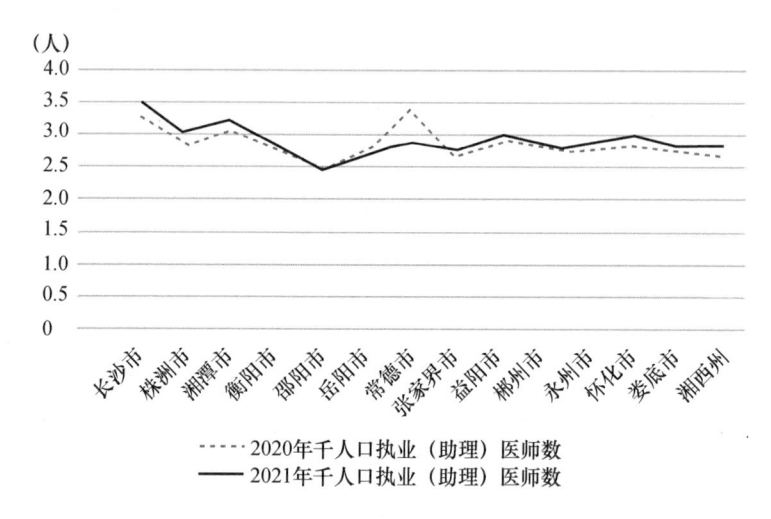

图2-26　湖南省14市（州）千人口执业（助理）医师数

3. 基层医疗机构能力偏弱。

从千人口执业（助理）医师数（人）、千人口注册护士数（人）和每千人口拥有社区卫生服务机构卫生技术人员数三项指标比照可见（见图2-27），不管是全省平均水平还是14市（州）对比而言，社区卫生服务机构卫生技术人员占比明显偏低，执业（助理）医师、注册护士等医疗人才进一步向三级医院集中的现象较为突出。这一现象在长沙尤其明显，长沙不仅拥有数量最多的执业（助理）医师和注册护士，其卫生服务机构总诊疗人次占医疗卫生服务机构总诊疗人次比重从2020年的14.16降到2021年的13.7，基层医疗机构能力偏弱，患者就诊流向不合理，大医院仍承担了相当比例的常见病治疗，湘雅等综合性大医院"人满为患",这直接导致大医院患者数量居高不下、患者候诊时间偏长等问题。

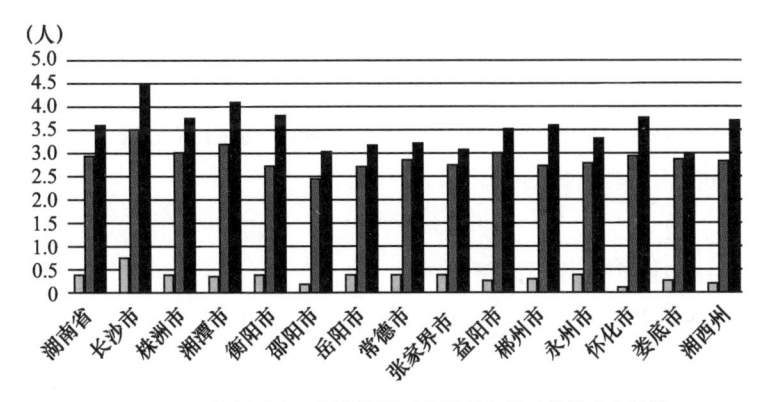

图 2-27 湖南省 14 市(州)医疗卫生人才比较

三 结论与政策建议

《"健康中国 2030"规划纲要》指出:"健康是促进人的全面发展的必然要求,是经济社会发展的基础条件,是民族昌盛和国家富强的重要标志,也是广大人民群众的共同追求。"医疗卫生服务是公共服务的重要组成部分之一,医疗卫生服务事业是党和国家重点关注的民生事业。随着社会经济的不断发展,人们对医疗卫生服务水平的要求和期待也在不断提高,就需要为人民提供更多更优质的医疗卫生资源,促进医疗卫生服务水平的提升,深化医药卫生体制改革,加强基层医疗卫生服务体系建设,全面提升公共卫生服务水平。

(一)推进基层医疗卫生服务体系建设

以基层为重点,实施省级优质医疗资源扩容下沉项目,支持各市(州)建设 1—2 个市级区域医疗中心,推动基本医疗和公共卫生工作重心下移、资源下沉，推进财力、物力和医疗技术人员向基层配置，深化医教协同，加强全科医生和卫生人才培养培训，建设壮大基层医疗卫生人才队伍，促进基层医疗卫生服务机构硬件和软件双提升。强化县级医院骨干支撑和城乡纽带作用，实施县级医院"5321工程"，推进县级重点专科和专病中心建设，重点加强急诊、儿科、麻醉科、重症医学等薄弱专科以及紧缺专业临床专科建设，有效承担县域内常见病、多发病诊疗以及危急重症抢救与疑难病转诊等任务。

（二）加快构建分级诊疗体系

明确各级各类医疗机构梯度功能定位，科学建立分级诊疗病种目录和转诊标准，建立不同级别医院之间、医院与基层医疗卫生机构、接续性医疗机构之间的分工协作机制，逐步实现电子健康档案和电子病历信息共享，推进不同级别、类别医疗机构间检查检验结果互认。合理控制公立医院单体规模，引导、规范"一院多区"发展。综合运用行政管理、绩效考核、医保支付和费用控制等措施，引导三级公立医院提高收治疑难疾病、危急重症的占比，分流常见病、多发病、慢性病患者。加快落实基层医疗卫生机构首诊制度，由基层医疗卫生机构逐步承担公立医院的普通门诊、康复和护理等服务。继续推广"县治、乡管、村访"分级诊疗模式，构建以县级为龙头、乡镇卫生院为枢纽、村卫生室为基础的新型农村三级医疗服务网。有效推进县域紧密型医共体、城市医疗集团建设，探索大型公立医院与市、县两级政府共建紧密型区域医联体，促进优质医疗资源下沉。支持疾病预防控制中心加入医联体建设，构建整合型医疗卫生防病治病体系。鼓励将社会办医疗机构和医养结合机构纳入医联体，着力提高县域内和基层医疗卫生机构就诊率，实现"大病不出县、小病不出乡"。

（三）促进优质医疗资源优化布局

优化资源配置，推动优质医疗资源扩容和区域均衡布局。全面推进国家医学中心和区域医疗中心建设，解决一批医疗领域"临门一脚"和"卡脖子"问题，推动医学事业进步，带动全省医疗水平不断提升。以差异化、错位化发展为导向，加强省级重点专科（学科）建设。打造一批疑难危重症诊疗能力突出、高端人才聚集、科研实力雄厚、管理水平高超、辐射效应明显的高水平医院，提升省域诊疗能力。加强与长株潭一体化和湘赣边区域合作示范区建设的统筹衔接，支持长株潭区域医疗联合体、专科联盟多模式发展，鼓励有条件的地区建设省际边界医疗服务高地。优先支持儿童、精神、传染、老年康复护理等专科医疗机构建设。支持部省属综合性医院重点特色专科以及高水平专科医院牵头组建专科联盟和远程医疗协作网，扩大优质医疗资源辐射服务范围。

（四）建设高素质医疗卫生人才队伍。

加强对医疗人力资源的培养和管理，完善医疗卫生人员的培养、考核和引进机制，加强对医疗卫生人员的定期培训，通过组织专业技能培训等方式使其不断更新医疗卫生知识，提升医疗卫生人才技术技能水平。对于医疗卫生人员的工资应该实行绩效工资制，激励医疗卫生人员提供高质量的医疗卫生服务，建立医疗卫生人员的补助机制，对医疗卫生人员进行适当的补助。通过经济和政策等优惠方式激励医疗卫生人员到医疗水平较低的地区就职，通过优厚的薪资待遇和完善的晋升体制来引进和留住优秀的医疗卫生人才，促进全医疗卫生服务水平的提升。

（五）强化医德医风建设

2022年3月1日起施行的《中华人民共和国医师法》第五十八条规定，严重违反医师职业道德、医学伦理规范，造成恶劣社会影响的，由省级以上人民政府卫生健康主管部门吊销医师执业证书或者责令停止非法执业活动，五年直至终身禁止从事医疗卫生服务或者医学临床研究。把医德医风建设列入对市、县（市、区）大型医院巡视巡查内容。按照"管行业必须管行风""谁主管谁负责"的治理要求，明确各级医疗机构行风建设主体责任，建立问责机制，深入开展漠视侵害群众利益、麻精药品管理使用、医疗乱象及打击欺诈骗保等专项整治，对违法违纪违规行为"零容忍"，对典型案例进行公开曝光，发挥警示教育作用。扎实推进党风廉政建设和反腐败工作，坚持以人民健康为中心、以法律制度为准绳、以道德良心为底线，持续加强医德医风和职业道德建设，不断提高医务人员个人修为、医术水平、服务品质，持续纠治医药购销领域和医疗服务中的不正之风，加强行业自律和诚信建设。

（六）完善现代医院管理制度

推动公立医院高质量发展，实现公立医院发展方式从规模扩张转向提质增效，运行模式从粗放管理转向精细化管理，资源配置从注重物质要素转向更加注重人才科技要素。坚持和加强党对公立医院的全面领导，落实党委领导下的院长负责制。建立健全社会办医院党建工作管理体制，规范党组织隶属关系。建立健全公立医院法人治理结构，落实公立医院经营管理自主权，构建党委统一领导、党政分工合作、协调运行的工作机制。强化公立医院法治保障，全面完成章程制定，规范内部治理结构和权力运行规则，提升资源配置效率和运营管理效益。深化公立医院薪酬制度改革，改革完善公立医院薪酬总量核定以及内部绩效考核和薪酬分配办法，合理确定薪酬结构和水平，探索实行年薪制、协议工资制等多种模式。全面开展公立医院和妇幼保健机构绩效考核，建立省级绩效考核信息系统，与国家绩效考核信息系统实现互联互通。将考核结果作为公立医院和妇幼保健机构发展规划、重大项目立项、财政投入、经费核拨、绩效工资总量核定、医保政策调整的重要依据。强化公立医院医疗服务成本核算，三级公立医院设置总会计师岗位。支持有关医院做好国家公立医院高质量发展试点工作。

养老服务发展评价

随着人口老龄化加剧，人口老龄化成为全社会关注的焦点和热点，并演变成我国的基本国情。第七次全国人口普查数据显示，湖南省60岁以上老龄人口占比19.88%，高于全国平均比例（18.70%），养老问题已经成为湖南省经济社会高质量发展不可回避的民生问题。近年来，湖南省各级党委和政府对快速老龄化现象予以高度关注，并采取了有力的措施应对日益严峻的老龄化趋势。未来，随着人口老龄化程度的加深，加快发展养老服务，实现养老服务高质量发展是湖南今后很长时期的一项紧迫任务。

一 湖南人口老龄化基本情况

湖南地处云贵高原向江南丘陵和南岭山脉向江汉平原过渡的地带，地势呈三面环山、朝北开口的马蹄形地貌，由平原、盆地、丘陵、山地、河湖构成，属亚热带季风湿润气候，具有气候温和、四季分明、雨水集中、光热资源丰富的特点。湖南有着众多的避暑胜地，也有众多的宜居城市。因此，很多老年人愿意在湖南生活。

（一）人口老龄化增长速度快

湖南省老龄化人口基数大、增长速度快。根据第七次全国人口普查公布的数据，全省常住人口中，60岁及以上人口为1321.13万人，占19.88%。其中，65岁及以上人口为984.21万人，占常住人口的14.81%。与2010年相比，10年间60岁及以上人口的比重上升了5.34

个百分点，老龄化程度进一步加深。

国际上普遍认为，60岁以上的人口占到人口总数的10%或65岁以上人口占总人口的7%，就可以认为该国家或地区已经步入了老龄化社会。据统计，湖南于1996年进入人口老龄化社会，比全国提前了3年。而时至今日湖南的老龄化程度已明显加剧。

（二）人口老龄化程度高于全国平均水平

第七次全国人口普查显示，湖南省常住人口中，60岁及以上人口为1321.13万，占19.88%；65岁及以上人口为984.2万，占14.81%。与2010年第六次全国人口普查相比，10年间，湖南省60岁及以上人口的比重上升了5.34个百分点，65岁及以上人口的比重上升了5.04个百分点。而同期，即2010—2020年，我国60岁及以上人口比重上升了5.44个百分点，65岁及以上人口上升了4.63个百分点。

对比60岁及以上人口和65岁及以上人口的比重增速，湖南省老龄化速度高于全国平均水平。截至2020年，湖南省60岁及以上老年人口比重高于全国平均水平，比全国65岁及以上老年人口占比多2.31%（见表2-2）。湖南省已呈现出中度老龄化的特征，人口老龄化形势十分严峻，养老服务任务艰巨。

表2-2　　　　　　　截至2020年全国与湖南省老龄化情况

类别		全国	湖南省
60岁及以上老人	人口数（万人）	26402.00	1321.13
	占比（%）	18.70	19.88
65岁及以上老人	人口数（万人）	19064.00	984.21
	占比（%）	13.50	14.81

数据来源：湖南省民政厅。

（三）老年人口分布区域差异明显

近年来，湖南省各市（州）均已进入老龄化阶段，但各市（州）老年人口分布有着较大差异。第七次全国人口普查数据显示，常德、益阳、湘潭、张家界、怀化、邵阳、岳阳、衡阳八市的老年人口占比超过20%。

60岁及以上老年人口占比排名前三的分别是常德市、益阳市和湘潭市。其中，常德市60岁及以上老年人口占比最高，占25.02%。长沙市由于流入人口较多，年轻人占比稍大，这一定程度上降低了老龄人口比重。在湖南省14市（州）中，长沙市60岁及以上老年人口占比最低，占15.33%，比常德市低了近10个百分点。65岁及以上老年人口排名前三的分别是常德市、益阳市和张家界市，各市（州）人口分布的不均衡导致老年人口分布呈显著的区域差异（见图2-28）。

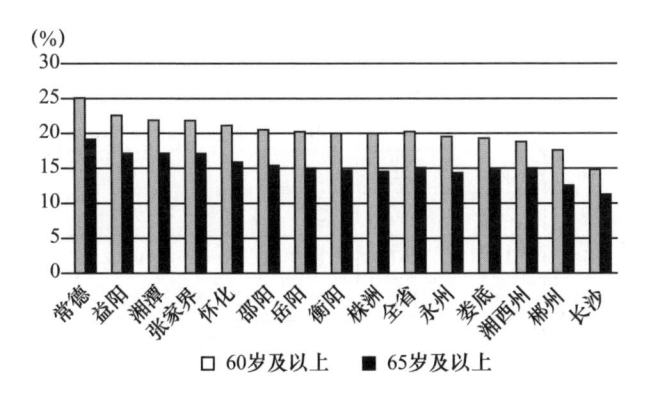

图2-28 2021年湖南省各市（州）老年人口分布

数据来源：湖南省民政厅。

（四）养老服务能力区域差异较大

养老设施是体现一个地区的养老服务基本能力的主要指标。养老设施主要包括养老服务机构、社区老年人日间照料中心等。

一是养老服务机构方面，衡阳、常德、长沙作为经济条件较好的市或者老龄人口比重较大的市，养老服务机构数量较多，均达到200所以上，分别为256所、225所和201所。而湘潭、娄底和张家界的养老服务机构相对较少，分别为126所、120所和99所。

二是社区老年人日间照料中心方面，邵阳社区老年人日间照料中心建设十分完善，日间照料中心数量达1590所，株洲、常德、永州、长沙、岳阳社区老年人日间照料中心数量也比较完善，均达600所以上。但张家界、怀化、郴州、益阳、湘潭等地的社区老年人日间照料中心建设相对滞后，仅100余所。

通过各市（州）的养老服务设施比较不难可以看出，湖南各市（州）的养老服务机构、社区老年人日间照料中心这两类养老主要设施配置存在较大的差异（见表2-3），这也导致湖南省各市（州）养老服务基本能力存在着较大的差异。

表2-3　　2021年湖南省各市（州）养老服务基本能力统计

市（州）	养老服务机构（所）			社区老年人日间照料中心				
	城市	农村	合计	城市（所）	覆盖率（%）	农村（所）	覆盖率（%）	合计（所）
长沙	89	112	201	311	42.20	352	40.23	663
株洲	49	107	156	216	57.75	580	57.20	796
湘潭	49	77	126	67	34.18	44	5.83	111
衡阳	56	200	256	207	40.83	229	10.10	436
邵阳	33	134	167	120	25.64	1470	46.43	1590
岳阳	40	145	185	106	22.75	500	28.87	606
常德	61	164	225	246	32.58	490	32.51	736
张家界	7	82	99	52	33.12	109	12.67	161
益阳	57	132	189	7	2.29	110	9.75	117
郴州	46	128	174	71	19.03	54	2.64	125
永州	26	132	158	91	25.28	585	19.86	676
怀化	20	141	161	32	10.16	114	4.64	146
娄底	25	95	120	90	29.13	229	12.79	319
湘西土家族苗族自治州	14	143	157	47	19.75	204	13.15	251

数据来源：湖南省民政厅。

（五）养老服务能力城乡差异显著

由于湖南省城乡居民老年人口分布不均，农村老年人口比例大，而众多中青年人口流入城市，进一步造成了农村老年人口比例大，老龄化形势严峻。为了适应城乡老龄化人口分布特点，湖南省采取了差异化的城乡养老服务设施配置措施。

从城乡分布来看，湖南省市（州）城乡养老服务机构数量总体差异较大，各市（州）城乡养老服务机构的中位数农村为132所，城市为43所，城乡机构数量中位数相差89所（见图2-29）。全省只有长沙市、株洲市、湘潭市三个城市的养老服务机构城乡差别较小，长沙市、株洲市、湘潭市城市养老服务机构分别为112个、107个、77个，农村养老服务机构分别为89个、49个、49个，三市城乡养老服务机构城乡差距为23个、58个和28个。其他如衡阳市、常德市、益阳市、郴州市、岳阳市、邵阳市、怀化市、永州市、娄底市等市（州）的养老服务机构城乡差距均较大。

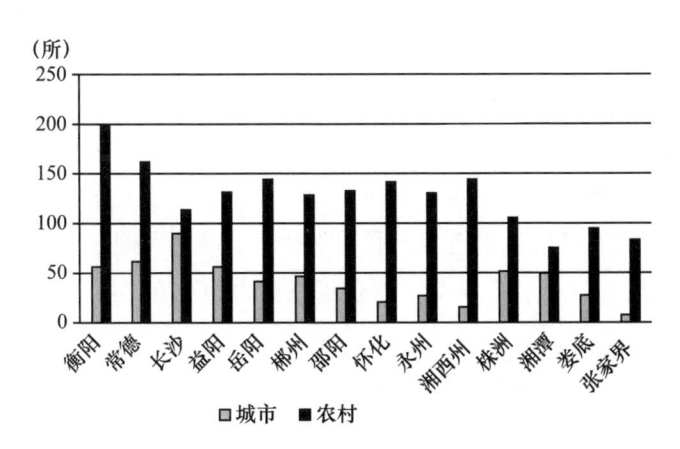

图2-29 2021年湖南省各市（州）城乡养老服务机构比较

数据来源：湖南省民政厅。

二 湖南养老服务的总体评价

近年来，湖南省积极应对日益严峻的老龄化困局，加强政策扶持、需求牵引，坚持问题导向、供给发力、创新驱动，探索精准化、智能化、集约化、法制化养老新模式和新业态，加快发展健康可持续的养老服务体系，不断改善老年人生活品质，着力提升老年人幸福感，养老服务建设向高质量发展初见成效。

（一）养老服务政策体系日益健全

2015年以来，湖南省颁布了系列养老服务相关的政策性文件，特别是 2020 年以来，湖南省密集出台了养老服务相关的政策法规，主要有《湖南省实施〈中华人民共和国老年人权益保障法〉办法》（2015）、《关于推进养老服务高质量发展的实施意见》（2020）、《关于促进农村养老服务发展的若干措施》（2021）、《湖南省养老服务从业人员职业技能提升行动实施方案》（2021）等。同时，也制修订了系列标准体系，主要是《养老机构医养结合服务规范》《连锁养老机构管理服务规范》《养老机构健康管理服务规范》《养老机构社会工作服务规范》《养老机构中医养生保健服务规范》《养老机构岗位设置及人员配备指南》等地方标准。

系列配套的政策性、规划性文件的制定与实施为湖南省养老服务高质量发展提供了有力的政策支持和保障。同时，为了贯彻落实系列政策规划，还制订了一系列的实施方案，采取系列有力措施推进养老服务行业发展，如简化养老机构办理程序、购买服务、项目委托、以奖代补等多种措施为大力吸纳社会力量参与养老服务，为有效破解养老服务发展"痛点""堵点""难点"问题，提供了强有力的政策支持。

（二）机构养老服务供给不断加大

截至 2021 年年底，湖南省城乡各类备案管理养老机构共 2374 所，其中城镇 572 所、农村 1802 所；社区老年人日间照料中心共 6733 所，其中城镇 3333 所，农村 4079 所，覆盖率城镇达 60.53%，农村达 17.17%。全省居家养老服务人数达 2.9 万人，各类养老机构、居家养老服务人数呈增长态势。城镇养老服务机构用地面积 513800 平方米，机构建筑面积 596600 平方米，床位数 13661 张、入住率 30.48%，护理型床位数量 9798 张、护理型床位占比 71.72%，养老护理员人数 800 人。农村机构用地面积 260400 平方米、机构建筑面积 290600 平方米，床位数 7367 张，入住率 20.71%；护理型床位数量 5828 张，护理型床位占比 79.1%；养老护理员人数 359 人（见表 2-4）。各类养老机构、居家养老服务人数、护理型床位的快速增长，显著扩大了养老服务供给，为保障日益增长的养老服务需求提供了物质和人力资源保障，同时也满足了老年人多样化需求。

表2-4　　2021年湖南省公办（含公建民营）机构养老服务情况

类别	各类指标	数量/占比
城镇	机构个数（所）	61
	机构用地面积（平方米）	513800
	机构建筑面积（平方米）	596600
	床位数（张）	13661
	入住率（%）	30.48
	护理型床位数量（张）	9798
	护理型床位占比（%）	71.72
	养老护理员人数（人）	800
农村	机构个数（所）	52
	机构用地面积（平方米）	290600
	机构建筑面积（平方米）	29.06万
	床位数（张）	7367
	入住率（%）	20.71
	护理型床位数量（张）	5828
	护理型床位占比（%）	79.10
	养老护理员人数（人）	359

数据来源：湖南省民政厅。

（三）社区养老服务加快发展

近年来，为适应快速老龄化趋势，满足老年人在地养老的需求，湖南省大力推动社区养老服务，城乡社区养老服务的机构、设施建筑面积、床位数和提供供餐服务的机构等的数量都得以快速增长。2021年，湖南省社区养老服务机构共有29910所，其中，城镇养老服务机构有6533所，农村养老服务机构有23377所。城镇社区养老服务设施建筑面积313.79万平方米，床位数46002张，提供供餐服务的机构数量40所。农村社区养老服务设施建筑面积达497.78万平方米，床位数42631张，提供供餐服务的机构数量为160所（见表2-5）。从城乡社区养老服务设施看，农村社区养老服务的机构、设施建筑面积和提供供餐服务的机构均比城市的数量多，特别是农村社区养老服务机构数是城镇社区养老服务机构数的3.6倍，但农村床位数较城镇床位数相对较少。

表 2-5　　　　2021 年湖南省社区养老服务发展基本情况

类别	各类指标	数量/占比
城镇	机构数（所）	6533
	设施建筑面积（平方米）	3137900
	床位数（张）	46002
	提供供餐服务的机构数量（所）	40
农村	机构数（所）	23377
	设施建筑面积（平方米）	4977800
	床位数（张）	42631
	提供供餐服务的机构数量（所）	160

数据来源：湖南省民政厅。

（四）医养服务融合发展稳步推进

实现医养结合是应对老龄化问题的必然趋势与客观要求。党的十九大报告指出："积极应对人口老龄化，构建养老、孝老、敬老政策体系和社会环境，推进医养结合，加快老龄事业和产业发展。"近年来，为了应对日益严峻的人口老龄化形势，湖南省将医养结合作为健康湖南建设的一项重要的民生工程及全面深化医改的重要内容，积极探索、大胆创新，积极推进"医养结合"养老模式，加快推动医养结合发展。

一是建立完善医养结合政策法规。自 2016 年以来，根据中央相关政策文件，陆续出台了系列政策文件，这些政策法规主要有：《湖南省人民政府办公厅关于推进医疗卫生与养老服务相结合的实施意见》《养老机构医养结合服务规范》《关于做好医养结合机构审批登记工作的实施意见》等。系列政策法规的出台，极大地简化了机构登记流程的，鼓励了企业、社会组织、个人等社会力量积极参与养老服务事业，最终有力地推进医疗和养护的深度融合。

二是鼓励养老服务机构积极探索"医养结合"养老模式，大力推动建设医养结合养老服务机构。自 2015 年以来，湖南省开始医养结合试点工作，长沙、湘潭、岳阳三市被纳入国家级试点城市。试点城市在养老服务医养结合实践中取得了显著的成效和丰富的经验，已经探索出了机构融合型、社区嵌入型、居家服务型三种医养结合典型模式。如积极探索社会福利院建立老年康复医院，发展医养结合服务模式等。2019年，在中国和世界卫生组织双年度合作项目暨医养结合典型经验评选活动中，长沙市卫健委等10个单位被评为典型。

经过近10年的发展，湖南省建立了相对完善的医养结合政策法规体系，实现了医疗卫生和养老服务资源逐步共建共享，建立了覆盖城乡、功能合理的医养结合服务网络，加快完善了老年健康服务体系，全面提升了老年人健康管理服务水平和质量，2021年8月湖南省人民政府办公厅印发的《健康湖南"十四五"建设规划》提出，"十四五"末，全省65岁及以上常住老年人规范健康管理服务率达65%。

（五）信息化养老服务模式初步构建

智慧养老服务平台是发展信息化养老服务的基础。智慧养老服务平台运用物联网、互联网、GPS定位技术等先进信息技术，创建"系统+服务+老人+终端"的智慧养老服务模式。湖南省财政厅联合省老龄办印发了《湖南省居家养老服务信息平台建设管理办法》（简称《管理办法》）和《湖南省居家养老服务信息平台建设管理规范》。根据《管理办法》，湖南省财政加大了资金投入，近5年内投入了约3000万元用于建设居家养老服务信息平台。截至2020年12月，已建成居家养老服务信息平台150个，初步构建了湖南养老地图系统，"互联网+健康养老"线上与线下融合服务发展迅速。

同时，湖南省各市（州）的地方性居家养老信息服务系统也得以不断建立完善，逐步实现了与省级居家养老服务数据共享、市相关部门居家养老服务相关数据迁移、各县（区）居家养老服务相关数据互通。比如，长沙建立了长沙市养老服务监管平台，使政府能够实时掌握长沙地区养老服务的运行情况，对本地区养老服务实现有效监管；群众养老事务实现了在线办理；并借助养老大数据分析系统为政府决策提供了有力的支撑。

三 结论与政策建议

湖南养老服务虽然取得了巨大成就，但由于老龄化形势比较严峻，在养老服务方面仍有提升空间，主要表现为养老服务法制体系尚不健全、配套设施尚不完善、养老服务人才不足、养老行业监督管理不够。因此，需结合当前湖南省老龄化形势和养老服务现实情况，着眼养老服务发展中存在的突出问题，从以下几个方面协调推进养老服务事业向综合化、专业化、智能化、一体化等方面深入发展，让每一位老人都能享受到高质量的养老服务。

（一）健全养老服务法制体系，增强养老服务保障能力

养老服务的政策法规和标准体系是养老服务的依据。随着老龄化程度的加深，老年人口的增多，为了更好地保障老年人的合法权益，提高法治化水平，细化服务标准和服务流程，亟须继续建立健全养老服务法制体系。

一是建立完善养老管理与服务的法规体系。应围绕养老需求，根据《中华人民共和国老年人权益保障法》、湖南省《关于推进养老服务高质量发展的实施意见》《关于促进农村养老服务发展的若干措施》《湖南省养老服务从业人员职业技能提升行动实施方案》《湖南省实施〈中华人民共和国老年人权益保障法〉办法》等国家和省级层面的政策性文件，结合各市（州）养老服务实际情况，建立健全各市（州）的社会居家养老服务促进条例、养老服务条例等，逐步建立完善宪法、法律、地方法规构成的养老服务法规体系，以规范各地养老服务的基础设施建设、管理服务、监督保障、法律责任等内容。

此外，针对目前全省养老服务标准体系还不完善，标准化工作还比较滞后的情况，亟须从省级层面出台有关养老服务标准化的政策，推动制修订一批养老服务地方标准，不断建立健全养老服务标准体系以及评价体系。同时，鼓励市（州）结合本地老龄化实际情况，制定符合当地实际的有关养老相关标准，促进本地标准化工作，提高本地养老服务的质量和能力。通过养老服务标准体系的完善和养老服务标准工作的推进，逐步缩小市（州）之间、城乡之间养老服务的差距，促进地区之间、城乡之间养老服务的均衡化，实现养老服务的高质量发展。

二是建立完善养老服务的体制机制。建立完善养老服务机制主要从保险、信息化、监管和惩戒等方面加以推进。一是建立养老保险制度，

推行社会养老和家庭养老相结合的养老方式，建立健全多层次、多形式的养老保障制度，推进养老保障事业的社会化。二是建立健全"互联网+养老服务"机制，提高养老管理与服务的科学化和信息化水平。三是建立健全养老服务监管机制，推动养老服务实现依法依规、科学有效、公开公平监管、协同共治监管。四是建立健全养老服务惩戒机制，依据国家有关养老机构服务质量安全强制性国家标准、养老服务评价标准和体系，建立完善养老机构综合评估制度，加强对养老机构的人员、设施、服务、管理、信誉进行综合评估和管理。

（二）完善养老服务配套设施，为老年人提供便捷适宜服务

养老服务设施是满足老年人养老服务需求的重要基础，是养老服务业发展的重要载体。面对湖南省老龄化速度快、程度深的现实情况，迫切需要加快发展养老服务设施建设，缩小地区之间、城乡之间养老服务设施发展不均衡的状况，以满足湖南省不断增长的养老服务需求。

一是推动住宅区养老服务设施建设。支持已建成的住宅小区开辟养老服务设施，要贯彻落实新建住宅小区养老服务设施"同步规划、同步建设、同步验收、同步交付"的配建要求。要制定完善养老服务业的土地政策，将各类养老服务设施建设用地纳入城镇土地利用规划。

二是实现养老服务设施建设标准化。建立健全养老服务标准体系，按照有关养老服务设施建设标准，充分利用现有资源，改（扩）建医养结合服务设施。特别是要推进城乡日间照料中心、福利院、老年人活动中心等养老服务设施的标准化建设。

三是完善社区养老服务设施。增加社区养老机构、护理型床位的数量，提高社区养老机构的入住率，逐步发展社区助餐、助医等老年人服务业务，逐步增加社区养老资源供给，为老年人就近养老提供便捷周到的服务。

四是推动养老服务信息化建设。建立完善"互联网+"养老服务模式，整合政府部门、养老机构、服务商数据资源，构建省、市、县（区）、镇（乡）、村五级养老服务综合信息平台，强化信息技术在养老服务中的有效应用，实现多层次、全方位的社区养老信息服务，推动实现养老服务一体化发展。

（三）加强养老服务综合监管，提升养老服务质量

由于养老服务与管理还不成熟，服务与管理经验缺乏，各类主体提供的养老服务质量参差不齐，迫切需要加强养老服务综合监督管理。

一是健全综合监督管理机制。要成立由市政府主要领导为相关负责人，财政、公安、金融监管、市场监管等相关部门为成员的养老服务工作联席会议制度，形成部门协同管理的合力。要建立完善养老机构管理办法，落实相关职能部门的养老机构综合监管职能职责，建立各级政府相关部门组成的监管责任体系，明确民政、公安等部门对养老机构的监督管理职责。

二是强化综合监督管理行业主管责任。行业监管部门要加强养老服务的事前、事中和事后监管责任，对养老机构的资金、卫生、治安等方面实现全方位的监管。强化养老机构的主体责任。建立健全养老机构党组织，严格执行登记、备案、履约、安全等制度，不断提高养老服务与管理的能力和水平。

三是创新综合监督管理工作方式。注重常态监管，切实开展养老服务随机抽查、公开公示工作。注重信用监管，建立养老机构安全生产黑名单制度，形成守信激励、失信惩戒机制和形成良好的社会信用环境。要注重智慧监管，完善智慧养老服务信息平台监管功能模块，支持养老机构信息化建设。完善敬老院、社会福利院的视频监控设施，对重点区域进行实时监控。建立智慧养老大数据平台，及时掌控养老机构的服务于管理情况。实行家养老机构利用智能手环等智能监控设施，对老年人跌倒、出行等行为实现预警报告。

四是强化综合监督管理工作落实。及时发现存在的问题和提醒警示，排查风险隐患，切实做好综合监管工作的督察，促进养老机构健康发展。要建立责任体系，压实监管职责。要强化政府主导责任，深化养老服务领域"放管服"改革。要深化对养老行业的行政执法体制改革，实现部门联合执法和综合执法，切实推动行政执法权限和力量下沉。

（四）加强养老服务教育培训，提升养老服务管理质量

快速老龄化背景下，养老服务与管理人员、照护人员、社会公众等

有关养老服务于管理的知识、经验和能力等还不能满足现实需要,加强养老服务职业教育培训是一项重要的任务。

一是强化养老护理员培养培训。省级和市级层面要根据《养老护理员国家职业技能标准》《养老护理员培训大纲》等国家以及地方标准要求,结合本地养老服务需求,制定养老服务从业人员的培养培训规划,并认真组织实施,切实提高养老护理人员的理论知识水平和技能实操能力。要充分动员社会力量参与到养老护理培训中来,鼓励大专院校、养老机构、社团组织等共同组建养老服务职教集团,自主开展养老服务从业人员的技能培训活动。发展"互联网+培训"养老服务从业人员培训新模式,开发网络培训平台,开发线上培训课程,实现养老服务培训的信息化和网络化。

二是提升养老服务行业管理人员能力。加强对养老服务行业服务与管理人员的养老服务理论和实操培训,特别要注重对养老服务与管理人员的养老服务相关法律法规、管理模式、业务流程、风险管理、服务标准等内容的培训。要积极开展养老服务行业服务与管理的学习交流活动,注重学习和借鉴养老服务先进地区的有益经验,有效提升养老服务行业从业人员的服务与管理能力。

三是建立健全养老服务人才职业发展体系。建立完善养老护理员职业技能等级认定制度,鼓励养老从业人员积极参与养老护理员职业技能等级认定,实现养老护理员薪资福利与职业技能等级挂钩。引导护理、康复治疗、养生保健等相关专业毕业生参加养老护理员职业技能等级认定。建立养老护理员职业技能评价机制,发展养老护理员职业技能评价机构,鼓励发展专业从事养老护理员职业技能等级认定的第三方专业机构。

(五)加强养老行业风险治理,保护老年人人身财产安全

近年来,养老行业风险频发多发,养老诈骗案件往往具有涉及人数多、金额大、影响程度深的特点,提升养老行业风险治理水平是面对日益严峻的养老诈骗形势的迫切需要。

一是强化政府在养老风险治理中的职责。顶层设计关系全局的工作方案和工作规划。政府要加强顶层设计,建立完善有利于促进公众参与的养老行业风险治理模式、机制和政策体系，强化管理和监督职责。要推动养老行业风险风险治理重心下沉、关口前移、主体外移和标准下沉，释放养老行业防诈反诈的权利和资源，推动形成良好的养老防诈反诈局面。

二是提高社会公众的养老风险应对能力。社区、企业、学校、NGO、志愿者组织、社会团体、公民等基层单位要强化社会责任，明确在养老行业风险治理中的权责，提高养老行业风险治理参与的自觉性和积极性，利用和发挥自己的行业、业务优势，为养老行业风险治理提供自己专业领域的援助；就公民而言，要树立"自己保护自己"的理念，并提高养老领域的防诈反诈的意识和技能。

三是促成良好的养老行业防诈反诈的社会氛围。提升养老行业风险治理绩效的有效途径是使风险各利益相关者都积极有效介入并最大限度发挥各自资源优势和功能作用。养老行业风险治理中，政府公共部门起着主导作用，但社会公众责无旁贷。因此，社区、企业、学校、NGO、志愿者组织、社会团体等基层单位以及公民等所有社会公众均应积极参与到养老行业风险治理中来，与政府公共部门通力合作，协同应对，推动发展全民防诈反诈的社会文化，形成全民防诈反诈良好的养老风险治理氛围。

住房保障服务发展评价

住房是人的一种基本权利,从"安得广厦千万间"到"住有所居",古今中外人们无不牵挂住房问题。住房保障从最初的解决低收入群体基本居住需求逐渐向适度满足低收入群体美好生活的居住需求转变,住房保障不仅成为新时期破解社会公平难题、缓和社会矛盾的重要手段,还发挥着区域住房市场健康平稳发展"压舱石"的作用。湖南大力发展包含廉租房、经济适用住房、公共租赁住房、限价商品住房以及棚户区改造等多种类型保障性住房,极大地缓解了低收入居民住房困难问题,化解了由住房问题引发的社会矛盾。但面对新时期经济社会发展出现的新趋势、新挑战,如何进一步做好住房保障服务,实现人民安居乐业,仍然是一个值得深入思考和研究的重大课题。

一 湖南省住房保障总体情况

湖南是全国最早建立住房保障制度的省份之一。1994年开始,随着国家安居工程的实施,湖南先后建成了一大批安居小区。[①] 2008年以来,湖南全面启动保障性安居工程,住房保障工作取得重大进展,建立了以公共租赁房为主体的住房保障体系,构建了多主体供给、多渠道保障、租购并举的住房制度,为实现群众安居乐业奠定了坚实基础。

---

① 邓华:《地方政府构建城镇多层次住房保障体系探讨——以湖南省为例》,《前沿》,2014年。

(一) 困难群体居住条件显著改善

2010年开始，湖南加快城镇棚户区改造、老旧小区改造、农村危房改造建设，积极推进住房租赁市场发展试点。截至2021年，湖南省累计建设公租房109.3万余套，发放住房租赁补贴84.51万户；完成各类棚户区改造274.9万套，帮助近1000万居民"出棚进楼"；实施农村危房改造175.1万户，户均补助从2009年的5000元提高到现在的2.5万元，帮助超过500万农户解决了住房困难问题。[①] 湖南省各市（州）已基本实现对符合规定标准的城镇低保、低收入住房困难家庭的"应保尽保"。2014年起，城镇低收入住房困难群众住房保障面积由人均12平方米提高至人均15平方米。截至2020年年底，城镇常住人口保障性住房覆盖率达到23%。

表2-6　　　　湖南省公共租赁房建设指标（2019—2021年）

各类指标　　　年份	2019	2020	2021
公共租赁住房开工（套）	10821	28334	10000
基本建成（套）	9558	8607	9909
享受公租房租赁补贴（万户）	14.32	12.78	12.40
享受公租房租赁补贴（亿元）	1.76	2.21	2.13

数据来源：湖南省住房和城乡建设厅。

(二) 城乡居住条件实现简居向优居大跨越

自1998年实施"房改"以来，湖南房地产市场化道路逐步走开，住房有效供给量逐年增加，满足了居民不同层次住房需求。《中国人口普查年鉴2020》显示，湖南的家庭户人均住房建筑面积达到47.52平方米，城市人均住房建筑面积达到41.77平方米，均位列全国第三。2021年湖南城镇居民人均住房面积进一步增长，达49.7平方米，比2015年增加8.68平方米；

---

① 湖南省住房和城乡建设厅：《砥砺奋进七十载城乡建设谱新篇——湖南住房城乡建设事业70年发展纪实》，《建筑》2019年第23期。

农村居民人均住房面积达 63.9 平方米，比 2015 年增加 5.62 平方米，无数家庭的住房条件大幅改善，实现了从"简居"到"优居"的大跨越。

（三）住房保障成为吸引人才的梧桐树

吸引人才、留住人才，是城市社会经济可持续地健康发展的重要保障。为解决来湘人才的住房问题，湖南先后出台了《关于加快培育和发展住房租赁市场的实施意见》（湘政办发〔2016〕99 号）、《关于印发〈湖南省公共租赁住房分配和运营管理办法〉的通知》（湘建保〔2016〕209 号），积极推进住房租赁市场发展试点，为人才安居提供助力。长沙市作为 2021 年全国保障性租赁住房 40 个试点城市之一，积极探索发展保障性租赁住房。坚持"扩增量、盘存量"思路，联合龙头企业扩充租赁房源，规范发展长租房市场，通过棚改和保障性住房建设，引导城市中心人口向城市外围转移，既改善了老城区人居环境，也促进了城市新区发展。2011—2020 年，长沙市完成各类棚户区改造 19.99 万套，推出人才安居公共租赁房、人才公寓和发放购、租房补贴等多种安居方式，帮助青年教师、青年医生等人才以更少的生活成本实现在长安居，显著增强了长沙投资和人才流入的吸引力。

二 湖南省各市（州）保障性住房建设情况

湖南省共辖 13 个地级市 1 个自治州，各市（州）城镇化发展程度不一，常住人口、现有的住房保障存量资源差异较大，使得各市（州）住房保障方式、进展情况不尽相同。

（一）保障性安居工程建设情况

湖南大力推进保障性安居工程建设，2020 年完成城镇棚户区改造和公租房建设 89301 套和 28334 套。"十四五"时期，保障性安居工程任务重心转移至城镇老旧小区改造，并将逐步取代棚户区改造。2021 年，湖南棚改目标任务已进行下调，城镇棚改开工共 35618 套，较 2020 年减少 60%。其中货币化安置占约 50%。

十四个市州稳步实施棚户区改造，因地制宜调整货币化安置政策。

2021年益阳市棚户改造数最多，为6755套，但货币化安置来看，岳阳有4108户，位列全省第一。长沙市棚户区改造户数位列全省第五位，货币化安置占比67%，有2046户。张家界棚户改造仅有550户，但均为货币化安置。与2020年相比，14个市州城市除岳阳和株洲市的货币安置同比增长，其余城市均有不同程度的下跌，跌幅在50%以上的达7个，郴州更是没有货币化安置项目。从棚改项目来看，如表2—7所示，郴州市棚改开工只有317户，且湘潭、张家界、永州、怀化等市及湘西州棚改户数不足千户，即意味城市棚户区改造即将落幕。城市棚改少，且跌幅大，未来棚改红利也将逐步消失（见表2-7）。

表2-7　　湖南省14个市（州）公租房、城镇棚改计划　　单位：（户）

市州	2020年公租房（廉租房）开工	2021年公租房（廉租房）开工	2020年城镇棚改开工	2020年货币化安置	2021年城镇棚改开工	2021年货币化安置	货币化安置涨跌幅
长沙市	9594	910	5116	3861	3061	2046	-47.0%
衡阳市	0	0	3678	2636	2924	1768	-32.9%
株洲市	0	0	4853	720	2362	864	20.0%
湘潭市	0	0	12429	625	593	421	-32.6%
邵阳市	0	0	9441	779	3154	50	-93.6%
岳阳市	13906	4266	5494	3164	6618	4108	29.8%
常德市	4834	4824	13778	4200	4680	2145	-48.9%
张家界市	0	0	5189	1163	550	550	-52.7%
益阳市	0	0	12349	7408	6755	3323	-55.1%
郴州市	0	0	1324	224	317	0	-100.0%
永州市	0	0	3923	878	826	508	-42.1%
怀化市	0	0	2453	668	692	100	-85.0%
娄底市	0	0	7971	4114	2561	1689	-58.9%
湘西自治州	0	0	1303	616	525	165	-73.2%

资料来源：湖南省住房和城乡建设厅、《2021年湖南省棚户区改造及公租房建设计划任务分解表》，部分数据经作者计算而得。

(二) 保障性住房资金投资情况

一直以来，棚改工作以地方政府财政支出为主要资金来源，湖南亦不例外，2019 年，棚改政策发生转变，货币化安置资金来源收缩，湖南不再制订具体的棚改计划，财政资金投放大幅缩减，2021 年湖南城镇棚户区改造总投资 2068246 万元，较 2020 年减少 60%。分城市来看，岳阳市城镇棚户区改造投资 423760 万元，较上年提升 20%，其余城市均有不同程度的下跌，跌幅较大的为郴州市、怀化市、娄底市，分别减少 98.1%、98%、81.9%，见表 2-8。显然，对于棚改主力三四线城市而言，目前新的库存压力已经逐渐形成，地方政府继续推动棚改的动力不足。

"十四五"时期，湖南把发展保障性租赁住房作为住房建设的重点任务，切实增加保障性租赁住房供给。2021 年，湖南省城镇棚改 3.56 万套、保障性租赁住房 4.35 万套已经全面开工。发放公租房租赁补贴 21259 万元，与 2020 年基本持平。与此同时，将长沙市、株洲市、湘潭市和岳阳市作为发展保障性租赁住房的重点城市，长沙新增保障性租赁住房供应目标 15 万套/间、岳阳新增保障性租赁住房供应目标 2 万套/间，显见，不同规模城市之间计划筹建数量有一定差距。针对其他人口净流入较少，保障性租赁住房需求较小的市（州）城市，则根据"一城一策"的总体方针，允许闲置和低效利用的非居住存量房屋改建保障性租赁住房，从而避免给当地政府增加过大的财务负担。

表 2-8　　湖南省公租房租赁补贴、城镇棚改投资　　单位：（万元）

市（州）	2020 年城镇棚户区改造投资	2021 年城镇棚户区改造投资	2020 年公租房租赁补贴	2021 年公租房租赁补贴
合计	5232072	2068246	22111	21259
长沙市	1387027	470029	989	2569
衡阳市	587551	148692	1945	968
株洲市	144493	97566	1632	1231
湘潭市	161011	45765	409	565
邵阳市	154163	67564	2406	1938
岳阳市	353272	423760	2293	2244

续表

市（州）	2020年城镇棚户区改造投资	2021年城镇棚户区改造投资	2020年公租房租赁补贴	2021年公租房租赁补贴
常德市	599271	247174	3738	3366
张家界市	133319	32077	3843	4450
益阳市	606545	333345	1341	1149
郴州市	337500	6400	101	334
永州市	163995	85912	764	412.1
怀化市	112224	12304	977	789
娄底市	398863	71978	1037	882
湘西自治州	92838	25680	636	362

数据来源：湖南省住房和城乡建设厅。

（三）保障性住房新开工面积情况

为有效缓解城镇化进程中进城务工人员、新就业大学生等群体住房困难问题，湖南发布《关于加快发展保障性租赁住房的通知》（湘建保〔2022〕2号）要求，加快发展保障性租赁住房。在房源筹集上，可将闲置的棚改安置房、公租房、经适房等政府的闲置住房用作保障性租赁住房。在供需矛盾突出的区域，适当利用新供应国有建设用地建设，并加强公共服务设施和基础设施配套。在此背景下，2021年，湖南省保障性住房开工面积2345676平方米，相较于2020年的7969214平方米，下降70.6%。受保障性租赁住房需求和存量土地、房屋资源情况等因素影响，14个市（州）保障性住房新开工面积显著减少。跌幅较大的为张家界市、湘潭市、衡阳市，分别减少100%、95.7%和88.8%。

表2-9　　　　　　　　　湖南保障性住房开工面积　　　　　　　　单位：（平方米）

市（州）	2020年保障性住房开工面积	2021年保障性住房开工面积	保障性住房开工面积涨跌幅
合计	7969214	2345676	-70.6%
长沙市	735905	204260	-72.2%

续表

市（州）	2020年保障性住房开工面积	2021年保障性住房开工面积	保障性住房开工面积涨跌幅
衡阳市	1241671	139643	-88.8%
株洲市	292657	237478	-18.9%
湘潭市	252291	10922	-95.7%
邵阳市	883063	324121	-63.3%
岳阳市	1018719	411390	-59.6%
常德市	1456875	512313	-64.8%
张家界市	621204	0	-100%
益阳市	501400	253734	-49.4%
郴州市	109770	35200	-67.9%
永州市	304890	35340	-88.4%
怀化市	170420	65120	-61.8%
娄底市	299406	83288	-72.2%
湘西自治州	80943	32867	-59.4%

资料来源：湖南省住房和城乡建设厅，部分数据经作者计算而得。

（四）住房支付能力情况

住房支付能力是指家庭在其收入水平内支付住房成本，以满足其居住需求的能力[①]。根据数据可得性，文中采用简化后的世界银行住房支出与收入比统计方式衡量住房支付能力，即住房支出收入比 = 住宅平均销售价格/年人均可支配收入[②]。既有研究将住房支出收入比0.3作为可支付性标准，若住房支出收入比大于0.3，那么居民家庭将被认为面临较为严重的住房支付难题。2019—2021年，得益于保持调控政策连续性稳定性，长株潭区域住房支出收入比介于0.14—0.18之间，住房支付压力较轻。长沙市自2018年出台反炒房系列措施，抑制投机性购房需求以来，房价涨幅远低于一线城市和其他新一线城市，有利于住房支付能力提高。

---

① ME Stone, "What is housing affordability? The case for the residual income approach", *Housing Policy Debate*, 2007, 17 (1), pp. 151—184.
② 刘颜，《区域住房支付能力时空演化规律及其调控政策研究——以湖南省为例》，《财经理论与实践》，2022年7月。

湘西北的张家界、常德、湘西州等地区住房支出收入比介于0.2—0.3之间，城镇居民收入涨幅较显著低于房价增速，住房支付存在轻度困难。张家界作为国际旅游城市，近年来购房需求大幅增长，推动房价持续上涨。但受产业结构单一、基础设施落后等因素影响，张家界地区城镇居民收入水平增速低于房价上涨增速，住房支付能力问题变得相对严峻。与此同时，岳阳市、永州市、娄底市的比较优势突出，经济社会快速发展带动住房市场的繁荣，城镇居民住房负担加重。湖南省应通过宏观调控稳定住房价格，大力推进保障性住房建设，改善住房市场的供求关系，促使房价调整到合理价格，并满足人民群众多样化的居住需求。总之，2019—2021年湖南省住房支出收入比均值呈稳中有降态势，在空间分布上高值区集中在湘西北张家界市、常德市、岳阳市，以及湘南的永州市，长株潭区域的住房市场较为稳定。

表2-10　2019—2020年湖南省14个市（州）房价收入比

市（州）	2018年	2019年	2020年
平均	0.155	0.154	0.155
长沙市	0.153	0.149	0.159
衡阳市	0.144	0.132	0.134
株洲市	0.138	0.131	0.123
湘潭市	0.141	0.138	0.132
邵阳市	0.145	0.142	0.152
岳阳市	0.171	0.165	0.159
常德市	0.163	0.151	0.161
张家界市	0.219	0.216	0.207
益阳市	0.148	0.152	0.150
郴州市	0.140	0.140	0.139
永州市	0.150	0.163	0.167
怀化市	0.147	0.152	0.154
娄底市	0.150	0.164	0.169
湘西自治州	0.159	0.159	0.164

数据来源：历年《湖南统计年鉴》。

综上，2018—2020 年湖南省房价收入比均值呈现出波动上升态势，但均低于全国整体水平和国际公认的 0.3 的合理标准。房价收入比在空间分布上高值区集中在湘西北张家界市、常德市、岳阳市，以及湘南的永州市，长株潭区域的住房市场较为稳定。根据房价收入比变化情况，总结湖南省 14 个市（州）住房保障不同特征如下（见表 2 - 11）。

表 2 - 11　　　　湖南省十四市（州）住房保障特征

典型城市	住房保障区特征
长沙	1. 常住人口与经济均呈快速增长，新增需求多 2. 房价收入比波动上涨，住房保障压力大 3. 新增人口主要为新市民
湘西州、株洲、湘潭、益阳、张家界、岳阳、永州、娄底	1. 常住人口缓慢减少，经济发展呈减速上涨 2. 房价收入比呈上扬趋势，居民住房支付能力下降 3. 新增人口主要为新市民与城镇化人口
郴州市、衡阳市、怀化市、常德市、邵阳	1. 常住人口与经济发展呈减速增长 2. 房价收入比基本维持在 0.13—0.16，住房支付能力较为稳定 3. 新增人口主要为新市民与城镇化人口

三　湖南省保障性住房的面临的主要问题

保障房供给是一项关乎民生的幸福工程，旨在让低收入家庭实现"安居梦"，真正做到"住得进、住得稳、住得有尊严"。但正所谓"三分建设，七分管理"，在落实保障房供给过程中仍存在诸多的现实问题，需要在未来实践中探索解决。

（一）住房保障制度缺乏延续性

住房保障管理的衔接性和连续性有待进一步提高。例如，随着经济社会发展，出现了一批收入稳定但无力购买商品住房，又无法享受廉租房保障的所谓"夹心层"群体，为解决这一群体的住房困难问题，自 2010 年开始，湖南推行了以公共租赁住房为代表的租赁式住房保障。公共租赁住房，由政府或公共机构所有，主要面向新就业职工出租，不能进行买卖。事实上，2009年湖南省住房和城乡建设厅等部门共同发布《关于进一步加快廉租住房建设的意见》，提出采取租售并举、共有产权方式筹资廉租房建设，允许符合实物配租条件的家庭以成本价或适当低于成本价买廉租房，获得有限产权。但由于现有公共租赁住房存量不足以及共有产权住房管理的复杂性与地方住房保障部门管理能力不足的矛盾等问题，产权型保障性住房供给工作没能深入推进下去。在对中低收入居民，特别是青年群体中开展的调查中，他们普遍表达了购买产权式保障性住房的意愿，尤其是已入住保障性住房居民对保障性住房产权需求表现更为强烈。

（二）住房选址规划、居住设计不尽合理

国家对于保障性住房的选址、规划有明确的规定，但在实际实施过程中，地方政府在保障性住房建设用地供应政策执行上的偏差很大，相较于市政及生活服务设施用地以及商业开发的建设用地的竞争优势，保障性住房的建设选址大多相对偏僻，而新市民、青年人等就业区域多集中在中心城区，且由于保障性住房周围交通便利程度有限，居住在此类住房的保障对象普遍通勤时间长。此类情况也致使许多符合条件的保障对象只能选择放弃入住保障性住房，转而租住离工作单位较近点的中心城区高价房，导致不少保障性住房的空置。

与此同时，保障性住房来源多样，包括新建、改造、租赁补贴和盘活政府闲置住房等方式，不同类型保障性住房在户型设计和建设质量上差距较大。如租赁住房的户型多为大户型房，为了多口人家住房需要而设计，而保障性住房适用人群多为新市民、青年人，他们更多需要小户型房源和多卫生间的房型。

（三）住房货币补贴相较实物配租推进缓慢

2016年住房和城乡建设部、财政部下发《关于做好城镇住房保障家庭租赁补贴工作的指导意见》，城镇住房保障从采取实物配租与租赁补贴相结合的方式，逐步转向以租赁补贴为主。从湖南总体情况来看，各市（州）在住房保障工作中住房货币补贴相对实物配租推进缓慢，主要表现

为市民更多地选择实物补贴，而不是货币补贴。目前，虽然货币补贴标准有所提高，但额度仍比较低，例如益阳市2022年7月1日将租赁补贴标准由原来的每月4元/平方米调整为每月6元/平方米，根据家庭人数年度发放补贴1440—4320元不等。长沙市现行租赁补贴标准为28元/月/平方米，限定每户补贴面积不得超过45平方米，三人户家庭每月补贴额度1260元。保障对象用现有的货币补贴还是较难在房地产租赁市场租到合适的房屋，而且稳定性欠佳，随时面临租金上涨等问题，因此，保障对象更多倾向于接受实物补贴。此外，相较于实物补贴申请，货币补贴申请办理更为繁琐，货币补贴申请人需办理租赁合同备案，提供税务机构开具的房屋租金发票，从而确保保障对象将货币补贴真正用于租房，但现有租赁住房大多没有提供备案。并且因为目前民政部门无法界定中低收入人群的收入标准，也就不能出具中低收入家庭的收入证明，而只能提供城市低保家庭的资格认定证明，以至于多数市（州）城市只对城市低保家庭实施货币补贴。

（四）运营管理市场化进展不顺畅

很长一段时间，政府单一主导保障性住房后期管理，但随着社会发展，保障性住房建设总量不断增多，因此管理的难度也在加大，亟需引入市场、非政府组织和社会力量的参与。但推进保障性住房市场化的进程却并不顺畅，主要因为经济效益难以平衡。保障性租赁房建设前期投入大，回报周期长，多数市县融资举债投资建设的保障性住房项目，还本付息的压力大，而公租房在保本微利的原则下，收取的租金扣除房租补贴、物业补贴、维修养护等日常运营管理成本后可用来还本付息的资金较少。加之，公租房作为国有资产，房屋的后续使用、更新、改造等都需要持续投入资金，以致大多数企业基于业绩考核、投融资成本考虑而采取审慎态度。

（五）住房保障退出监管效能低

随着大量公租房使用期限届满，应使不符合保障条件的承租人退出公租房的使用，从而实现公租房的再次分配和循环，但公租房退出难问题频繁出现。通常而言，各市（州）会严格审核户籍人口的公租房准入，而使用退出的完成很大程度受保障对象退出意愿的影响。因为对保障人口收入、家庭资产等信息动态核查并不容易,这些信息分散于民政、房产、社保、公安等多个部门以及工商税务、金融机构,各部门和机构信息没有统一的查询端口,所以无法及时查询保障对象基本信息的变化。同时,由于人口流动性较大,新市民就业与收入更加多元化,一些隐性的财产收入无法准确统计和审查,这样就出现了一些非低收入家庭的人隐瞒其财产和收入享受了保障性住房的政策,而使一些真正的低收入家庭无法得到保障的情况,造成了分配不公。

四 结论与政策建议

湖南省住房保障已实现城镇户籍低保、低收入家庭的应保尽保,目前,住房问题主要集中于青年职工、引进人才、务工人员及其他常住人口的阶段性居住困难上。着眼未来,湖南要结合经济社会发展的实际需求,进一步扩大住房保障政策覆盖面,重新定位住房保障的功能,发挥住房保障对人口流动的影响作用,吸引更多优秀人才在湖南安居乐业,进而促进湖南经济发展。

(一)完善制度,着力解决关键群体住房难题

高校毕业生、新蓝领等新市民、青年人是城镇化进程中的关键群体,解决好这部分关键人群的住房问题,就是解决城市住房问题的关键所在。目前,新市民、青年人面临的共同境况,即城市商品住房价格普遍超过他们的购买支付能力,而大城市租金也给他们带来很大的支付压力。调研发现,他们会因在较长一段时间内无力购买市场化的商品住房,迫切需求住房保障和支持。因此,亟须转变传统的社会保障理念,将处于特定生活周期的"非低收入者"纳入保障体系,突破当前住房保障覆盖人群的城镇户籍限制,建议放宽新市民、青年人群体申请公租房保障时对其居住年限、社保缴纳等方面的要求。建立住房保障和人才政策、生育政策等其他经济社会政策的联系机制,推动租购同权,缩小租购之间权益差,促进落户、医疗、教育等基本公共服务均等化,增进住房保障关键群体的综合福利水平。同时,支持长沙市、株洲市、湘潭市和岳阳市

探索共有产权住房保障方案，争取率先将保障对象扩大到新市民、青年人群体。

（二）因地施策，差异化保障居民住房需求

湖南省各市（州）城市常住人口、外来人口、中低收入人口、就业岗位、公租房存量等指标数有差异，面临的住房保障问题会不尽相同，承受的住房保障压力也各有轻重，所以不同类型城市应根据其实际情况，因城施策实施住房保障。如对于长沙这类城市，由于人口净流入量较大，房价收入比相对较高，住房保障压力较大，故可考虑兴建部分共有产权住房，其余住房困难人群主要以租赁补贴为主；而郴州、衡阳、怀化等城市，常住人口数呈递减，房价收入比一直比较稳定，保障性住房甚至有一定富余，故主要以实物配租为主，可通过与市场接轨，盘活现有保障性住房。但无论是何种类型城市，对于户籍低保、低收入人群均应以实物配租为主，租赁补贴为辅，以保证低收入无房人群有房住、住得起、住得稳（见表2-12）。

表2-12　　　湖南不同市（州）住房保障供给策略

典型地区	住房保障供给策略			
	户籍低保、低收入人群	户籍中低收入住房困难人群	新就业人口	稳定就业务工人员
长沙		共有产权住房或租赁补贴	共有产权住房或租赁补贴	以租赁补贴为主
湘西州、株洲、湘潭、益阳、张家界、岳阳、永州、娄底	以实物配租为主，租赁补贴为辅	以租赁补贴为主，灵活发展共有产权住房	以租赁补贴为主，共有产权住房公选择	以租赁补贴为主
郴州市、衡阳市、怀化市、常德市、邵阳		以租赁补贴为主，实物配租为辅	以租赁补贴为主	以租赁补贴为主

（三）多措并举，增加保障性住房供给

鼓励各城市政府因地制宜，多渠道筹集保障性住房房源，加强保

性住房项目储备供应。利用集体经营性建设用地项目,结合老旧小区改造等城市更新行动,扩充新增一批利用闲置商场、写字楼等非居住建筑配建筹集保障性住房。例如长沙在开福区中山亭潮宗街,改造修缮一栋7层旧楼,建设成万科泊寓青年公寓。自2021年建成开放以来,这里房间全部出租,因为项目位于中心城区,公共服务配套完善、交通便利方便,吸引众多周边工作的年轻人入住。显然,通过改造提质老旧房,不仅促进存量房流通,扩大了租赁住房供给,而且满足了人才在中心城区工作就近居住的需求。从中也可借鉴,目前位置偏远的空置公租房,可以通过修建快速通道或是新增地铁等方式扩充空间区位的可达性,从而实现有效盘活。与此同时,坚持政府主导、市场运作、社会参与的方针,多主体参与保障性住房建设。政府组织和扶持专业公共租赁住房投资和经营管理的运营机构,负责公共租赁住房投资、建设筹措、供应和租赁管理,并引导各类投资主体积极参与。

此外,以新市民、青年人为代表的重点群体覆盖面广、收入跨度大,对保障性租赁住房的需求差异较大,应统筹规划、合理配置标准型宿舍产品、学生公寓、青年公寓等差异化租赁产品。

(四)规范租赁市场,推进公租房货币化保障

转变公租房保障方式,实行实物保障与租赁补贴并举。政府对保障对象通过市场租房给予补贴,逐步将住房保障方式由实物保障为主转变为租赁补贴为主。一方面,通过提高住房租赁货币补贴,减少与实物配租之间的差距,引导城市住房困难群体在市场上租赁住房,能更好地满足保障对象不同的住房需求;另一方面,政府将存量房推向市场,加大租房房源,不需要大量建设公租房,将建设资金用于租赁补贴,提高住房保障的效率。

然而,公租房货币化补贴的顺利实施,需要一个健全、规范的市场环境,因此要做好以下四点:一是政府集中建设一批租金定价科学、户型合理、配套齐全的公租房投放市场,让保障对象能在市场上租到合适的房源。二是要加快住房租赁立法,规范租赁期限、租金价格等,保障租赁当事人合法权益;支持专业化、机构化住房租赁企业发展,鼓励住房租赁企业以长租、受托管理等方式筹集房源,稳定租赁关系和租金水

平，引导租赁市场规范化运作。三是货币化补贴额度由保障对象的收入水平决定，因此要搭建城市保障性住房信息平台，整合民政、工商、税务等部门的信息联网，严格审核保障对象的收入情况，并根据收入动态变化动态调整补贴额，实现动态化、差别化的保障。四是构建保障性住房失信惩戒系统，加强信用记录和信用信息归集共享，明确界定失信行为，为公租房补贴货币化的实施提供道德支撑。同时，对于部分收入超过准入线，但又不愿意退出公租房的人群，可以市场租金为依据，提高公租房租金标准。

（五）创新基层治理，共建共治共享和美社区

将保障居民的合法权益作为出发点，推动社区服务和治理现代化。探索采用政府购买服务方式，引入第三方开展障性住房公建配套的维护保养。科学合理构建治理单元，通过加大保障房小区文化建设、公共活动空间建设等途径，鼓励保障房居民之间建立广泛联系，引导他们积极参与到社会公共服务，通过举办各类活动，增进老百姓对社区、对彼此的认同感和归属感，构建邻里和睦关系。完善公共服务设施配套，统筹推进老旧保障性住房社区人居环境整治、智慧小区建设等，打造高品质保障性住房社区。

环境保护服务发展评价

改善和保护环境是新时期满足人民群众对美好生态环境诉求需求的必然要求。自习近平总书记在党的十九大报告中提出"着力解决突出环境问题"以来，通过重组自然资源部和生态环境部，全面推进河长制和湖长制，健全环境责任追究制度与生态保护补偿机制等改革措施，环境服务能力显著提升。湖南省高度重视生态环境服务建设，在新发展理念指导下，城市发展质量进一步提升，生态环境质量明显改善、环保惠民力度持续提高、环境治理能力持续增强、绿色发展水平持续提升。本书在已有研究成果的基础上，对全省14个市（州）的环境治理效率进行测度，并探讨其空间差异及影响因素，明确环境治理的现实问题与模式，为未来各市（州）提升环境服务能力提供参考。

一 湖南环境保护服务的基本情况

（一）能源结构多元化转变与效率提升

一是能源结构由煤炭为主向多元化转变，新能源发展迅速。2020年，湖南省非化石能源占比达到21%，森林蓄积量达到6.18亿立方米，能源对外依存度达到81.2%。近年来省内最大电力负荷年均增幅超过7%，达到3700万千瓦，电力供应缺口达到400万千瓦。为保持经济增速，湖南省一方面加强了传统能源的保供作用，另一方面在"双碳"目标下积极调整能源结构，大力发展新能源。截至2020年年底，湖南省风电、光伏、生物质装机分别为669万千瓦、391万千瓦、84万千瓦，比2015年年底分别增长4.4倍、23倍、3.4倍；风电、光伏、生物质利用小时数分别为

2028 小时、820 小时、4286 小时。"十三五"时期,湖南可再生能源电力累计消纳约 4000 亿千瓦时,相当于减少使用 1.2 亿吨标准煤,减少碳排放 3.2 亿吨。可再生能源消纳占比逐步提高,全省能源生产供应和消费结构得到进一步优化。单位 GDP 能耗比 2020 年下降了 14%,单位地区生产总值二氧化碳排放下降率完成国家下达的目标任务,非化石能源消费比重达到 22% 左右,森林蓄积量达到 71 亿立方米。预计到 2025 年,全省绿色低碳循环发展的经济体系初步形成,产业结构、能源结构、运输结构明显优化,重点行业能源利用效率大幅提升,为全省实现碳达峰、碳中和目标奠定了坚实基础(见表 2-13)。

表 2-13　　湖南省"十三五"时期可再生能源装机情况

	2015 年 (万千瓦)	2020 年 (万千瓦)	"十三五"目标 (万千瓦)
水电	1669	1710	1767
风电	152	669	600
光伏	38	391	300
生物质	35	85	80

二是能源利用效率逐渐提高。"双碳"目标约束下,湖南省通过将节能指标纳入生态文明、绿色发展等绩效评价指标体系,引导政府转变发展理念的同时,通过优化产业结构,大力发展低能耗的先进制造业、高新技术产业、现代服务业,加速推动工业绿色循环低碳转型升级,发展绿色建筑,推动全民节能,倡导简约适度、绿色低碳的生活方式等,能源利用效率不断提升。2020 年,湖南省能源消费总量约 1.6 亿吨标准煤,以 1.7% 的能源消费增速支撑了全省 3.8% 的经济增长;单位 GDP 能耗持续下降,顺利完成"十三五"能源消费双控目标。能源消费结构呈现"两升两降"的特点,天然气、电力消费分别同比增长 3.7%、3.5%,煤炭、石油消费量稳中有降。能源领域碳排放总量约 3 亿吨,约占全社会碳排放总量的 95%,能源领域碳排放强度约 0.71 吨/万元,较 2015 年累计降低 26.3%,较 2010 年累计降低 55.8%。2016—2020 年,能源消费总量由 1.48 亿吨标准煤增加到 2021 年的 1.67 亿吨,年均增长率为 2.38%,

同时,地区生产总值由 31551 亿元增加到 46063 亿元,年均增长率为 7.86%,经济增长速度远高于能源消费总量,全省能源使用效率相应从 2016 年的 0.47 吨标准煤/万元下降至 0.36 吨标准煤/万元(见表 2-14)。

表 2-14　　　　2016—2021 年湖南省能源利用效率变化

	能源消费量 (亿吨标煤)	国内生产总值 (亿元)	能源使用效率 (吨标煤/万元)
2016	1.48	31551.37	0.47
2017	1.52	33902.96	0.45
2018	1.55	36425.78	0.43
2019	1.60	39752.12	0.40
2020	1.60	41781.49	0.38
2021	1.67	46063.09	0.36

(二)环保治污水平稳步提升

一是主要生态环境问题得到有效解决。党的十八大以来,湖南省坚决贯彻落实习近平生态文明思想和总书记在湖南考察调研时重要讲话精神,把环境保护工作摆在更加突出的位置,省委、省政府先后出台《湖南省环境保护工作责任规定》《湖南省重大环境问题责任追究办法》《湖南省党政领导干部生态环境损害责任追究办法实施细则》《湖南省环境保护督察方案》《湖南省生态文明建设目标评价考核办法》《湖南省环境质量监测考评办法》等文件,提出了"生态强省"的战略部署,将湘江保护与治理列为"省一号重点工程",并就打好污染防治攻坚战作出了一系列抓重点、补短板、强弱项的决策部署。一大批涉及土壤、水、大气、噪音、辐射等群众反映强烈的生态环境问题得到有效解决,如花垣县"锰三角"矿业污染综合整治取得有效进展,多项历史遗留难点问题完成整改;株洲南郊垃圾填埋场渗滤液处理等一批"老大难"问题得到有效解决,城乡生活污水、生活垃圾处置水平有效提升;以怀化高新区工业弃渣场等为代表的一批尾矿库、重金属等历史遗留问题治理取得阶段成效,怀化市辰溪 8000 吨熟料新型干法水泥生产线建设项目被叫停,生态环境质量稳中向好。

二是大气污染防治不断强化。蓝天保卫战是污染防治攻坚战的重中之重。2020年,湖南省紧紧围绕打赢蓝天保卫战,持续推进污染物减排、开展移动源污染整治、强化面源污染管控,在加强重污染天气防范应对的同时,从VOCs治理提档升级总量减排、机动车尾气排放综合整治、非道路移动机械废气污染防治、各类施工工地扬尘管控和油烟净化设施等方面深挖潜力,精准施策,大气环境质量持续改善。2021年,全省空气保持清新,14个地级城市环境空气质量平均优良天数比例为91.0%,无严重污染天数;全省90个县级城镇环境空气质量平均优良天数比例为95.5%。

三是水污染防治稳步推进。通过重点区域污染防治,近年来,湖南省各市江河湖泊更加清洁。2020年,全省地表水水质总体为优,345个监测评价断面中,水质优良的Ⅰ—Ⅲ类水质断面合计331个,占95.9%,同比增加0.6个百分点;Ⅳ类水质断面12个,Ⅴ类、劣Ⅴ类水质断面各1个。湘、资、沅、澧四水流域水质均为优。洞庭湖11个湖体断面水质总体为轻度污染,岳阳湖区、常德湖区和益阳湖区均为Ⅳ类水质。与上年同期相比,湖区总磷平均浓度由0.066毫克/升降为0.06毫克/升。全省14个市(州)中,永州市、邵阳市和湘西州3个市(州)的国家地表水考核断面水环境质量相对较好,长沙市、娄底市和岳阳市三市的水环境质量级有较大提升空间。

(三)生态建设和居住环境不断优化

一是生态环境建设持续加强。"十三五"时期,湖南省积极推进突出生态环境问题整改,生态环境质量改善更加明显,全省黑臭水体平均消除比例达到97.83%。长沙市梅溪湖隧道噪音、株洲市天鹅湖黑臭水体污染、湘潭市港口码头环境污染、岳阳市花果畈垃圾填埋场污染环境、常德市大洑溪违规采砂、张家界市枧潭溪流域镍污染、益阳市金明有色废水污染、郴州市芙蓉矿区含砷废渣污染、永州市长鑫建材环境污染问题、怀化市江龙锰业老渣库污染等生态环境问题得到切实整改(见表2-15)。

第二部分 专题报告

表 2-15　湖南省"十三五"时期各市（州）生态建设主要成就

地区	生态建设成就
长沙市	浏阳河成为全国首批示范河湖，圭塘河成为国家水工程与水文化融合案例，绿心地区工业企业全面退出
株洲市	高耗能、重污染的冶炼和化工产业全部退出，累计关停污染企业1700多家，完成全市省级及以上工业园区污水集中处理设施及其配套管网建设
湘潭市	完成了重点涉重金属污染场地调查，竹埠港化工企业关停搬迁全面完成，城市污水集中处理率提升至96.3%，重点建制镇污水处理率达到87.4%
衡阳市	强力打造松木经开区、水口山经开区两个国家级循环化改造示范园区。大力实施湘江保护和治理"一号重点工程"。完成国家重金属治理项目99个、省重金属治理项目197个
邵阳市	完成了11个省级工业园区污水集中处理设施、茶园头片区生活污水截污管网、红旗渠污水处理配套管网、资江南岸防洪堤等涉水环境保护基础设施建设和管网改造工程。完成龙须塘老工业区重金属污染等区域地块综合治理和生态修复
岳阳市	关停非法砂石码头155处，退还长江岸线7.24公里，完成35家造纸企业和15家沿江化工企业退出；岳阳危化品船舶洗舱站、中部地区最大锚地岸电项目等建成投用，乡镇污水处理设施全覆盖。获批国家长江经济带绿色发展示范区、全国黑臭水体治理示范城市、首批海绵城市建设示范城市
常德市	桃源县、石门县成功创建国家生态文明建设示范县。桃花源获评国家级"两山"实践创新基地。3家企业被列入第一批省工业固体废物资源综合利用示范企业、示范项目创建名单
张家界市	成功创建环境空气质量达标城市，2020年两区两县城区空气质量全部达到国家二级标准
益阳市	全面完成22家石煤矿山整治和修复，"矿业疮疤"变身"生态公园"，打造了以宏安矿业为代表的生态环境教育基地
郴州市	东江湖重点生态功能区跨流域、跨省生态补偿机制逐步建立。2018年、2019年、2020年连续三年成功创建并保持湖南省环境空气质量达标示范城市。2020年全市绿色矿山累计达52家，占全省32%，入选全国绿色矿业发展示范区，成功创建全国水生态文明城市，成功创建国家节水型城市
永州市	建成区黑臭水体全部消除，成功创建空气质量达标城市。5年来共计完成70个减排项目
怀化市	成功创建国家环境空气质量二级标准达标城市，解决了石材行业整治、饮用水源保护和溆浦江龙锰业、浩峰矿业等一批突出环境问题

续表

地区	生态建设成就
娄底市	大力推进火电、钢铁、有色、水泥等重点行业工业企业大气污染治理,全市空气质量持续向好。对锡矿山地区及地质灾害造成的地质环境问题进行治理恢复和土地复垦还绿,全面推进绿色矿山建设
湘西州	建成沿河截污主干管40.41公里,污水收集管网20公里,雨污合流管网59.59公里,城区污水处理率为95.5%。在城市建成区内峒河、万溶江、岷抗冲溪、文溪河、金坪河、跳岩河等河道及风雨湖进行黑臭整治

二是生态保护修复力度更加扎实。"十三五"时期,湖南省强力推进"绿盾"问题整改,开展国土绿化行动,全面推动生态廊道建设,强化生态脆弱区修复,加强生物多样性保护,推进长江流域重点水域禁捕退捕。2020年年底,全省森林覆盖率大于59%,森林蓄积量达5.88亿立方米,较2015年年底增长了1.08亿立方米,湿地保护率达75.77%,较2015年年底增长了3.27%(见表2-16)。

表2-16　　湖南省"十三五"时期各市生态修复主要成就

地区	主要成就
长沙市	获批全国水生态文明城市、国家低碳城市试点、国家首批装配式建筑示范城市、国家建筑垃圾治理试点城市
株洲市	市区生态绿心地区面积达83.87平方公里,率先建成长株潭绿心绿道一号线九郎山段14公里,违规砍伐、毁林开荒、乱采滥挖等现象得以明显遏制
湘潭市	成功创建国家文明城市、国家卫生城市、国家森林城市。衡阳市建立自然保护区8个、森林公园8个、湿地公园6个、地质公园3个,自然保护地占市域面积比例为7.76%
衡阳市	建立自然保护区8个、森林公园8个、湿地公园6个、地质公园3个,自然保护地占市域面积比例为7.76%
邵阳市	绥宁、城步、新宁、新邵、洞口、邵阳县等7县被列入国家和省重点生态功能区,新宁县被生态环境部授予"第四批国家生态文明建设示范县"称号
岳阳市	城市建成区绿化覆盖率42.28%、绿地率33.05%。全市村庄绿化覆盖率达到46.7%,获评34个国家森林乡村,建成1200个特色鲜明、美丽宜居的省级绿色村庄

续表

地区	主要成就
常德市	初步构建以"一湖两水"、主要交通干道为骨架的生态安全屏障，全市森林覆盖率达48.01%，国家重点生态功能区县域生态环境总体保持稳定
张家界市	森林覆盖率达71.0%，位居全省第一，荣获国家森林城市、国家环境空气质量达标城市、国家卫生城市、省级文明城市、省级园林城市等称号
益阳市	全市自然保护地3744个问题全部核实和整改到位，建立七星洲、白泥洲、北胜洲等湿地修复示范点，与娄底市签订了资江流域生态补偿协议
郴州市	成功创建全国森林旅游示范城市；桂阳春陵江、郴州西河、安仁永乐江国家湿地公园试点通过验收，嘉禾钟水河国家湿地公园获批成立。汝城县成功创建省级生态文明建设示范县，资兴市荣获国家"两山"实践创新基地称号
永州市	全市除冷水滩区外均为省重点林区县，已成功创建国家森林城市。全市有国家级森林公园10个，数量位居湖南省全省第一。江华、零陵、东安被评为国家级生态文明建设示范县，祁阳、宁远、道县被评为省级生态文明建设示范县
怀化市	借母溪、鹰嘴界2个国家级自然保护区和中坡、沅陵等45个国家级、省级森林公园、湿地公园等自然保护地得到有效保护。湿地保有量6.97万公顷，湿地保护率达81%。全市森林覆盖率达71%
娄底市	完成省级以上重点工程建设任务2.975万亩，长防林工程造林1.1万亩，森林质量精准提升造林0.4万亩，市级重点工程锡矿山植绿复绿0.4万亩
湘西州	在全国地级行政区中第一个颁布生物多样性保护地方性法规，全州森林覆盖率稳定在70%以上，被国家林草局誉为全国绿色发展的典范城市

二 湖南环境保护服务治理绩效评价

根据湖南省公共服务绩效评价指标体系的测算，郴州市在十四个市（州）位列第一，分值为0.7453 长株潭三市处于中间偏下的位置，湘南版块市（州）处于前列，湘西版块市（州）处于偏后的位置。由于该评价是公共服务的全面性综合评价，且仅仅是一种年度评价，未能从历史角度对政府环境治理进行更深入的研究。基于此，为更深入探讨历年来各市（州）环境保护服务的变化情况，本部分运用数据包络分析法（DEA）对湖南省14个市（州）"十三五"时期环境服务效率进行深入评价分析。

（一）研究方法

学者们一般采用环境治理效率对政府的环境服务效果进行评估，即将污染排放与用于污染治理的各项投入作为输入变量，将最终的污染治理量作为输出变量，计算所得出的综合效率值。① 数据包络分析方法（DEA）在这类问题的评价上具有明显的优势，并且能很大程度地避免主观因素的影响。自 CCR 模型出现以后，至今已形成关于决策单元、生产可能集、效率等概念的完整理论与方法，其主要思路是在运用线性规划和对偶定理的前提下，求出待评估单位的生产前沿，只要是落在边界上的决策单位（DMU）就称 DEA 有效，其效率值为 1，而没有落在边界上的 DMU 则为 DEA 无效，其效率值在 0 与 1 的左开右闭区间内。

1. DEA – CCR 模型

假设模型中有 N 个决策单元（DMU），每个决策单元都有 I 种类型的输入，和 O 种类型的输出，记为 x_{ij} 和 y_{rj}，代表第 j 个决策单元的第 i 项输入指标的投入量和第 j 个决策单元的第 r 项输出指标的产出量。

其中，$x_{ij} > 0$，$i = 1, 2, \cdots, I$；$j = 1, 2, \cdots, N$；$y_{rj} > 0$，$r = 1, 21, 2, \cdots, O$；$j = 1, 2, \cdots, I$，相应的输入和输出权系数分别为 v_i，$i = 1, 2, \cdots, I$ 和 u_r，$r = 1, 2, \cdots, O$。

CCR 模型建立在比较的决策单元基础上，并根据输入和输出进行效率评价，计算公式为：

$$Z_j = \frac{\sum_{r=1}^{O} u_r y_{rj}}{\sum_{i=1}^{I} v_i x_{ij}} \tag{1}$$

公式（1）中，$\sum_{r=1}^{O} u_r y_{rj}$ 表示第 j 个决策单元的输出总和，$\sum_{i=1}^{I} v_i x_{ij}$ 表示

---

① R Färe, Grosskopf S, Zaim O., *An Index Number Approach to Measuring Environmental Performance: An Environmental Kuznets Curve for the OECD Countries*, 2000; Li T, Liang L, Han D., *The Efficiency of Green Technology Innovation in Chinas Provincial High-end Manufacturing Industry Based on the Raga-pp-sfa Model*, 2019.

输入总和，根据指数效率 Z_j 进行有效性分析，实际计算中，在效率最大化目标下 j_0 简写为 0，j_{r0} 简写为 j_{r0}，x_{ij0} 简写为 x_{i0}，得到 DEA – CCR 模型。

$$\max Z_0 = \frac{\sum_{r=1}^{O} u_r y_{r0}}{\sum_{i=1}^{I} v_i x_{i0}}$$

$$st. \begin{cases} \frac{\sum_{r=1}^{O} u_r y_{rj}}{\sum_{i=1}^{I} v_i x_{ij}} \leq 1, j = 1, 2, \cdots, N \\ v_i, u_r \geq 0, i = 1, 2, \cdots, I; r = 1, 2, \cdots, O \end{cases} \quad (2)$$

2. DEA – BCC 模型

DEA – CCR 模型适用于规模报酬不变的情况，不能解释规模收益变化的现实，对此，新增一个假设，即 $\sum_{j=1}^{N} \lambda_j = 1$，即给出规模报酬可变情景下的新模型，并将其综合效率分解为纯技术效率和规模效率：

$$TBCC = \{(x,y) \mid x \geq \sum_{j=1}^{N} \lambda_j x_j = 1, j = 1, 2, \cdots, N\} \quad (3)$$

取消规模收益不变的限制后，可将模型集中于单个决策单元水平的生产有效性上，如果一个决策单元有效，则其位于决策单元的生产前沿面上，效率值为1，规模收益可变条件下的 DEA – BCC 模型如下：

$$\max_{\lambda, s^-, s^+} w = es^- + es^+$$

$$st. \begin{cases} s^- = \theta x_i = X\lambda \\ s^+ = Y\lambda - y_i \\ \lambda \geq 0, s^- \geq 0, s^+ \geq 0 \end{cases} \quad (4)$$

$$\min_{\lambda, \theta} \theta$$

$$st. \begin{cases} -y + Y\lambda \geq 0 \\ \theta x_i - X\lambda \geq 0 \\ \sum_{j=1}^{N} \lambda_j = 1 \\ \lambda \geq 0 \end{cases} \quad (5)$$

其中，s^-，s^+ 为模型中第 j_0 个决策单元的投入和产出的松弛变量，θ

为评价的决策单元效率值,如果 $\theta=1$,此时纯技术效率和规模效率均为1,即实现了 DEA 有效,如果 $\theta<1$,且纯技术效率或规模效率中的某个值为1,则实现了弱 DEA 有效,如果两者均小于1,说明非 DEA 有效。对非 DEA 有效单元,为找出投入要素存在的冗余变量,需测度其目标值,并测度出实际投入值与目标值之间的差值,建立投影模型,使其达 DEA 有效。

依据国内外相关参考文献,按照科学性、可操作性、全面性及体现区域特色性等原则,本节构建湖南省环境治理指标体系(见表2-17),选取湖南省14个市(州)为测度对象,依据2016—2021年中国城市统计年鉴、湖南省统计年鉴及各市(州)的统计公报数据,采用 DEA 模型对湖南省环境治理效率进行静态分析与动态测度,研究各市(州)环境服务效率及其演变趋势。

表2-17　　　　　　　　湖南省环境治理效率评价指标

目标层	准则层	指标层	单位
环境治理效率评价指标	环境治理投入指标	污水处理厂处理量	万立方米
		污水管道长度	公里
		排水管道长度	公里
		环保产业年收入	亿元
		环保产业从业人数	万人
	环境治理产出指标	建成区绿化覆盖率	%
		人均公园绿地面积	平方米
		污水处理率	%

(二) 环境治理效率的动态测度

随着经济发展水平的进一步提升,政府对环保投入逐渐增强,进而推动环境治理效率发生动态变化,本节对湖南省环境治理效率动态变化进行测度,并发现其规律。

1. 环境治理效率的整体性分析

本节选取2016—2020年湖南省14个市(州)的面板数据,通过数据包络分析法(DEA),利用 DEAP 2.1 软件,对全省长株潭娄、洞庭湖生态经济区、大湘西及大湘南地区四大板块的市（州）环境治理效率进行动态测算，最终结果如表2-18所示。

表2-18   2016—2020年湖南省各市（州）环境治理效率

决策单元	2016年	2017年	2018年	2019年	2020年	均值
长沙市	0.121	0.054	0.07	0.126	0.136	0.101
株洲市	0.268	0.337	0.425	0.39	0.356	0.355
湘潭市	0.727	0.573	0.659	0.585	0.706	0.65
衡阳市	0.281	0.332	0.483	0.543	0.598	0.447
邵阳市	0.724	0.61	0.794	1	1	0.826
岳阳市	0.242	0.233	0.39	0.419	0.455	0.348
常德市	0.775	0.723	0.587	0.668	0.632	0.677
张家界市	1	1	1	1	1	1
益阳市	0.712	0.672	0.902	0.902	1	0.838
郴州市	0.695	0.364	0.346	0.465	0.503	0.475
永州市	0.728	0.832	1	1	1	0.912
怀化市	0.857	0.599	0.753	0.909	0.881	0.8
娄底市	1	1	0.797	1	1	0.959
湘西州	1	1	1	1	1	1
均值	0.652	0.595	0.658	0.715	0.733	0.671

由表2-18可以看出，在"十三五"时期，湖南省14个市（州）治理效率整体呈上升趋势，但效率值仍然偏低，上升幅度较小，效率值仅上升0.02。2017年以后，各市（州）环境治理效率稳步提升趋势明显，表现出政府环境治理的投入水平以及企业自我规制的良好态势。

2. 四大板块市（州）环境治理效率的比较

由表2-18可知，2016—2020年长沙、株洲、衡阳、郴州等市（州）环境治理效率的均值始终处于较低区间，低于0.5，而张家界、湘西州的效率值已达到1，反映出各市（州）间的环境治理效率存在明显的区域差异（见图2-31）。

（1）长株潭娄地区环境治理效率

2016—2020年长株潭娄地区环境治理效率相对较低，效率改善不明

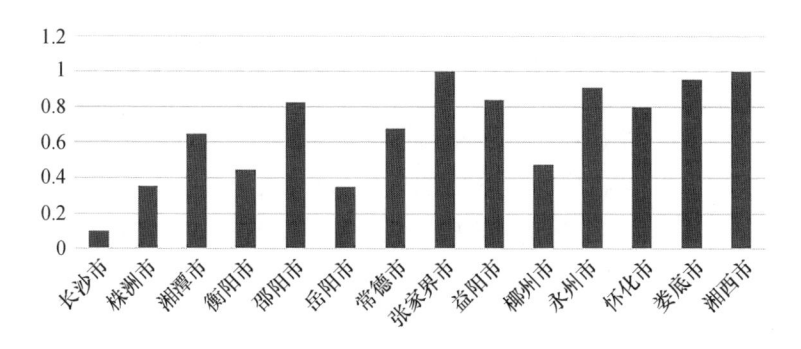

图 2-30　2016—2020 年湖南省各市（州）环境治理效率均值

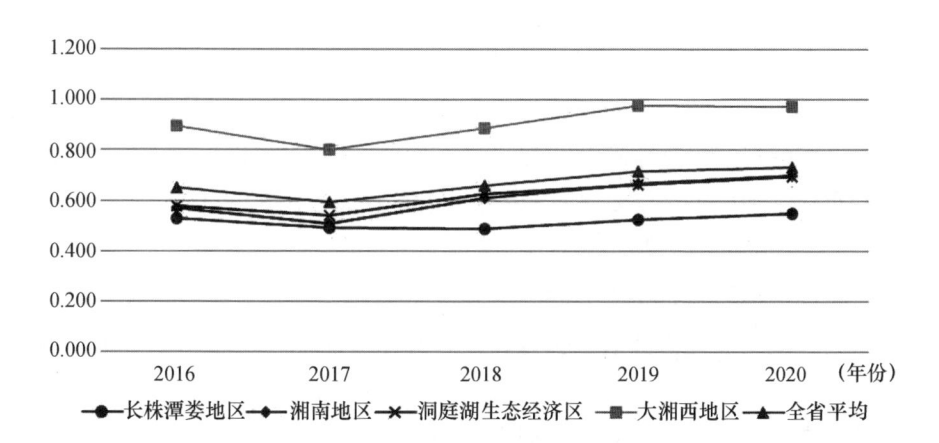

图 2-31　湖南省四大板块环境治理效率

显，但 2018 年以来总体上还是呈现小幅度上升趋势，由 0.488 上升到 0.550，表明长株潭娄地区环境治理效率提升较为缓慢。长株潭三市的环境治理效率均低于 0.700，主要原因在于长株潭三市发展过程中重工业占据主导，高能耗高污染的产业运行模式对于该地区环境带来较大的压力，长沙以电子信息、装备制造、生物医药产业为主导，株洲市以轨道交通、航空航天、新能源汽车产业为主导，湘潭市以智能装备、汽车及零部件、钢材精深加工产业为主导。此外，环境治理过程中如果只是单纯增加要素投入数量而不提高投入要素的利用效率，同样无法实现最优投入规模下的高效率利用。长株潭娄地区在今后的环境治理中，更加要坚持生态优先、绿色发展，协同解决水污染、大气污染、土壤污染、噪声污染等环境问题，将治理效率放在更为关键和突出的位置，注重环境设备和环境技术的研发，提升环保产业的创新能力，为提升环境治理效率奠定坚实基础。

(2) 洞庭湖生态经济区环境治理效率

2016—2020年洞庭湖生态经济区环境治理效率和全省基本保持一致，呈整体上升趋势。由2017年的0.543上升到2020年的0.696，表明洞庭湖生态经济区近年来不仅注重环境治理投入，也密切关注环境治理质量，环境治理效率进一步提升。其中益阳市环境治理效率最高，达到0.838，表明益阳市环境治理过程中要素投入配置较为合理。未来，洞庭湖生态经济区一方面应强化环境治理基础，全面加强生态防洪蓄洪设施建设；另一方面也需强化产业，鼓励探索重点产业发展与节能减排相互促进、互利共赢的绿色转型模式与路径。岳阳市则应大力推进石化化工等行业节能低碳改造，支持岳阳以破解"化工围江"难题为重点，探索大江大湖和重化工地区生态环境协同保护治理的新模式、新机制。

(3) 湘南地区环境治理效率

2016—2020年湘南地区环境治理效率总体呈现上升趋势，且与洞庭湖生态经济区环境治理效率接近，但一直低于全国平均水平，表明该地区环境治理相关部门对于环境治理投入产出出现错配，虽然近年来该地区环境治理投入明显提升，治理水平仍低于产出增长幅度，造成公共资源耗损。其中永州的环境治理效率较高，达到1，其余两市均位于0.6以下，表明近年来衡阳、郴州两市环境治理过多依靠投入要素，较少考虑投入产出的最优组合，加之缺乏环境精细化管理意识，导致环境治理效率总体偏低。未来的环境治理过程中，湘南地区应全面提升投入要素利用效率，避免资源冗余，提高环境治理效率。

(4) 大湘西地区环境治理效率

2016—2020年大湘西地区环境治理效率为全省四大板块中最高，各年均高于0.80，整体呈上升趋势，且各年均远高于全省平均水平。由2017年的0.802上升到2020年的0.970，其中在2020年达到最高值0.977，说明大湘西地区不仅注重环境治理投入，也密切关注环境治理质量，以进一步提升环境治理效率。其中邵阳市和怀化市的环境治理效率最高，均达到1，反映两市在环境治理过程中投入要素的配置较为合理。近年来，大湘西地区深入实施"蓝天、碧水、净土"保卫战，一大批矿业环境的突出问题和群众身边的生态环境突出问题得到解决，生态优势不断转化为发展优势，绿水青山已成为该地区的靓丽名片。未来，该地区应进一步增强生态系统保护的整体性、系统性、协同性，全方位、全地域、全过程开展生态文明建设，为类似地区的环境治理效率做好表率。

3. 环境治理效率的模式分析

依据环境治理效率的高低，可将其分为高效率模式（E≥0.9）、中效率模式（0.9＞E≥0.7）、弱效率模式（0.7＞E≥0.4）、低效率模式（E＜0.4）四种类型，如表2-19所示。

表2-19　　　　　　　　环境治理效率模式分类

模型类型	高效率模式 （E≥0.9）	中效率模式 （0.9＞E≥0.7）	弱效率模式 （0.7＞E≥0.4）	低效率模式 （E＜0.4）
决策单元	娄底市、张家界市、湘西州	益阳市、邵阳市、怀化市	湘潭市、衡阳市、郴州市、常德市	长沙市、株洲市、岳阳市

环境治理的高效率模式（E≥0.9）表明，政府在环境治理过程中对投入产出有较高的转换率。处于高效率模式的市（州），一方面其环境质量本身较高，另一方面污染程度相对较低，环境治理的投入要素相对较少，基本能够全部转化为产出水平，避免了公共资源的过度消耗。张家界、湘西州的环境治理效率均达到1，表明这些地区环境治理的投入能够完全转化为产出，实现了投入要素的最优规模利用效率。

环境治理的中效率模式（0.9＞E≥0.7）表明政府在实施环境治理政策的过程中能够将投入的要素资源进行合理转化，有助于实现投入效用最大化，也能够在较大程度上避免公共资源的浪费。处于中效率模式的市（州）在环境治理中基本能够实现投入要素的转化，但相对于高效率模式而言，仍然存在着较大的差距，一方面与其自身的投入水平有关，另一方面与投入要素的冗余有关，环境治理投入产出结构需进一步优化。

环境治理的弱效率模式（0.7＞E≥0.4）意味着环境治理过程中的投入要素尚未发挥全部价值，仍然存在部分冗余，难以实现高质量的综合利用效果。处于弱效率模式的市（州）一方面往往过多关注地方经济发展，以牺牲环境为代价的经济发展方式依然存在，导致环境治理速度滞后于环境污染速度；另一方面由于该地区经济较为发达，环境治理投入要素本身基数较大，进一步增加了提升环境治理效率的成本，未来需进一步推广环保理念，规避资源无效化的利用方式，加速由弱效率模式向高效率模式转变。

环境治理的低效率模式（E<0.4）表明，环境治理过程中的投入要素难以顺利转化为实际产出，出现资源闲置及浪费现象，一方面表现为投入要素利用的低效率，另一方面反映出了投入规模的不合理。这些市（州）亟须调整投入要素的利用方式，通过引进高效环保设备及环境技术，加大政府对于环境治理政策的实施力度，进而实现环境治理效率的提升。

（三）环境治理效率的静态测度

通过对2016—2020年湖南省环境治理效率的动态测度可以得知，环境治理效率整体呈整体上升趋势。为进一步理解环境治理效率的内涵，本节继续对其进行静态测度。以2020年湖南省14个市（州）为研究样本，对其环境治理效率进行静态测算，结果如表2-20所示。

表2-20　　　　湖南省环境治理效率分解及规模报酬

决策单元	综合效率	纯技术效率	规模效率	报酬规模
长沙市	0.136	0.307	0.444	drs
株洲市	0.356	0.549	0.648	drs
湘潭市	0.706	0.882	0.801	drs
衡阳市	0.598	1	0.598	drs
邵阳市	1	1	1	—
岳阳市	0.455	0.669	0.68	drs
常德市	0.632	1	0.632	drs
张家界市	1	1	1	—
益阳市	1	1	1	—
郴州市	0.503	1	0.503	drs
永州市	1	1	1	—

续表

决策单元	综合效率	纯技术效率	规模效率	报酬规模
怀化市	0.881	0.908	0.971	drs
娄底市	1	1	1	—
湘西州	1	1	1	—
均值	0.733	0.88	0.806	

注：综合效率＝纯技术效率×规模效率，drs 表示规模报酬递减，— 表示规模报酬不变，irs 表示规模报酬递增。

1. 环境治理的纯技术效率

2020 年湖南省环境治理效率中的纯技术效率平均值为 0.88，处于非有效性状态，表明在环境治理过程中相关投入要素并没有合理转化为环境治理产出，存在明显的资源浪费。在 14 个市（州）中，环境治理实现纯技术效率有效的省区已达 9 个，其中大湘南地区各市均实现了纯技术效率的有效性，表明 2020 年大湘南地区环境治理的投入要素完全转化为产出，实现了最优的投入规模效率，体现出环境治理的良好态势。以邵阳、怀化等市为代表的大湘西地区和以常德、益阳等为代表的洞庭湖生态经济区部分市（州）也达到了环境治理的纯技术效率有效性，表明这些市（州）能够将投入要素充分利用，与最优投入规模效率高度一致。然而，位于湖南省经济发展核心的长沙、株洲、湘潭、娄底组成的长株潭地区环境治理效率均处于非有效性状态，意味着环境治理过程中投入要素尚未得到充分利用，存在着较为严重的资源损耗以及低效率使用现象，还有较大的提升空间。

2. 环境治理的规模效率

2020 年湖南省环境治理效率中的规模效率平均值为 0.806，低于纯技术效率值，也处于非有效状态，表明在环境治理过程中，环境治理投入要素与最优组合情况下的投入规模状态还存在较大差距。全省有 6 个市（州）实现了规模效率的有效性，占总数的 42.9%，长株潭娄地区仅有娄底市规模效率达到 1，投入要素达到了有效状态下的最优投入规模，环境治理效率实现了弱 DEA 有效；长株潭三市规模效率和纯技术效率均小于 1，表明环境治理的投入要素还没有达到有效状态下的最优规模，表现为投入要素的冗余现象。洞庭湖生态经济区和大湘南地区均只有1个市（州）的环境治理规模效率处于有效状态，但纯技术效率有效的市（州）数量多于长株潭娄地区，其综合效率也高于长株潭娄地区。大湘西地区除怀化市外，其他市（州）均实现了规模效率的有效性。

3. 环境治理的规模报酬

2020年湖南省环境治理效率处于规模报酬递增的市（州）有8个，分别为长沙市、株洲市、湘潭市、衡阳市、岳阳市、常德市、郴州市、怀化市，其余的邵阳市、张家界市、益阳市、永州市、娄底市均处于规模报酬不变状态，其纯技术效率和规模效率均为1，表明环境治理中投入要素既达到了最优规模下的投入量，也实现了最优规模利用效率，该类市（州）对于环境治理和环境规划建设具有较好的示范作用。处于规模报酬递增的市（州），环境治理过程中要继续增加要素投入量，同时密切关注投入要素的利用方式和利用效率，以实现最优规模的效率水平。

三 结论与政策建议

随着经济社会的快速发展和人们生活水平的提高，人民群众对优质环境的需求也日渐增强。另外，受长期以经济发展为主的经济运行模式影响，环境污染问题日渐严峻，生态环境问题逐渐成为可持续发展的关键环节。伴随着社会公众的环境保护意识的觉醒，加强环境治理工作变得十分迫切。生态环境的公共性使其成为一种典型的公共物品，这决定了在生态环境治理的过程中，政府是环境治理的主要主体且承担重要职能。同时，政府与企业、第三部门和社会公众等多元主体也要在环境治理中因地制宜、协同合作，积极探索环境治理政策，创新环境治理路径，着力提升环境治理效率。

（一）加强政府环境的协同治理

一是明确党组织在环境治理中的角色定位。湖南省各市（州）政府结合自身实际，制定具有本地特色的环境治理目标和策略，积极提高居民的环保意识，同时着力解决环境治理的结构性问题。发挥主体责任作用，基于本地生态环境特质制定与自身相适应的环保政策和法规，积极引导多元主体共同参与到环境治理，监督和调控地方企业行为。

二是严格环境执法监管。完善环境执法监督机制，推进联合执法、区域执法、交叉执法。深入开展环境保护专项整治行动，重点查处污染企业违法违规排污、在湘、资、沅、澧等流域及威胁人民群众生存环境安全的敏感区域内的违法排污行为要立案查处。推进生态环境违法行为举报奖励机制落地，积极引导企业自觉守法，推进企业环境守法违法行为积分考核。

三是着力推动"党政同责、一岗双责"。推动各部门在履行其责任的同时相互配合，共同肩负起生态保护和生态文明建设的政治职责，并对各行政区域的生态环境保护、污染防治工作全权负责，将生态文明建设、污染防治质量和环境治理效率作为地方各级党委和政府领导政绩考核评价的重要内容，使其协同共治于环保工作中。

四是构建差异化的环境经济政策组合治理模式。长株潭娄地区在有一定经济基础的前提下，应注重加快转变产业结构，改善能源消费结构，开发新能源，鼓励企业提高效用，发展更加符合社会经济需求的新型产业。其他三大区域的大部分市（州）在发展经济的同时，应着力发展资源节约型、环境友好型和科技创新型产业，转变产业发展模式，从根源上提高环境质量、提升环境治理效率，促使其逐渐向集约型经济增长方式转变。

（二）推动环境污染第三方治理

一是明确责任。明确政府、污染企业、第三方环境服务公司各自应有的责任和义务，进一步细化环境污染第三方治理责任分担机制。

二是畅通环境污染第三方治理的融资渠道，设立湖南省环境保护基金池或现金池，采用低息或者无息贷款的方式，并根据污染治理项目的周期需要采取适当延长贷款周期的策略，以解决环境污染第三方治理资金缺乏的难题。创新环境污染第三方治理融资服务和实施环境税收优惠政策，对于第三方环境服务公司应缴的增值税实施税收优惠政策，支持第三方环境服务公司上市融资。开发 BOT、BOO、ROT、BOOT 等治污项目，合理引导保险公司开发相关环境保险产品，鼓励和督促高环境污染风险企业投保。

三是推进环境污染第三方治理的技术革新。大力支持第三方环境服务公司加强技术创新、服务创新，创建一批产、学、研、用的成果转化平台，提高环境污染治理的创新能力。积极引入第四方环境监测专业机构，形成以污染企业、第三方环境服务公司和第三方环境监测专业机构为整体框架的环境服务模式。开发第三方环境政务微信平台和第三方环境质量实时监测手机 APP，建立基于移动互联网和数据库的环境污染第三方治理信息化共享云系统，使公众能实时掌握环境质量的动态。

四是建立环境污染第三方治理的诚信体系。一方面严厉制裁失信背信的第三方环境服务公司，另一方面建立第三方环境服务公司诚信档案和信用评级制度，设立环境第三方服务公司黑白名单，实行以第三方环境服务公司污染治理综合能力为准的"优胜劣汰"选择方式。

五是完善环境污染第三方治理的法律制度。充分发挥法律的权威性，为环境污染第三方治理市场的有序发展保驾护航，对违法违规的第三方环境服务公司"零容忍""无禁区""全覆盖"。

（三）引导公众参与环境治理

一是深化公众参与。培养和提升公众的环境保护意识。通过对环境保护各方面的不断深化认识，形成自觉维护环境意识，逐渐提高维护环境保护的能力水平。强化公众参与环境保护的行动能力，借助环保组织化平台，引导公众积极主动参与到环境保护中来，在提升公众自觉意识的同时，不断提升其利益表达的整体水平。拓宽公众参与环境治理的渠道，如环境日常监管、环境政策制定、建设项目环评等。鼓励环保 NGO 发展，在普及环保知识、举办交流活动、推进科学研究、推广环保产品、援助受害者、推动政府行为、规范企业生产等方面发挥其独特作用，为政府和公众间搭建交流平台，促进环境问题解决。推动生活方式绿色化，鼓励公众从身边事做起，倡导全民在衣、食、住、行、游等方面向绿色低碳、文明健康的方式转变，开展节能减排、绿色出行等环保实践活动。相关部门积极引导消费者购买节能与新能源汽车、高能效家电、节水型器具等节能环保低碳产品，鼓励购买环境标志产品。

二是完善公众参与环境保护的行政机制。通过建立公众表达机制，保障公众在环境保护中的言论权、参与权、监督权。建立公众表达自身诉求和意见的各类渠道，如政府可通过举办各类听证会、审议会、座谈会等听取民声民意，充分收集公众意见，引导公众参与各类环保相关的事项，增强政府环境治理决策的科学性、合理性、透明性、民主性。

三是完善公众参与环境保护的法律机制。明确环境权的法律地位，保障公众的环境享有权、使用权、环境知情权和请求权等。完善政府信息公开制度，一方面，应当明确政府环保信息公开的主体范围，从纵向上看，政府部门上省一级，下到市、县、区乃至乡镇一级，都应包括在内。从横向上看，还应当包括除了环保部门以外的其他部门，以及将企业纳入信息公开的主体。另一方面应在明确信息公开内容，制定信息公开清单，列明政府和企业需公开的事项、时限、内容等要求，督促其做好信息公开工作，保障公众知情权。

文化体育服务发展评价

文化体育服务，顾名思义包括文化服务和体育服务。文化服务，一般指的是"由政府主导、社会力量参与，以满足公民基本文化需求为主要目的而提供的公共文化设施、文化产品、文化活动以及其他相关服务。"对于体育服务，目前国内学术界尚无权威、统一的定义①，参照文化服务的定义方式，本书将其界定为"由政府主导、社会力量参与，以满足公民基本体育需求为主要目的而提供的公共体育设施、体育产品、体育活动以及其他相关服务"。文体事业是政府提供公共服务的重要组成部分，相关服务不仅起到丰富人民群众文化生活、营造共同精神家园的重要作用，更是有着凝聚社会主义核心价值观、强身铸魂的重要意义。因此，对湖南文化体育服务水平进行测度具有重大意义。

---

① 肖林鹏、周爱光等学者指出，我国学术界尚未就公共体育服务概念形成统一界定，部分学者主张从公共服务概念出发，认为公共体育服务是公共服务的一个方面，是通过提供各种体育产品来满足公民需要的公共服务。具体参见肖林鹏、李宗浩、杨晓晨《我国公共体育服务体系概念开发及其结构探讨》，《天津体育学院学报》2007年第6期；周爱光：《从体育公共服务的概念审视政府的地位和作用》，《体育科学》2012年第5期。易剑东认为《国务院办公厅关于印发国家体育总局职能配置内设机构和人员编制规定的通知》中列举的体育总局所承担的九项职责均属于广义上的公共体育服务的范围，但他没有给出公共体育服务的具体定义。具体参见易剑东《中国体育公共服务研究》，《体育学刊》2012年第2期。吕宁等将公共体育服务界定为，"政府公共管理部门运用公共权力实现公共体育利益"，但没有给出有关定义的具体理由。具体参见吕宁、徐建荣《新时代公共体育服务：碎片化供给与整体化供给》，《广州体育学院学报》2022年第2期。

一 湖南省文化体育服务发展的基本情况

(一) 公共文化阵地网络基本覆盖

2018年，湖南全面启动了现代公共文化服务体系建设三年行动，推动公共文化设施布局更加合理、服务更加均衡。通过深入贯彻落实公共文化服务保障法的一系列举措，湖南各地全面系统地推进了公共文化设施与服务的达标建设。目前，省、市、县、乡、村五级公共文化阵地网络已实现基本覆盖，并全部免费向社会开放，全省公共服务领域重点改革任务均已基本完成或超额完成。三年行动期间，创建了长沙、岳阳、株洲、永州4个国家公共文化服务体系示范区及8个国家公共文化服务体系示范项目、14个省级现代公共文化服务体系示范区；累计建设基层综合性文化服务中心28499家，完成率为100%；建立图书馆分馆2176所，超额完成600所，县级图书馆总分馆制建设完成率为138.07%；建立文化馆分馆1936所，超额完成421所，县级文化馆总分馆制建设完成率为127.28%；133所公共图书馆、9所美术馆、123所文化馆同步推进公共文化机构法人治理结构改革任务，完成率均为100%。

(二) 公共文化惠民活动全面展开

湖南文化工作者通过抓项目、创品牌，使文化惠民活动热在基层、热在农村，传播科学理论和先进文化，服务乡村振兴战略、服务打赢脱贫攻坚战，以高质量文化供给增强人民群众的文化获得感幸福感。依托公共文化服务保障法的明文规定和刚性要求，湖南各地创新机制，推出了一系列特色的公共文化建设举措，打造出攸县"门前三小"公共文化服务项目、长沙市"百姓大舞台·有艺你就来"、娄底市新时代乡村业余文艺宣传队到村巡演等一大批公共文化服务品牌。贫困地区村综合文化服务中心示范工程、贫困地区流动服务车配送项目、精准扶贫题材艺术创作工程，持续为基层输送先进理念、管理方法、设施设备和优质内容。"阳光工程""圆梦工程""百师千课进站入村"系列农村文化志愿服务，培育文旅志愿服务队伍11万余人。连续举办多年的"欢乐潇湘"大型群众文化活动、农民工春节联欢晚会、乡镇办文化艺术节，极大丰富了公共文化产品和服务供给。

（三）公共数字文化服务提质增效

近年来，湖南致力于探索公共文化服务领域的数字化赋能实践，在大力实施文化共享工程、公共电子阅览室建设计划、数字图书馆推广工程三项重大数字文化工程基础上，以政府统筹、融合发展、创新引领、开放共享为思路，聚焦服务实效，创新模式机制，大力推进省、市（州）、县市区三级公共文旅数字服务综合平台建设，实现从零到百分之百全覆盖的历史性跨越。"公共文旅数字服务统筹发展的湖南实践"这一模式在2019中国文化馆年会上被作为典型推介；"行进中的湖南公共文旅云"被文旅部评为2020年度文化和旅游信息化创新案例。尤其是新冠疫情防控期间，湖南省文化和旅游厅组织开展"艺抗疫情·云游湖南"主题活动，省内文艺战线推出了8个艺术门类的群文作品5087件，线上展示总访问量达8575.5万人次。全省公共文旅系统迅速推出网上读书、网上观展、网上观景、网上培训等在线公共文旅服务，让群众足不出户享受丰富文化生活，云游锦绣潇湘。

（四）公共体育服务活动蓬勃发展

近年来，湖南体育改革全面深化，体育公共服务水平不断提升，全民健身蓬勃发展，组织网络逐渐完善，体育产业日益壮大，全省体育事业取得长足发展。从全民健身维度来看，截至2020年底，全省经常参加体育锻炼的人数达到2664.28万，占人口的38.51%，比上一个周期提高了6.11%。城乡居民达到《国民体质测定标准》合格以上标准的人数比例为90.30%，与湖南省第四次国民体质监测公报数据相比提高了4.30%。从组织网络维度来看，湖南省全民健身组织网络基本形成，每万人体育类社会组织数约为0.38个，全民健身指导员队伍不断发展壮大，总人数达到10.44万，全省每年举办县级以上全民健身赛事和活动次数为1372次。从体育产业发维度来看，湖南省2019年度体育产业总产出为1066.89亿元，增加值443.03亿元，从业人数为300872人，体育产业增加值占湖南同期GDP比重为1.11%。

二 湖南文化体育服务评价体系及测度结果

(一) 湖南文化体育服务的指标体系

1. 指标体系结构

本节构建湖南公共文化体育服务能力指标体系，将公共文化体育服务能力划分为3个一级指标：即公共文体服务投入指标、公共文体服务效果指标、公共文体治理效能指标。

公共文体服务投入指标主要涉及地方政府对公共文体服务的投入能力。在该项指标下，涉及4个二级指标以及7个三级指标。

公共问题服务效果指标主要涉及地方政府对群众公共文体服务的最终效果，即关注究竟有多少群众享受到了政府所提供的公共文化服务。在该项一级指标下，涉及4个二级指标以及6项三级指标。

在实际协调过程中，由于统计年鉴出版滞后、统计口径差异、特殊数据不公开、相关部门也并不完全掌握某些数据等原因，尽管课题组全力以赴收集有关数据，但部分分支服务评价指标难以完全获得。因此，本报告专门设计了一个公共文体信息开放程度指标，以反映各市（州）文旅体育系统对前述13项分支服务指标的掌握情况以及开放程度。具体如表2-21所示。

表2-21　　　　　　文化体育服务指标体系结构

一级指标	二级指标	三级指标
文体服务投入指标	文体服务财政投入指标	文体服务财政投入
	图书馆系统投入指标	图书馆工作人员数
		图书馆个数
	博物馆系统投入指标	博物馆工作人员数
		博物馆个数
	体育系统投入指标	低免体育场馆数
		体育系统职工数

续表

一级指标	二级指标	三级指标
文体服务效果指标	图书馆系统服务效果评价	人均拥有公共图书馆藏书量
		平均每万人公共图书馆建筑面积
		图书馆总流通人次与常住人口比
	博物馆系统服务效果评价	博物馆总参观人次与常住人口比
	广播系统服务效果评价	广播综合人口覆盖率
	体育系统服务效果评价	经常参加体育锻炼人口占全市人口比例
文体信息开放指标	文体信息开放程度评价	对13项分支服务指标的公开数量

2. 指标体系权重赋予方法

本指标体系对文体服务投入指标、文体服务效果指标2项一级服务指标分别赋值50分，总计100分。在公共问题治理效能指标上计20分，作为额外附加分值。

在二级服务指标、三级服务指标上，由于难以判定各不同文体系统对居民实际生活的重要程度差异，故课题组设不同文体系统对居民生活重要程度等同，既所有二级服务指标权重相等，各二级服务指标下的三级服务指标在二级指标系统内部权重相等。

由于统计口径差异，以及各市（州）实际数据掌握能力存在差异，遇部分三级指标课题组并没有全部收集完整时，则该三级指标体系在相应二级指标体系下的权重视为0，所有市（州）最终得分均不计入相关三级指标比较。

3. 指标体系计算示例

试举两例说明指标计算方法：

例1：A市向全社会披露了全部13项三级文化体育服务指标，则A市在文体治理效能指标计作20分；B市向全社会披露了7项分支文化体育服务指标，其治理效能视为达到A市的一半左右，则B市文体治理效能指标计作（7/13）×0.2=10.77 分。

例 2：A 市文化服务财政投入 1000 万元，实际聘请图书馆工作人员数 50 人、拥有图书馆 10 家、博物馆工作人员数 100 人，拥有博物馆 5 家，开放低免体育场馆数 5 座，体育系统编制内职工数 100 人，7 项项分支指标在全省排名分别为第一、第二、第一、第一、第二、第二、第一；B 市文化服务投入 900 万元，实际聘请图书馆工作人员数 100 人，拥有图书馆 5 家，博物馆工作人员数 50 人，拥有博物馆 10 家，开放低免体育场馆数 10 座，体育系统编制内职工数 50 人，三项分支指标在全省排名分别为第二、第一、第二、第二、第一、第二、第一。则取 A 市、B 市分别排名第一的指标作为满分三级指标，分别为：A 市文化服务投入指标、B 市图书工作人员数指标、A 市拥有图书馆指标、A 市博物馆工作人员数指标、A 市平均每万人博物馆数指标、B 市低免体育场馆数指标、A 市体育系统编制内职工数指标分别为满分分支指标；按百分制分别换算 A、B 二市有关分支指标，可得表 2-22：

表 2-22　　　A、B 二市文体服务投入指标计算过程

	三级数据项目	实际数据	全省排名	三级指标得分	二级指标得分	一级指标得分
A 市	文化服务财政投入	1000 万元	1	100	100	(100+75+75+75)/4=81.25
	聘请图书馆工作人员数	50 人	2	50	(50+100)/2=75	
	拥有图书馆个数	10 家	1	100		
	博物馆工作人员数	100 人	1	100	(100+50)/2=75	
	拥有博物馆个数	5 家	2	50		
	开放低免体育场馆数	5 座	2	50	(50+100)/2=75	
	体育系统编制内职工数	100 人	1	100		
B 市	文化服务财政投入	900 万元	2	90	90	(90+75+75+75)/4=78.75
	聘请图书馆工作人员数	100 人	1	100	(100+50)/2=75	
	拥有图书馆个数	5 家	2	50		
	博物馆工作人员数	50 人	2	50	(50+100)/2=75	
	拥有博物馆个数	10 家	1	100		
	开放低免体育场馆数	10 座	1	100	(100+50)/2=75	
	体育系统编制内职工数	50 人	2	50		

(二) 湖南文化体育服务测度结果

按照所设计的指标体系对全省14个市（州）文化体育服务能力进行测度，可以发现湘西州、怀化市、郴州市三地在文化体育服务方面较为突出，分别位列全省第一、第二、第三，而省会长沙相对来说表现不尽如人意，在全省排名第十名，因此有必要对各指标进行分类讨论，并探讨空间差异的影响因素（见表2-23）。

表2-23　　湖南各市（州）文体服务总体评价结果

地区	总分排名（含附加分）	总分排名（不含附加分）	总分（含附加分）	总分（不含附加分）
湘西州	1	1	103.21	88.21
怀化市	2	2	91.8	75.13
郴州市	3	3	91.11	74.45
常德市	4	7	87.18	67.18
益阳市	5	8	87.13	67.13
湘潭市	6	5	84.05	69.05
株洲市	7	4	82.39	69.09
张家界市	8	6	81.41	68.08
岳阳市	9	10	81.03	62.7
长沙市	10	9	79.03	65.07
永州市	11	11	78.83	60.5
衡阳市	12	12	77.03	60.35
娄底市	13	13	73.56	60.23
邵阳市	14	14	66.07	52.74

1. 文体服务投入评价结果

从文体服务投入评价结果来看，张家界市文体服务财政投入在全省排名第一，既表明了湖南在保障张家界市文体服务财政中所发挥的重要作用，也表明了张家界市积极抓住国家构建现代文化服务体系的机遇，围绕"提质升级，旅游强市"战略，实现文化产业与文化服务的深度融合，带动基层文化事业的健康发展。湘西州图书馆每万人均拥有量、博物馆每万人均拥有量、开放低免体育场馆每万人均拥有量均位列全省第一，文体服务基础设施较为完善，深刻体现出湖南省在推动文化服务均衡化发展中所取得的成效，覆盖州、县、乡、村四级的文化设施网络基本形成，同时也反映出湘西州对文体服务基础设施建设工作的高度重视，全州基本公共服务满意度排名也在全省名列前茅。

相较而言，长沙市在文体服务投入方面存在一定不足，虽然长沙市在 2021 年上半年经济首位度已经达到了 29.3%，但在人均财政投入方面仅居全省中游位置，并且图书馆每万人均拥有量、博物馆每万人均拥有量、开放低免体育场馆每万人均处于较低水平，文体服务设施供给明显不足。其原因可能在于长沙市人口基数较大，目前文体服务设施暂时无法满足庞大的群体。因此还需要以"强省会"战略为引领，优化文化设施功能布局，着力构建"设施标准化、服务均等化、供给多元化、评价体系化"的现代公共文化服务体系，提高人民群众的文化幸福指数。

表 2-24　　　　湖南各市（州）文体服务投入评价结果

地区	三级数据项目	实际数据	全省排名	三级指标得分	二级指标得分
湘西州	平均每万人文体服务财政投入（万元）	277.46	2	99.53	99.88
	平均每万人拥有图书馆个数	0.0402	1	100	
	平均每万人拥有博物馆个数	0.0402	1	100	
	平均每万人开放低免体育场馆数	0.0442	1	100	
郴州市	平均每万人文体服务财政投入（万元）	265.67	3	96.02	74.02
	平均每万人拥有图书馆个数	0.0257	4	63.93	
	平均每万人拥有博物馆个数	0.0279	5	69.40	
	平均每万人开放低免体育场馆数	0.0299	4	66.74	

第二部分　专题报告

续表

地区	三级数据项目	实际数据	全省排名	三级指标得分	二级指标得分
张家界市	平均每万人文体服务财政投入（万元）	278.76	1	100	73.29
	平均每万人拥有图书馆个数	0.0263	3	65.42	
	平均每万人拥有博物馆个数	0.0395	2	98.26	
	平均每万人开放低免体育场馆数	0.0132	14	29.46	
怀化市	平均每万人文体服务财政投入（万元）	131.14	11	47.04	65.33
	平均每万人拥有图书馆个数	0.0306	2	76.12	
	平均每万人拥有博物馆个数	0.0262	8	65.17	
	平均每万人开放低免体育场馆数	0.0327	2	72.99	
益阳市	平均每万人文体服务财政投入（万元）	198.03	5	71.03	64.61
	平均每万人拥有图书馆个数	0.0182	11	45.27	
	平均每万人拥有博物馆个数	0.0338	3	84.08	
	平均每万人开放低免体育场馆数	0.0260	7	58.04	
岳阳市	平均每万人公共文体服务财政投入（万元）	127.79	12	45.84	57.7
	平均每万人拥有图书馆个数	0.0218	8	54.22	
	平均每万人拥有博物馆个数	0.0277	6	68.91	
	平均每万人开放低免体育场馆数	0.0277	6	61.83	
湘潭市	平均每万人公共文体服务财政投入（万元）	163.25	9	58.56	57.33
	平均每万人拥有图书馆个数	0.0257	4	63.93	
	平均每万人拥有博物馆个数	0.0294	4	73.13	
	平均每万人开放低免体育场馆数	0.0151	13	33.71	

续表

地区	三级数据项目	实际数据	全省排名	三级指标得分	二级指标得分
常德市	平均每万人文体服务财政投入（万元）	168.37	8	60.40	56.88
	平均每万人拥有图书馆个数	0.0171	13	42.53	
	平均每万人拥有博物馆个数	0.0246	10	61.19	
	平均每万人开放低免体育场馆数	0.0284	5	63.39	
株洲市	平均每万人文体服务财政投入（万元）	151.93	10	54.50	56.85
	平均每万人拥有图书馆个数	0.0256	6	63.68	
	平均每万人拥有博物馆个数	0.0256	9	63.68	
	平均每万人开放低免体育场馆数	0.0204	9	45.54	
衡阳市	平均每万人文体服务财政投入（万元）	178.81	7	64.14	56.16
	平均每万人拥有图书馆个数	0.0210	10	52.23	
	平均每万人拥有博物馆个数	0.0271	7	67.41	
	平均每万人开放低免体育场馆数	0.0183	10	40.85	
娄底市	平均每万人文体服务财政投入（万元）	103.10	14	36.99	44.62
	平均每万人拥有图书馆个数	0.0182	11	45.27	
	平均每万人拥有博物馆个数	0.0105	12	26.12	
	平均每万人开放低免体育场馆数	0.0314	3	70.09	
长沙市	平均每万人文体服务财政投入（万元）	179.79	6	64.49	43.69
	平均每万人拥有图书馆个数	0.0119	14	29.6	
	平均每万人拥有博物馆个数	0.0149	11	37.06	
	平均每万人开放低免体育场馆数	0.0178	11	43.62	

续表

地区	三级数据项目	实际数据	全省排名	三级指标得分	二级指标得分
永州市	平均每万人文体服务财政投入（元万）	199.35	4	71.51	40.40
	平均每万人拥有图书馆个数	0.0227	7	56.46	
	平均每万人拥有博物馆个数	0.0094	13	23.38	
	平均每万人开放低免体育场馆数	0.0227	8	50.67	
邵阳市	平均每万人文体服务财政投入（万元）	135.83	10	48.73	39.67
	平均每万人拥有图书馆个数	0.0213	9	52.98	
	平均每万人拥有博物馆个数	0.0061	14	15.17	
	平均每万人开放低免体育场馆数	0.0168	12	41.79	

2. 文化体育服务绩效评价结果

从文体服务绩效评价结果来看，长沙市人均拥有公共图书馆藏书量、广播综合人口覆盖率位居全省第一，虽然在文体服务财政人均投入与基础设施人均数量方面存在一定短板，但具有较高的服务效能转化能力，既体现出公共服务和基础设施领域存在的明显规模效应，能够以较低的人均投入获取较高的服务效果，同时也反映出社会力量参与文化服务供给和设施建设运营中所扮演的重要角色。相比较而言，怀化市仅凭借体育锻炼人口占全市人口比例一项指标便在全省处于前列地位。数据显示，该市2020年全年共有278万人经常参与体育锻炼，按照当年该市常住人口458万计算，该市经常参与体育锻炼人口比例高达60.69%，高出全省第二名10个以上百分点，深刻体现出怀化市全市群众体育事业蓬勃发展，体育产业茁壮成长。

表 2–25　　湖南各市（州）文体服务效果评价结果

地区	三级数据项目	实际数据	全省排名	三级指标得分	二级指标得分
长沙市	人均拥有公共图书馆藏书量（册）	1.21	1	100	87.71
	平均每万人公共图书馆建筑面积（平方米）	124.68	2	92.64	
	广播综合人口覆盖率（%）	100%	1	100	
	经常参加体育锻炼人口占全市人口比例（%）	40.56%	7	66.83	
怀化市	人均拥有公共图书馆藏书量（册）	0.48	5	39.67	84.92
	平均每万人公共图书馆建筑面积（平方米）	95.25	7	70.78	
	广播综合人口覆盖率（%）	99.52%	10	99.52	
	经常参加体育锻炼人口占全市人口比例（%）	60.69%	1	100	
株洲市	人均拥有公共图书馆藏书量（册）	0.92	2	76.03	81.27
	平均每万人公共图书馆建筑面积（平方米）	80.73	9	59.99	
	广播综合人口覆盖率（%）	100%	1	100	
	经常参加体育锻炼人口占全市人口比例（%）	46%	4	75.80	
湘潭市	人均拥有公共图书馆藏书量（册）	0.62	4	51.24	80.76
	平均每万人公共图书馆建筑面积（平方米）	116.68	5	86.70	
	广播综合人口覆盖率（%）	100%	1	100	
	经常参加体育锻炼人口占全市人口比例（%）	44.5%	5	73.32	
永州市	人均拥有公共图书馆藏书量（册）	0.85	3	70.25	80.60
	平均每万人公共图书馆建筑面积（平方米）	117.76	4	87.50	
	广播综合人口覆盖率（%）	99.02%	11	99.02	
	经常参加体育锻炼人口占全市人口比例（%）	38.8%	10	63.93	

第二部分　专题报告

续表

地区	三级数据项目	实际数据	全省排名	三级指标得分	二级指标得分
常德市	人均拥有公共图书馆藏书量（册）	0.42	7	34.71	77.48
	平均每万人公共图书馆建筑面积（平方米）	97.09	6	72.14	
	广播综合人口覆盖率（％）	100%	1	100	
	经常参加体育锻炼人口占全市人口比例（％）	47.95%	3	79.01	
湘西州	人均拥有公共图书馆藏书量（册）	0.46	6	38.02	76.53
	平均每万人公共图书馆建筑面积（平方米）	134.58	1	100	
	广播综合人口覆盖率（％）	98.64%	12	98.64	
	经常参加体育锻炼人口占全市人口比例（％）	37.6%	11	61.95	
娄底市	人均拥有公共图书馆藏书量（册）	0.34	13	28.10	75.84
	平均每万人公共图书馆建筑面积（平方米）	84.08	8	62.48	
	广播综合人口覆盖率（％）	99.95%	6	99.95	
	经常参加体育锻炼人口占全市人口比例（％）	49.93%	2	82.27	
郴州市	人均拥有公共图书馆藏书量（册）	0.37	10	30.58	74.87
	平均每万人公共图书馆建筑面积（平方米）	119.81	3	89.03	
	广播综合人口覆盖率（％）	99.91%	7	99.91	
	经常参加体育锻炼人口占全市人口比例（％）	39.39%	8	64.90	
益阳市	人均拥有公共图书馆藏书量（册）	0.36	11	29.75	69.64
	平均每万人公共图书馆建筑面积（平方米）	68.09	12	50.59	
	广播综合人口覆盖率（％）	99.55%	9	99.55	
	经常参加体育锻炼人口占全市人口比例（％）	42%	6	69.20	

文化体育服务发展评价

续表

地区	三级数据项目	实际数据	全省排名	三级指标得分	二级指标得分
邵阳市	人均拥有公共图书馆藏书量（册）	0.35	12	28.93	65.81
	平均每万人公共图书馆建筑面积（平方米）	70.77	10	52.59	
	广播综合人口覆盖率（%）	97.36%	13	97.36	
	经常参加体育锻炼人口占全市人口比例（%）	36%	14	59.32	
岳阳市	人均拥有公共图书馆藏书量（册）	0.38	9	31.40	65.77
	平均每万人公共图书馆建筑面积（平方米）	69.9	11	51.94	
	广播综合人口覆盖率（%）	99.99%	5	99.99	
	经常参加体育锻炼人口占全市人口比例（%）	37.6%	11	61.95	
衡阳市	人均拥有公共图书馆藏书量（册）	0.39	8	32.23	64.53
	平均每万人公共图书馆建筑面积（平方米）	43.18	14	32.09	
	广播综合人口覆盖率（%）	99.91%	7	99.91	
	经常参加体育锻炼人口占全市人口比例（%）	37.4%	13	61.62	
张家界市	人均拥有公共图书馆藏书量（册）	0.29	14	23.97	62.87
	平均每万人公共图书馆建筑面积（平方米）	49.31	13	36.64	
	广播综合人口覆盖率（%）	93.89%	14	93.89	
	经常参加体育锻炼人口占全市人口比例（%）	39.09%	9	64.41	

3. 文化体育信息开放评价结果

从文体信息开放评价结果来看，常德市在整体文体服务投入并不突出的情况下，取得了不错的文体服务效果，且该市高度重视数据收集，是全省三级指标开放程度最高的地市之一，这使该市在全省文体服务评价中总体排名相对较高。益阳市文体服务投入和文体服务效能数据在全省范围均处于中游位置,但在数据收集、数据展示方面表现出色,在全省排名第一,推动该市总分排名提升。相较而言,长沙市在文体治理效能指标方面排名落后,其原因在于长沙市的图书馆、博物馆、体育馆等文体设施管理分属多个部门,既有省直管单位、也有市属单位,部分文物馆、博物馆等设施也归口至多个部门,以致统计数据十分困难。但从信息公开角度出发,直管部门还是有义务全面掌握其所管理的文体服务设施的基本情况并进行公开。

表2-26　　　　湖南各市(州)文体信息开放评价结果

地区	实际数据（项）	二级指标得分	地区	实际数据（项）	二级指标得分
常德市	12	20	湘西州	9	15
益阳市	12	20	湘潭市	9	15
岳阳市	11	18.33	株洲市	8	13.33
永州市	11	18.33	张家界市	8	13.33
怀化市	10	16.68	株洲市	8	13.33
郴州市	10	16.68	娄底市	8	13.33
衡阳市	10	16.68	邵阳市	8	13.33

(三) 湖南文化体育服务评价结果分析

1. 文化体育服务供给与经济发展水平的非均衡发展

一般而言,区域文化体育服务水平与该区域经济发展水平会呈现正相关关系,即经济越发达的市(州),会有更多资源投入到文化体育服务中。但GDP排名全省第一的长沙市,在文化体育服务供给整体排名中却仅居于全省中游,其投入指标甚至位居倒数。而人均GDP排名落后的湘西州,由于大量财政投入资金的支持,在人均拥有图书馆、博物馆、低免开放体育馆等数据项目上遥遥领先,促使该州的文体服务水平在整体评价结果中跃居全省第一的位置。其原因可能在于,公益性文体服务机构、编制、设施配置的基本逻辑一般是基于行政区划,而非实际需求——这使常住人口数量最多的长沙市,人均享受到的文体服务水平却在全省排名下游;而人口偏少的湖南西部市(州),则往往享受到了富余的文体设施配置，但相关市（州）的文体服务实际效能、利用情况仍值得进一步考察。

2. 文体服务投入与文体服务产出的不对等

一般而言，在文体服务领域于资金、人员编制等方面做出更大的投入的市（州），文体服务效果就越好。在文体服务效果指数排名第一的长沙市，由于该市相对庞大的人口，在侧重于人均投入指数的文体服务投入力度指标上排名并不靠前；而文体服务投入指标排名全省第一的湘西州，其实际服务效能指标排名也并不理想；怀化市在文体服务投入数据一般的情况下，通过有力的组织协调，在部分文体服务效能指标上表现优异。因此，还需要对已建成的文体服务设施的功能发挥加大考核力度，确保已建成的文体服务设施得到充分的开发和利用。建议考虑建立文体服务设施项目建设与文体服务效果挂钩的机制：如果文体服务效果数据一直无法得到提高，从省一级限制对该市（州）的文体服务资金资助。

3. 地方政府提升文体服务水平的动力机制不足

从调研数据显示，地方政府缺乏足够动力在文体服务领域加大投入、提升服务水平，主要表现为：（1）部分市（州）并没有基于区划提供必要的文体服务设施。如公共图书馆、博物馆等设施在各区划还不能做到全面覆盖，相当数量的县级行政单位不具有相应的基本文体服务设施，这使得相关市（州）在评价体系中处于相对较低的位置。（2）对文体服务评价层面侧重"拔尖"成绩、忽视普惠性服务。部分市（州）在总结其年度文体服务成绩上，往往会强调籍贯为该市（州）的运动员取得了哪些全国性、世界性的成绩，而对该市经常参与体育锻炼人口比例、图书馆流通人次、博物馆流通人次等直接服务于广大人民群众的普惠性服务数据重视不够，在文体服务评价导向上存在一定偏差。

三 结论与政策建议

（一）以均衡发展为价值引领，夯实公共文化体育服务发展基础

高质量发展要求采取针对性更强、覆盖面更广、作用更直接、效果更明显的举措，优先补齐公共文化服务短板，促进公共文化服务资源向基层延伸、向偏远地区倾斜，推进公共文化服务均衡化、普惠化、便捷化。① 从湖南各市（州）文化体育服务的评价结果来看，当前部分地区公共文化体育服务仍处于较低水平，还需进一步推动文化资源向贫困地区倾斜，鼓励和支持经济发达地区对老少边穷地区提供援助，促进公共文化服务均衡协调发展。

一是建立标准化的公共文化体育服务体系。构建区域间、城乡间、群体间的标准化的公共文化体育服务体系，是使全体社会成员共享改革与发展文化成果的重要保障，也是公共文化体育服务高质量发展的基础。② 一方面，应建立公共文化体育服务清单制，明确每个服务项目的具体服务对象、服务指导标准、支出责任、牵头负责单位等，要求在规划期内落实到位，并结合经济社会发展状况，按程序进行动态调整，以此作为政府履行职责和公民享有相应权利的依据。另一方面，应从国家和地方、宏观和微观多个层面制订有关公共文化体育服务标准的相关政策及规范性文件，从政府保障、设施建设、管理和服务、考核评估等方面全面布局，实行全方位标准化的管理与服务，健全公共文化体育服务标准化运行的监督体系，以标准化达成均衡化，满足广大人民群众的文化需求。③

二是完善基层公共文化体育服务设施网络。适应城乡居民对高品质文化生活的期待，打造有特色、有品位的公共文化空间，扩大公共文化体育服务覆盖面，增强实效性。一方面，按照"改造提升一批、整合利用一批、规划新建一批"的思路，对全省公共文化设施进行改造提升，不断提高设施建设水平，优化"市—县—乡"三级公共文化设施网络。同时从空间布局、氛围营造、服务提升等方面着力，积极融入地方特色文化，营造温馨环境，使基层服务中心成为居民"乐聚"之地，提升居

---

① 陈庚、邱润森：《新时代完善现代公共文化服务体系建设的路径研究》，《江汉论坛》2020 年第 7 期。

② 李斯：《以标准化促进均等化的制度创新——基本公共文化服务标准制度的确立、贡献与经验》，《图书馆论坛》2021 年第 7 期。

③ 李国新：《公共文化服务保障法律制度的完善与细化》，《中国图书馆学报》2021 年第 47 卷第 2 期，第 29—39 页。

民的文化认同感和归属感。① 另一方面，结合新型城镇化发展、产业功能区建设、基层行政区划调整，按照公共服务圈层建设理念，引导新建的公共文化设施根据服务人口、覆盖区域科学合理布局。②

三是建立均衡化的公共文化体育财政机制。准确界定公共文化领域财政事权是健全公共文化体育服务财政保障机制的起点，因此需要在增加公共文化体育服务预算支出的基础上，增强财政预算统筹能力，合理界定财政事权与支出责任。一方面，应在落实国家确定的中央与地方财政事权和支出责任基础上，积极推进湖南省及各市县公共文化领域财政事权和支出责任划分改革，加快建立权责清晰、财力协调、区域均衡的省以下财政关系。③ 另一方面，应通过财政转移支付等手段，补偿和扶持欠发达地区及弱势群体，实现公共文化资源的合理配置，保证广大人民群众参与公共文化体育服务的机会均衡、过程均衡、结果均衡，促进公共文化体育服务标准化均衡化的实现。

（二）以协同发展为实践遵循，实现公共文化体育服务效能提升

推动公共文化体育服务供给向好向精，成为新发展阶段进一步提升公共文化体育服务水平的重要任务，开放融合发展成为高质量发展的应有之义。因此需要深化公共文化体制机制改革，创新管理方式，扩大社会参与，形成开放多元、充满活力的公共文化体育服务供给体系。同时，在把握各自特点和规律的基础上，促进公共文化体育服务与科技、旅游相融合，文化事业、产业相融合，建立协同共进的文化发展格局。

一是推动公共文化体育服务多元主体协同供给。实现公共文化体育服务供给主体、供给方式和资金投入多元化，形成以"政府主导、社会参与、多元投入、协力发展"为基本特征的现代公共文化体育服务治理

---

① 曾莉、周慧慧、龚政：《情感治理视角下的城市社区公共文化空间再造——基于上海市天平社区的实地调查》，《中国行政管理》2020年第1期。

② 眭海霞、李金兆、龚春明：《"文化强国"视域下成都市的公共文化服务体系建设》，《中华文化论坛》2013年第6期。

③ 李国新：《制度改革创新促进公共文化服务高质量发展——析〈公共文化领域中央与地方财政事权和支出责任划分改革方案〉》，《图书馆建设》2020年第4期。

结构，是提高公共文化体育服务供给能力和总体水平的重要举措。① 一方面，可将市场竞争机制引入公共文化体育服务供给中，在保障公共文化体育服务的公益性前提下，充分发挥社会资本的效率优势，鼓励社会资本参与公共文化体育服务；② 另一方面，应建立公共文化机构与社会组织之间的关联机制，包括培育机制、创新机制、评估机制、保障机制，充分发掘第三方社会力量的重要作用③，让社会组织发展为公共文化体育服务供给夯实基础。

二是推动公共文化体育服务与文化产业协同发展。坚持市场导向和政策支撑并行，强化科技对文化的支撑作用，重点发展"文化+"新业态、新产品、新模式，推动文旅产业与公共服务的深度融合。④ 一方面，通过突破产业边界，促进数字技术、互联网技术等高科技在文化创作、生产、传播、消费等各环节的应用，推动演艺、出版、工艺美术、文化会展等传统行业转型升级，加强数字创意产业发展，以文化产业带动公共文化体育服务发展。另一方面，健全支持开展群众性文化活动机制，举办群众文化展演、调演活动，广泛开展广场舞展演、大众合唱节等群众喜闻乐见的文化活动，以此提高公共文化体育服务效能。⑤

三是推动公共文化体育服务与其他服务领域协同发展。优化公共文化资源配置、提高公共文化资源的综合效益能够解决制约公共文化体育服务实效性提升的瓶颈。同时，协同发展能够增强各服务领域的协作性，而跨领域公共服务的协作性供给是当前公共服务供给中进一步推动高质量发展的重要方式，能够避免政府职能部门治理的碎片化。⑥ 因此，一方

---

① 陈世香、黄冬季：《协同治理：我国城市社区公共文化服务供给机制创新的个案研究》，《南通大学学报（社会科学版）》2018年第5期。
② 戴艳清、南胜林：《公共文化服务类PPP项目中利益相关者冲突研究——以"湖南公共文旅云"项目为例》，《国家图书馆学刊》2022年第2期。
③ 杨乘虎、李强：《"十四五"时期公共文化服务高质量发展的新观念与新路径》，《图书馆论坛》2021年第2期。
④ 杨晓雯：《"十四五"时期公共文化服务高质量发展思考：破解老问题，应对新挑战》，《图书馆论坛》2021年第2期。
⑤ 赵华：《文旅融合下乡村公共文化服务创新体系研究》，《经济问题》2021年第5期。
⑥ 范周、侯雪彤：《"十四五"时期公共文化服务高质量发展的内涵与路径》，《图书馆论坛》2021年第10期。

面，应当针对公共文化体育服务系统内资源"孤岛"现象，增强公共文化体育服务系统内服务场馆、活动的融合发展；另一方面，应当着力推动公共文化体育服务与卫生、教育、科普、民政等其他公共服务领域惠民项目的跨界融合发展，让公共文化体育服务通过与其他渠道的融合，进一步走进民众的日常生活，更便利有效地为民众服务。

（三）以数字发展为技术手段，创新公共文化体育服务共享形式

公共文化体育服务数字化是指以满足公众基本的文化需求为目标，由各种类型公共文化机构如图书馆、文化馆和博物馆等，通过对公共文化资源进行数字采集、数字处理以及数字保存与管理，依托网络云平台与实体空间的设备终端，实现公共文化资源与服务的共享与传播。[1] 相较于原有公共文化体育服务供给方式，数字化优势在于可以通过互联网平台，突破时空限制，将公共文化体育服务无限延伸，有效促进文化资源的交流与共享，并为用户提供个性化服务。[2]

一是加强公共文化体育服务数字化设施建设。一方面，充分利用信息技术和数字挖掘技术，深入挖掘、组织和开发文献信息资源的文本内容，将各类型、各种格式的文献信息资源转化为数字资源，建立公共文化体育服务资源库，汇聚公共文化资源，推动公共文化体育服务资源"触网""上线"，以此扩大公共文化体育服务范围，提升公共文化体育服务效能。另一方面，建设数字公共文化体育服务场所，打造公共文化体育服务场所品牌。把5G技术、虚拟现实技术、现实增强技术等应用于信息发布、节目预约、场馆管理、文物展览、资源存储、文化展演等环节，增强公共文化场馆集约管理能力。同时开发运营公共体育线上服务平台，提供新闻推送、场馆预定、活动报名、协会注册、运动计步等一体化服务，提升体育公共服务便利化、信息化、智慧化水平。[3]

---

[1] 李桂霞、解海、祁爱武：《新时代公共文化服务高质量发展的路径》，《图书馆建设》2019年第1期。
[2] 化柏林：《"数据、技术、应用"三位一体的公共文化服务智慧化》，《中国图书馆学报》2021年第2期。
[3] 张文静、沈克印：《数字赋能：体育公共服务整体性治理的运行机制与实施策略》，《武汉体育学院学报》2022年第7期。

二是实现公共文化体育服务数字化供需对接。坚持用户导向、互联网思维，探索建立以需配供的公共文化数字服务平台，提高数字资源供给的针对性和有效性，解决产品供给过剩与不足并存的矛盾。[①] 以公众公共文化消费需求为中心，开展公共文化产品生产，使公共文化产品供给对路，改变以往单方面盲目供给的局面。运用大数据技术，采取网络调查问卷、在线访谈等线上渠道和走访、田野调研等线下路径，跟踪公众公共文化需求变化，采集公众偏好，通过数字信息挖掘，打通数字公共文化体育服务资源到达公众前的"最后一公里"，有针对性地供给高质量公共文化产品，精准满足公众精神文化生活需求。

三是加强公共文化体育服务数字化人才建设。人才队伍建设是公共文化体育服务数字化建设的根本保障。公共文化体育服务数字化建设需要精通网络、系统、硬件、软件开发的信息技术人才，需要具备数据挖掘、资源整合、深度检索能力的信息组织人才，需要了解文化创意及用户心理的信息服务人才，需要具备行政管理能力的信息管理人才。加强数字化人才队伍建设，一方面应当为工作人员提供数字化技术专项培训，提升工作人员的数字化设备操作熟练度与数字化文化资源开发能力。另一方面应当通过科学的奖励政策加大专业人才引进力度，对于一些数字化技术过硬的专业人才，可以适当降低学历、年龄等方面的要求。

---

① 姜雯昱、曹俊文：《以数字化促进公共文化服务精准化供给：实践、困境与对策》，《求实》2018年第6期。

公共交通服务发展评价

公共交通是重要的公共基础设施和社会公益事业，也是衡量社会综合服务功能的重要标志。湖南省进一步贯彻落实公共交通优先发展战略，推进全省公共交通高质量发展，不断满足人民群众的出行需求出台的落实方案。近年来，湖南省公共交通服务发展取得了一定成就，但与经济社会发展趋势及广大市民出行需求相比，仍存在较大差距。为更好地了解和评价各地公共交通发展情况，推进湖南省公交优先发展战略，本节对影响公共交通服务发展的各方面因素进行深入评价，以期为进一步发展湖南公共交通，缓解广大市民出行不便提供政策建议。

一 湖南公共交通发展基本情况

近年来，湖南省委、省政府高度重视全省公共交通的改革发展，出台了一系列政策举措，大力推进集约、高效、绿色的公共交通系统建设，为促进社会经济高质量发展、解决广大市民出行不便做出了重要贡献。

（一）公共交通基础设施不断提升

改革开放以来，湖南公共交通基础设施取得了长足发展，特别是党的十八大以来，湖南坚持以习近平新时代中国特色社会主义思想为指引，全面落实"四个全面"战略布局，坚持"五大发展理念"，以人民满意交通建设为目标，大力推进公共交通高质量发展，不断增加交通运输财政投入，到2020年，湖南在交通运输上的财政支出达到371.17亿元，相比于 2010 年的 56.5 亿元支出，增长了近 7 倍，为建设富饶美丽幸福新湖南提供了强大的交通支撑。目前，湖南路网结构不断优化，公共交通运输体系日趋成熟，公共交通基础设施实现了历史性大跨越。湖南省城市人均道路面积从 2010 年的 13.1 平方米提升到 2020 年的 18.3 平方米，人均城市道路面积总体上呈现出增加趋势（见图 2-32），城市道路长度从 2010 年的 8585 公里增加到 2020 年的 15242 公里，呈现震荡上行态势（见图 2-33），城市每万人拥有公共交通车辆保有量从 2010 年的 9.3 辆增加到 2020 年的 14.3 辆。

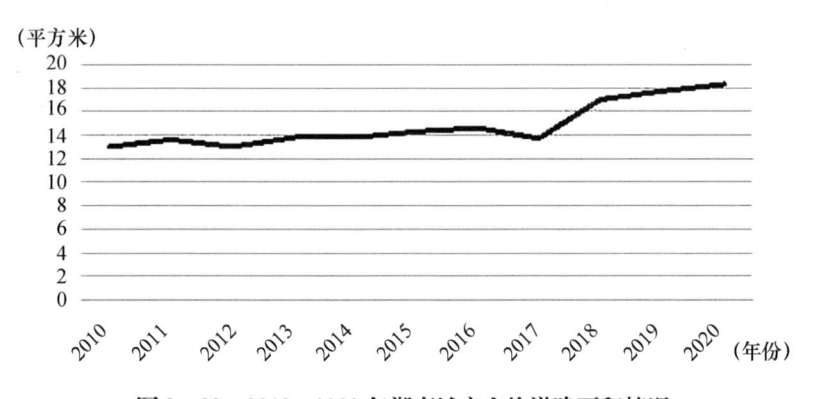

图 2-32　2010—2020 年湖南城市人均道路面积情况

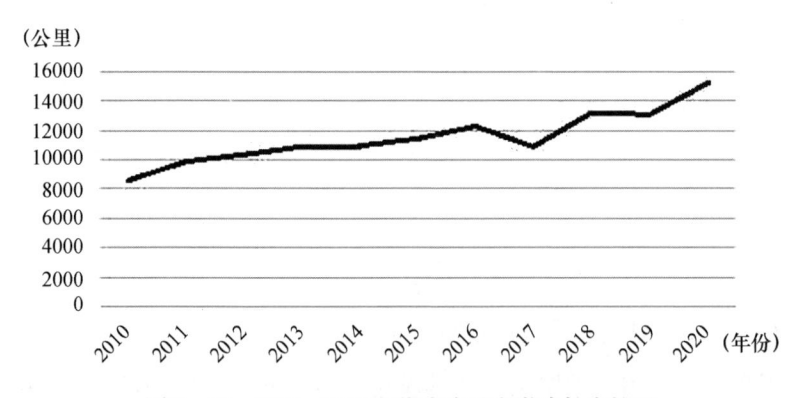

图 2-33　2010—2020 年湖南省城市道路长度情况

（二）公共交通发展政策不断完善

为了推动全省公共交通优先发展，2021 年湖南省交通运输厅关于印发《湖南省公交优先示范城市创建工作方案》的通知，为进一步贯彻落实城市公共交通优先发展战略，推进全省公共交通高质量发展，不断满足人民群众的出行需求，明确提出了将城市公共交通发展放在首要位置，提出了一系列优先发展城市公共交通的具体方案，出台了城市公交优先发展战略的具体举措和总体要求，推动出台了城市公交发展的具体目标，力争到"十四五"末全省建成6—10个省级公交优先示范城市。湖南省紧紧围绕城市公共交通优先发展战略，突出城市公共交通公益属性。湖南省参照国家"公交都市"创建经验做法，依据各地经济社会发展能力和公共交通发展水平，采取分类指导、省市县共建的方式，通过提高运输能力、提升服务水平、增强公共交通竞争力和吸引力；构建以公共交通为主的城市机动化出行系统，改善步行、自行车出行条件；发展多种形式的大容量公共交通工具，建设综合交通枢纽，优化换乘中心功能和布局，提高站点覆盖率，提升公共交通出行分担比例，确立公共交通在城市交通中的主体地位，构建优先发展城市公共交通的体制机制；坚持政府主导，将公交优先示范城市创建工作纳入政府年度绩效考核范畴，创建所需经费纳入政府年度财政预算，实施常态化管理。为进一步规范城市公共交通发展服务，省交通运输厅配套制定了《湖南省公交优先示范城市创建工作验收评分标准》《湖南省公交优先示范城市创建工作评审验收实施细则》等一系列评价标准，相关政策不断完善。努力打造高效便捷、安全舒适、经济可靠、绿色低碳的城市公交系统，不断满足人民群众基本出行需要，使人民群众出行更便捷、更舒适、更安全。

（三）公交惠民、便民举措不断加强

近年来，湖南省全力加快贯彻落实"优先发展城市公交"的战略步伐，提出了一些全面落实城市公共交通发展意见，大力倡导绿色出行，努力打造惠民、便民、为民的城市公共交通。一是不断改善市民的乘车环境。全省各地加大财政投入，大量淘汰高能耗、高噪音的公交车，低能耗、低污染、低噪音的纯电动车不断增多，市民乘车的稳定性、舒适性等明显提升。例如，2011年，比亚迪K9纯电动公交车就率先在长沙示范运营。2022年年初，225辆宇光造型高端纯电动公交车正式入驻湖南长沙运营。截至2018年年底，湖南省共有公共汽电车30053辆，其中新能源车23306辆，占比达77.54%，数量位居全国第五，占比居全国第一，加上清洁能源的天然气车（3185辆），绿色公交占约90%。二是市民出行更加便捷。全省各地不断优化公交线路，增加公交车辆数量，努力实现中心城区无盲点，逐步实现了公共交通全覆盖。三是市民得到了更多实惠。全省各地城市不断推出公交IC卡、手机支付等手段，不仅让市民乘坐公交获得了更多优惠，还为乘坐公交车提供了极大方便，可以不用带现金和找零。与此同时，许多城市为现役军人、60岁以上老年人、残疾人等群体提供了免费乘车服务，大量让利于民。

（四）公共交通服务能力不断增强

全省城市公共交通体系日趋完善，长沙、湘潭等城市逐步形成以轨道交通为骨干，地面公交为网络、其他公共交通方式为延伸和补充，多种运输方式无缝对接的多模式公共交通网络体系。截至2020年，全省共有城市公共汽电车运营车辆达到37899万标台，运营线路总长度达到45732公里，较2010年分别增长175.67%和157.46%。全省有3个城市开通了城市轨道交通线路，城市轨道交通运营线路总长度超过200公里，自长沙2014年开通第一条地铁以来呈现快速增长趋势。近些年来，湖南常德、永州等市（州）设置了公交专用道。

城市公交服务质量取得新提升。全省城市公交年客运量达到20.98亿人次，长株潭建成城区公交站点500米覆盖率超过90%，公共汽电车中空调车比例超过60%。城市公共交通智能化调度、动态监控和实时信息服务水平不断提升，定制公交、商务快巴、旅游专线、社区巴士等特色公共交通服务遍地开花，一大批"星级服务"文明线路，"青年文明号"先进班组和模范个人不断涌现。

虽然"十三五"以来湖南公共交通发展取得了较大成绩，但与全省经济社会发展和人民群众的出行需求相比，公共交通发展仍存在一些不足，一些问题亟待解决，主要表现在以下几个方面。

一是公交在交通中的主体地位体现不明确。公共交通在缓解城市交通拥堵、等车时间长等"城市病"方面的重要作用发挥不够。虽然近几年全省公共交通取得较大发展，公共交通车辆不断增多，但全省多数城市公交机动化出行分担率不足40%，与欧洲、北美、日本等大城市的公共交通分担率50%左右相比仍有较大差距。

二是公共交通服务效率、质量等不高，吸引力下降。湖南省公共交通总体上还存在等车时间长、高峰期拥挤、行车速度慢、乘车环境不优、站点布局和线网布设不合理、换乘不方便、运行时点设置等问题，尤其在一些中小城市中这些问题更加突出，导致广大市民对公共交通意见颇多，降低了公共交通出行的吸引力。

三是公共交通基础设施发展滞后。受全省经济发展制约，公共交通设施财政投入严重不足，尤其是一些财政收入较少的地区，城市公共交通财政支出更加捉襟见肘，城市区域之间公共交通基础设施发展不平衡不充分问题依然突出，许多城市公交场站、停车场地、公交智能调度室、公交专用道、洗车场地、出租车综合服务站等设施建设滞后，一定程度上影响了城市公交运营调度效率和服务质量。

四是公共交通设施建设和管理不足。近年来，虽然湖南省在城市道路建设上投入不断增加，但随着城镇化速度加快，城市人口不断聚集，用地规模显著加大，再加上城市汽车数量的快速增长，现有的城市道路网络养护资金短缺，"重建轻养""以建代养"现象依然存在，难以满足市民日益增长的需求。这说明湖南省城市道路设施建设依然滞后，城市道路基础设施还远远不够。道路功能仍存在混乱，建设与使用的效率不高。道路标志、交通信号设施等设置不完整，摊担、停车占道现象依然严重。

五是行业政策制度仍存在缺陷。公共交通行业发展法规和标准规范建设滞后，公交定价调价机制和补贴补偿机制不健全，公交设施用地综合开发、城市建设项目交通影响评价等重要制度未得到有效落实。公交市场化改革后，公交主管部门对公交行业的指导和管理往往被忽视，公交企业各自为政的现象比较突出，公交运营秩序欠缺规范。

二 湖南公共交通总体评价

湖南公共交通整体上有了显著提升，乘坐公共交通出行的市民不断增加，2020年湖南省城市每百辆公交运送旅客数为885.6万人。2020年城市万人拥有公共交通车辆保有量达到14.3辆，2020年全省人均城市道路面积达到18.3平方米,说明近些年湖南公共交通呈现良好发展态势。

(一) 各市(州)公共交通发展比较分析

随着经济的快速发展,湖南省公共交通也取得了长足发展,但是各市(州)公共交通发展仍然存在着不均衡不充分的状况,一些经济条件相对较好的市(州),在公共交通上的投入要相对较多,公共交通设施也相对较好。

1. 十四市(州)公共交通总体排名得分

根据指标数据的可获得性,基于前文涉及的相关指标,2020年湖南公共交通服务总体得分前三的市(州)分别是张家界市(0.7386分)、岳阳市(0.464分)、益阳市(0.4497分)(具体情况见表2-27),但各个市(州)分数相差较大,从分数数值上来看,湖南省公共交通总体情况不容乐观,仅张家界市得分超过0.6分,还未达到总数的十分之一,而且得分最低的与最高的市(州)差距较大,说明湖南省公共交通发展存在比较严重不均衡,同时也反映出湖南省公共交通仍有较大的发展空间。

表2-27　　2020年湖南省十四市(州)公共交通服务总体得分

地区	张家界市	岳阳市	益阳市	常德市	永州市	郴州市	长沙市	株洲市	湘西州	娄底市	邵阳市	怀化市	湘潭市	衡阳市
得分	0.7386	0.464	0.4497	0.444	0.3784	0.376	0.3627	0.3623	0.346	0.3198	0.2774	0.2558	0.2196	0.1695

2. 各市(州)公共交通设施情况对比

近年来,湖南省各市(州)公共交通取得了较大发展,但各市(州)发展仍然不均衡。来看2020年长沙市、湘潭市、衡阳市、邵阳市、益阳市和郴州市万人拥有公共交通车辆保有量超过全省的14.3辆,从人口规模来看,长沙市、湘潭市、衡阳市、邵阳市、张家界市、益阳市、郴州市和永州市万人拥有公共交通车辆保有量分别达到了21辆、16.3辆、17.9辆、14.6辆、12.5辆、23.5辆、24.3辆、13.5辆,都分别高于交通运输部道路运输司下发的"十二五"时期公共交通发展具体目标值的15辆和12辆,说明这些市(州)拥有的公共交通车辆要相对多于其他市(州),城市公共交通优先政策和措施落实比较到位。从人均城市道路面积来看，2020年长沙市、株洲市、岳阳市、常德市、益阳市、永州市和娄底市要高于全省的18.3平方米，说明这些市（州）城市道路要相对畅通，拥堵程度相对较低。从每百辆公交运送旅客数来看，株洲市、岳阳市、张家界市、永州市、怀化市和娄底市要高于全省的885.6万人，说明这些市（州）公共交通运送旅客利用率更高（见表2-28）。

表2-28　　　　2020年湖南省各市（州）公共交通情况

地区	万人公共交通车辆保有量（辆）	人均城市道路面积（平方米）	每百辆公交运送旅客数（万人）
湖南省	14.3	18.3	885.6
长沙市	21	21.6	445.3
株洲市	11.2	25.1	996.7
湘潭市	16.3	17.4	529.9
衡阳市	17.9	13.7	432
邵阳市	14.6	16.4	713.4
岳阳市	10	22.3	1311
常德市	10.1	22.1	821
张家界市	12.5	16.4	1489.4
益阳市	23.5	20	464.3
郴州市	24.3	11.5	870.8
永州市	13.5	21	1124.7
怀化市	7.8	10.9	1247.6
娄底市	8.6	23.5	1081.6
湘西土家族苗族自治州	8.6	14.1	870

数据来源：2021年湖南省统计年鉴、各市（州）统计年鉴。

3. 各市（州）交通运输财政支出情况对比

改革开放以来，湖南省交通运输财政支出总体上呈现增长态势，财政支出的增加对全省各市（州）的公共交通发展起到了重要作用，推动了湖南省公共交通的快速发展，但不同的市（州）之间公共交通的财政投入存在较大差异，呈现不均衡状态。从图2-34可以看出，2020年张家界市人均交通运输财政支出远高于其他市（州），达到了1197.4元，而排名第二的湘西自治州为807.2元，而最少的衡阳市仅为236.2元，说明湖南各市（州）之间的交通运输财政投入存在较大差异，张家界、湘西自治州这两个市（州）的人均交通运输财政投入高于其他市（州），可能与近些年国家对这两个市（州）的财政转移支付较多有关，而且这两个市（州）的人口也相对较少，再加上精准扶贫的扶贫支出力度空前，同时这两个市（州）的公共交通也相对落后，所以这两个相对落后地区加大了交通运输财政投入。此外，由于经济相对发达地区的公共交通设施已经相对完善，从而使人均财政投入相对较少。

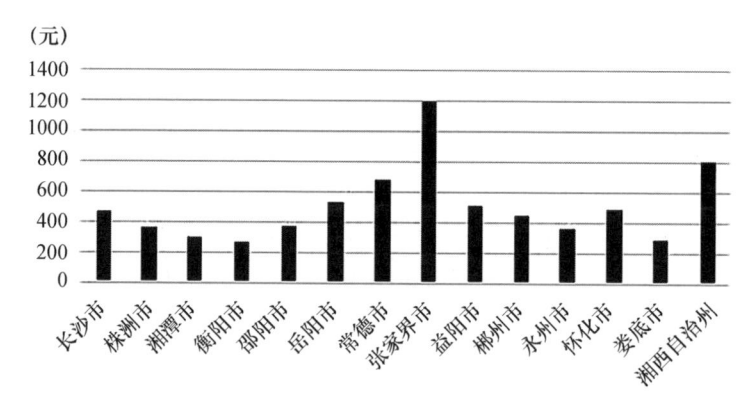

图 2-34　2020年各市（州）人均交通运输财政支出情况

（二）公共交通发展纵向分析

第一，2020年湖南省交通运输财政支出为371.2亿元，低于全国平均水平的393.5亿元，这说明湖南省公共交通财政投入总体上存在不足，公共交通财政投入空间较大。不同市（州）之间，公共交通财政投入存在较大差距，尤其是一些财政收入相对紧缺的地区，公共交通财政投入反而较多。这些地区以前主要靠转移支付来建设公共交通，在今后转移支付减少的情况下，公共交通设施发展是否能持续是一个重要问题，这可能会加剧地区之间的公共交通设施发展不平衡不充分矛盾。因此加大财政转移支付力度是影响相对落后地区公共交通的重要因素。总体上来说，在财政转移支出减少情况下，财政相对落后的地区在公共交通上的投入也会相对较少，这会在一定程度上抑制落后地区公共交通发展和公交优先战略举措的落实，有必要保持对这些地区的公共交通财政投入。

第二，2020年湖南省万人拥有公共交通车辆保有量为14.3辆，高于全国平均水平，显示出湖南省公共交通良好的发展势头，在一定程度上提升了市民出行的便利度。2020年全省人均城市道路面积达到18.3平方米，高于全国平均水平，说明湖南省城市人均道路面积处于相对较高水平，但其道路面积增加仍赶不上交通量的增长速度，道路设置还存在不合理，容易出现城市中心的拥堵现象，城市通勤满意度较低，公共交通服务改善空间依然较大。2020年湖南省每百辆公交运送旅客数为885.6万人次，低于2019年的894.6万人次，乘坐公交车的人数大幅减少，这可能与2020新冠疫情暴发有关。公共交通近年来发展滞后，导致公共交通出行分担率下降也是不争的事实，这说明用提升公共交通服务来提高公共交通出行比率仍有较大空间。改善公共交通状况是一个系统长期的工程，需要各地政府从实际出发，量力而行，加大投入，科学规划，更好地满足人民群众日益增长的出行需求。

第三，破解湖南省公共交通困境的有效路径包括公共交通基础设施的完善、公共交通管理技术的优化、现代信息技术的利用、改革的持续深化等。全省万人拥有公共交通车辆保有量均没有达到国家标准，说明湖南省在公共交通车辆增加上的投入是不足的。株洲市和岳阳市人均城市道路面积超过全国平均水平，这与这两个市注重加大公共交通固定资产投资是分不开的。益阳市在万人拥有公共交通车辆保有量上独树一帜，离不开其对公共交通车辆的投入，也离不开先进公共交通管理的利用。公共交通的发达是一个地区的活力所在，也反映出一个地区的经济社会发展程度，只有持续深化改革、释放内在经济活力、加大公共交通投入，才能走出公共交通发展的困境。

三 结论与政策建议

随着湖南省城镇化率的不断提高，城市居民人口快速增加，对出行需求也逐步加大，交通拥堵、等车时间长等问题日益突出，不仅影响了经济社会发展的效率，也抑制了市民幸福指数的提高。因此，大力优先发展公共交通是解决交通问题的一个重要选项。

（一）继续完善公共交通基础设施

公共交通是解决市民出行需求的民生大事，改革开放四十多年以来，湖南省公共交通基础设施取得较大发展。当前，要继续完善城市公共交通基础设施，组织规划、交通、国土、市政、环保等部门在各自职责范围内加大对公共交通基础设施建设支持力度，加大对公共交通基础设施财政投入。一是要加强城市公共交通站场和停车场所建设。要将公交站场和停车场纳入旧城改造和新城规划建设，将公交站场和停车场作为新建场所的配套建设项目，停车场除了通过建设扩大增量外，还要通过资源共享盘活存量。借助大数据和物联网技术，不断提升停车资源的数字化、智慧化水平。① 二是加强换乘枢纽中心等公共客运设施规划。统筹规划建设与城市发展规模相适应和市民出行需求相满足的公交枢纽站及其配套停车场、港湾式停靠站，实现公交"零距离"换乘。三是加快城市公交专用道建设。城市建设主管部门和公安交警部门加强配合，根据全省各地城市实际需求，打造公交优先车道或专用道，确保公交车畅通，提升公交通行速度。

（二）实施公共交通智能化发展模式

随着市民的增加和出行需求的增多，公共交通越来越难以满足市民的需求。要在已有道路条件下，最大限度发挥公交车的出行优势，从根本上解决市民出行困难问题，仅靠优化公交路线和完善道路设施还远远不够，还必须充分利用和引进最先进的城市公交智能管理技术，引进城市智能公共交通管理方法。目前，湖南省公交企业的智能技术总体上还比较落后。一是要开发利用实施公交车移动支付系统，坚持公交车移动支付"一个系统平台、一个刷卡机具，兼容微信、支付宝、银联等第三方支付方式"原则要求，建立湖南公交车移动支付管理平台，方便乘客出行。二是建成公交版纯电动车车联网系统，提高公交车运行安全性。

---

① 王冰洁：《"上天入地"抓项目，到年底新增泊位2万个》，《青岛日报》2022年5月16日。

以公交车辆智能调度车载终端为通信中心，通过智能调度终端与电池、电机、电控系统、仪表、灯光、路牌、站节牌、轮胎监测设备、易燃挥发物监测设备、雷达、陀螺仪、驾驶行为监测设备、客流监测设备等设施连接，实现纯电动车电机电控系统运行监测、智能调度、视频监控、电池轮胎监测、驾驶行为监测、易燃挥发物监测、雷达、陀螺仪、客流监测等运行数据和报警信息的传输。车联网监控系统实现车联网数据的实时监控管理。三是全面实施智能调度管理。为有效解决传统公交营运调度"看不见、听不到、找不到"和"两头调度，中间失控"的问题，必须创新公交营运调度管理，依据智能调度系统的功能，实施调度管理的组织结构改革，例如青岛采用"区域集中、站场辅助，自动排序、班次优先、信息互通、全程监控"的调度管理模式，有利于提高公交利用和通行效率。四是打造智慧站台与公交智能网联系统实现数据互联。电子站牌可展现公交车的实时信息，精准显示公交车到站和离站位置、到站和离站时间、搭载人数、行驶速度等多种信息。①

（三）大力构建绿色公共交通体系

大力发展绿色公共交通是保护生态环境的需要，也是满足人民群众对美好生活的需要。为进一步提升市民交通出行的幸福感和获得感，交通运输部门从行业职能出发，围绕群众日常出行需求和城市经济发展需要，争分夺秒推进交通民生实事，筑牢公路交通运输领域安全生产"防火墙"，全力打造绿色公共交通体系。

一是大力推广使用清洁能源公交车。全省各市（州）公运中心还加快节能环保公交车投放，加快推进清洁能源车辆的更换和使用，提升公众乘车的舒适度和便捷性。积极开展绿色交通出行宣传活动，引导群众优先选择绿色出行，共同建设绿色低碳交通城市。二是加强公路旁边绿化建设。重点在两侧可视范围内营建景观林，提升公路沿线的景观环境。强化城市主次干道与城市出入口绿化景观的统筹规划和协调建设，以彩叶树和观赏草为主景，打造"七彩林荫大道"，把城市出入口绿化景观建

---

① 陈观宙：《青岛公交"互联网+公交"创新实践经验分享》，http://www.china-car.com.cn/newsview157847.html。

成城市旅游的新亮点、市民休闲娱乐的新场所。三是制定绿色公共交通支持体系。鼓励全省各市（州）公共交通、出租车等配置新能源车辆，制定出台"鼓励发展新能源运输车辆的优惠政策。

第三部分

案例分析

"双减"让教育回归初心使命

义务教育是国民教育的重中之重，党和国家长期高度重视减负问题。早在 1955 年，教育部就出台了第一个"减负令"，即《关于减轻中小学生过重负担的指示》。随后几十年，国家和各级地方政府教育主管部门针对中小学生减负问题，陆续出台了多项规定和政策，在一定程度上促进了教育教学方式的改革创新，减轻了中小学生过重的学业负担。2021 年 5 月，义务教育减负问题以前所未有的力度提上国家议事日程。中央全面深化改革委员会第十九次会议明确提出，义务教育最突出的问题之一是中小学生负担太重，短视化、功利性问题没有得到根本解决。特别是校外培训机构无序发展，"校内减负、校外增负"现象突出。会议审议通过了《关于进一步减轻义务教育阶段学生作业负担和校外培训负担的意见》（以下简称《意见》）。2021 年 7 月 24 日，中共中央办公厅、国务院办公厅印发该《意见》并要求各地各部门结合实际认真贯彻落实。这是党中央、国务院站在战略高度做出的重要决策部署，事关为党育人、为国育才历史使命，立德树人根本任务和中小学生的全面发展和健康成长，对营造基础教育良好生态和建设高质量教育体系具有十分重大的意义和深远的影响。

一 案例描述

《意见》在充分调研论证、广泛吸纳意见建议基础上颁布实施，旨在减轻义务教育阶段学生过重作业负担和校外培训负担，从源头治理、系统治理、综合治理和依法治理明确了"双减"工作的总体思路，从校内

第三部分　案例分析

校外两方面提出"双减"政策的总体目标,是关注教育领域痛点难点堵点、关心学校育人水平提升、关爱学生全面发展、健康成长的一项重要政策。政策涵盖全面压减作业总量和时长,减轻学生过重作业负担;提升学校课后服务水平,满足学生多样化需求;坚持从严治理,全面规范校外培训行为;大力提升教育教学质量,确保学生在校内学足学好;强化配套治理,提升支撑保障能力;扎实做好试点探索,确保治理工作稳妥推进;精心组织实施,务求取得实效等方面的主要内容。[①]

"双减"政策颁布后,全国各地陆续出台了相关实施细则并积极付诸行动,在"双减"政策实施一周年之际交出了一份出色成绩单。一是学生作业负担和校外培训负担明显减轻。据对全国32个省份75万名师生及家长的调查,79.42%的学生未参加学科类培训;规定时间内完成书面作业学生占比由"双减"前的46%提高到90%以上;全国学科类校外培训机构压减超九成。二是家长经济和精神负担明显减轻。校外教培经费支出明显减少。据《中国教育报》刊发的"双减"一周年特刊数据显示,培训收费较之前平均下降四成以上;93%的家长表示学科类培训支出减少,其中76%的家庭培训支出减少一半。课后服务基本实现全覆盖。有91.7%的教师参与提供课后服务;自愿参加课后服务的学生比例超过90%。三是校外培训机构得到有效治理,良好的教育生态正在积极营造。数据显示,25家相关上市公司100%不再从事义务教育阶段学科类培训;教育部有关部门持续开展巡查执法,累计出动执法检查人员44万余人次。[②]

"双减"政策得到了大多数中小学学校、教师、家长的大力拥护和支持,但"每个硬币都有两面",不同群体对此褒贬不一。支持者认为,"双减"政策的不断落实和完善,将扭转"唯分数""唯升学"的教育评价导向,改善培训机构无序竞争导致的教育生态恶化现象,倒逼各方协同强化学校教育主阵地作用,将闲暇时间还给学生,促进学生全面而自由的发展。反对者认为,"双减"政策实施如果没有相关配套政策和措施

[①] 中共中央办公厅、国务院办公厅印发《关于进一步减轻义务教育阶段学生作业负担和校外培训负担的意见》,www.gov.cn/zhengce/2021-07/24/content_5627132.htm。

[②] 《双减成绩单》,《中国教育报》2022年7月25日"双减"一周年特刊。

保障，反而会增加社会、学校、老师和家长各方的负担，加速教育"内卷化"。

二 案例思考

（一）湖南"双减"政策取得的新成效

一是政府高位推动。湖南将"双减"工作作为全省教育系统"一号工程"，快速构建起纵向贯通、横向协同的"双减"工作协同联动机制，成立了省领导任组长、省直单位为成员的"双减"协调小组，各市（州）、县市区也陆续建立党委政府领导、相关部门参与的"双减"工作协调机制。湖南省教育厅还新成立了校外培训监管处以加强校外监管等，推动"双减"工作的有效开展。

二是政策保障有力。湖南对标国家"双减"《意见》，结合省情，印发了《湖南省减轻义务教育阶段学生作业负担和校外培训负担实施方案》，全省14市（州）以此为蓝本，研究制定出了立足本地、更加细致、更具操作性的市（州）"双减"实施方案。湖南还出台了《关于建立全省"双减"问题监督举报长效机制的通知》等一系列配套文件，为减轻学生负担、规范校外培训提供了政策保障。

三是实施效果显著。一方面，"减法"和"除法"措施得力。官方数据显示，"双减"实施一周年后，全省义务教育学校课后服务覆盖率达100%，作业时间控制达标率达100%，线下线上义务教育学科类培训机构压减率为100%，线下义务教育学科类培训机构压减4700余家，压减率超过80%。[①] 另一方面，"加法"和"乘法"措施有效。全省上下致力于优化作业设计质量，提高课堂教学质量，提升课后服务水平，创新学业评价方式，规范学科类培训发展等，形成了家校社协同联动、共同关心支持"双减"事业发展的良好氛围。

---

① 阳锡叶、余杏：《湖南："双减"落地背后的"刚力量"》，中国教育新闻网 http://m.jyb.cn/rmtzcg/xwy/wzxw/202208/t20220829_2110939390.html，2022年8月29日。

第三部分 案例分析

(二)"双减"政策引发的新问题

"双减"政策引发的新问题,主要集中表现在以下几个方面。

一是"双减"可能造成"学生减负,社会增负"。由于"双减"严查导致很多学科类教育培训机构和违规培训被取缔和倒闭,一些地方培训机构变相违规开展学科类课程培训,以"众筹私教"、家政服务、游学研学、"一对一"家教等多种形式进行无证课外辅导、违规补课培训,从"面上"转为"地下",使社会监管难度变大,家庭教育隐性支出增加。

二是"双减"可能造成"学生减负,学校增负"。部分学校由于校内硬件和软件条件的限制,校内服务管理还无法跟上"双减"政策的高标准需求。如小学"三点半"课后延时服务,虽解决了家长分身乏术的现实困境,但服务内容和形式单一,不少学校缺少形式多样且持续开设的课后课程,要充分满足学生的学习需求和兴趣爱好,仍有很长一段路要走。

三是"双减"可能造成"学生减负,教师增负"。"双减"政策导致部分教师任务和压力"双增"。日常的教学任务和学生管理工作已让教师费尽心力,"双减"在此基础上还增加了科学设计作业要求、提高课堂教学质量要求以及参加课后延时服务等多项指标,特别是有些学校还提出将承担课后延时服务与教师的绩效考核、评优推先甚至职称评聘挂钩,无形中更增添了教师的负担和压力。

四是"双减"可能造成"学生减负,家长增负"。部分家庭担心孩子不能获得优质教育资源,课外教培需求仍然强烈。部分家长由于工作繁忙、事务缠身缺乏陪伴孩子的时间,部分家长自身知识水平有限,缺乏辅导各科功课的能力,另有部分家长担心孩子学习自觉性不够导致"双减"带来的宝贵空闲时间浪费,还有部分家长因孩子成绩不佳而习惯性教育焦虑,认为"双减"反而是"鸡肋",不一而足。

(三)"双减"政策带来的新思考

任何事物的发展都是前进性和曲折性的统一。"双减"政策的出台,既是手段又是目标,既是起点又是过程,既是减负又是增质,其背后所呈现出的新问题是前进道路上的"垫脚石",道路虽然曲折,但前途是光明的，将进一步推动基础教育整体变革，重塑教育生态，引领未来基础教育高质量发展的新方向。

1. 国家维度："双减"是义务教育初心的回归

近年来，义务教育短视化、功利性问题导致的"过重学业负担"和"过重校外培训负担"问题，不仅让孩子"肩不能挑、手不能提"，危害他们的身心健康，而且对国家的发展和民族的进步也是"有百害而无一利"的。教育的初心是育人。我国教育的根本任务就是培养德智体美劳全面发展的社会主义建设者和接班人，这既是我们党的教育方针，也是我国各级各类学校的共同使命。少年强则国强，作为义务教育阶段的少年儿童是祖国的花朵，承载着国家和民族的希望和未来。"双减"政策的实施，正是让我国的教育特别是义务教育回归"立德树人"的育人初心，让中小学生从机械重复式的应试刷题中解脱，从"唯分数""唯升学"的压力中解放的重要举措，为未来社会发展需要培养具有执着信念、优良品德、丰富知识、过硬本领的青年一代，造就想国家之所想、急国家之所急、应国家之所需的有理想、有责任、有担当的青年一代，为实现中华民族伟大复兴而接续奋斗。

2. 主体维度："双减"是学校教育中心的回归

"双减"政策实行之前，全国面向中小学生的校外培训机构数量十分巨大，已基本与学校数量持平，如果任其发展，甚至会形成国家教育体系之外的另一个教育体系。同时，培训机构的大规模发展让其逐渐沦为资本逐利的工具，鱼龙混杂、良莠不齐，甚至与中小学招生入校挂钩，违背了义务教育公益性、普惠性原则，破坏了教育生态。"双减"政策的实施，使学校正本清源，育人主体地位逐步回归，强化了学校教育主阵地作用，这是学校的基本职责所在，也是育人义务的所在。对于身为传道授业解惑者的教师来说，育人的主战场就是课堂，向45分钟课堂要效率、向三点半课后服务要质量，把心安住在课堂，三尺讲台才能育英才。对于学校来说，好的学校教育就是要以教育教学质量为旨归、以教师教学能力提升为辅助、以学生全面发展为目的，根据每个学生自身的兴趣爱好、优势特长以及成长环境，为其提供"干净的空气、甘甜的雨露、合适的土壤、优渥的条件"，让一棵棵"小树苗"茁壮成长为"参天大树"。

3. 学生维度:"双减"是少年儿童童心的回归

中国人民大学三位学者通过跟踪搜索引擎上相关关键词的搜索量、电商平台相关商品的购买量、专业咨询网站等数据,分析了"双减"政策的效果。研究发现,"双减"政策实施后的一年中,青少年抑郁症状减少了78.6%。[①] 这样的结果并不意外。蔡元培先生曾说过"知教育者,与其守成法,毋宁尚自然;与其求划一,毋宁展个性",即教育的本质是"发展个性、崇尚自然"。"双减"政策,旨是让孩子能在学业之外,腾出时间提升人格素养、培养创新精神,打开自身视野,从而获得全面发展。用"刷题"的时间去锻炼,享受运动的快乐,锻炼健康的体魄,打造坚毅的性格,锤炼过人的意志,以体育智、以体养德、以体强身;用"刷题"的时间去劳动,做饭、洗涮、打扫、施肥、种草、除地……通过参与体验,享受劳动教育带来的快乐,于轻松无形中提高生活技能,培养劳动意识和劳动精神;用"刷题"的时间去参加实践活动,了解和掌握世界的世情、中国社会的国情、各省的省情以及各县市的市情,真正做到"家事、国事、天下事,事事关心",增长个人融入社会的本领;用"刷题"的时间亲近大自然,找回童心,从而舒缓心理焦虑;用"刷题"的时间去逛博物馆、美术馆、艺术馆、展览馆等场馆,在潜移默化中感受美的力量,润物细无声地提高审美观乃至个人的世界观、人生观和价值观,获取丰盛自我的"养分",让童年时光回归到拥有童心的美好,这才是真正对少年儿童成长和成才有益的事。

4. 家长维度:"双减"是家庭教育爱心的回归

有数据显示,"双减"政策实施后,与儿童的焦虑降低相反,父母的焦虑症状却在明显上升。这与父母长期"读书至上"的教育观念仍未随之转变有关。长久以来,中国大部分家庭的教育观念因为世俗的标准而变得功利和攀比心重。传统的教育观念下,家长的"爱子之心"变成了"爱的负担",长期的高压让孩子无法承受其重。随着"双减"政策的实施,让家长把被世俗观念、被过重作业负担和校外培训负担裹挟的爱子之心重新释放,让家庭教育回归应有的方向。让家庭教育在"双减"政策的推动下,减掉家长的"伪关心""伪负责",减掉教育"内卷化",

---

[①] 李丹:《"双减"不仅是教育系统的事》,《经济日报》2022年7月31日。

激发孩子内在的潜能和热情，使孩子们找到属于自己的"赛道"，让孩子拥有健康的身体、健全的人格、阳光的心理，让不同天资禀赋的孩子都能茁壮成长，才是家庭教育真正目的和使命。

三 结论与建议

"双减"政策作为一项系统工程，是基础教育综合改革的开端，它的发生发展必然会撬动中小学招生入学制度、教育评价体制机制、教育督导制度、师德师风建设等一系列的变革，潜移默化地影响着社会、学校、老师、家长和学生等不同主体的观念、行为和习惯。推动"双减"政策持续有效地开展，促进学生全面发展和健康成长，需要全社会积极参与与协同推进。

（一）"课堂"加"课后"，进一步强化学校教育主阵地作用

一是做好课堂教学质量的"加法"。要通过教学培训、观摩示范课、集体备课、课堂比武等形式提高课堂教学水平，要建立以生为主、教师为辅的启发式、互动式、探究式教学模式，向课堂"45分钟"要效率，做到因课施教、因科施教、因材施教，大力提高课堂教学水平。二是做好课后服务的"加法"。内容上，在巩固完成课程作业基础上提升素质教育，将"五育并举"和课后服务有机结合，开展丰富多彩的科普、文体、艺术、劳动、阅读、兴趣小组及社团活动，满足不同学生的个性化需求；方式上，在本校老师承担的基础上逐步吸纳引进优质社会力量，构建多元化、特色化、校本化的课后服务体系，增强课后服务吸引力。三是做好教师人才队伍的"加法"。健全省、市、区、校四级名师工作室体系，通过学习培训、以老带新等各种形式对教师的教育理念、专业技能、综合素质进行培训与指导，提升教师学科素养和教学水平，赋能教师高质量专业成长。

（二）"线上"加"线下"，进一步促进优质教育资源共建共享

一是线上以扩大优质教育资源供给为重点，推进"智慧教育"与实效课堂紧密结合。合理利用教育教学资源平台以及优质学校网络平台，

如国家中小学网络云平台、"我是接班人"网络大课堂以及湖南省"互联网＋教育"大平台等，开展智慧德育、智育、体育、美育和劳动实践教育。以大数据为支撑，发挥名校网络课堂、名师网络工作室、网络学习空间等作用，免费向学生提供高质量智慧课堂和学科资源，实行分层作业，个性化成长菜单，推动教育资源均衡发展，加快缩小区域间教育水平差距。二是线下以推进师资配置均衡化为重点，积极推进名校集团化办学、学区化治理和城乡学校共同体建设，加强城市优质学校与乡村薄弱学校对口帮扶力度，积极落实校长、教师交流轮岗制度，深入推进义务教育教师"县管校聘"，通过学校合作互助、购买公共服务、改善课后服务条件、增加现代化信息化办学条件，引入地方高校、研究机构、互联网企业等各方面社会资源等方式，加快缩小城乡间、校际间教育水平差距。

（三）"校内"加"校外"，进一步完善家校社协同育人格局

良好的家校社关系是健康育人、合作共赢的重要条件。一是加强体制机制建设。依托政府相关部门及社会组织，建立家校社协同育人领导小组和联席会议制度；依托大中小学、研究机构建立家校社协同共育专业人才培养机制；利用"互联网＋"技术构建家校社网络互动平台机制，推动协同育人共同体建设。二是加强家庭教育建设。教育部门会同妇联等部门，推进家长学校、家校联盟建设。建立家庭教育指导服务中心、地方家教指导服务站、家庭教育志愿者协会，开展家庭教育讲座，培养家庭教育指导师等，引导家长树立正确的育儿观、成才观，努力形成减负共识，为学生成长营造良好环境。三是要加强教育实践活动开展。开发和利用红色教育资源、研学基地、劳动教育实践基地等社会实践大平台，引导学生积极参与素质教育活动；加强与图书馆、博物馆、美术馆、科技馆、非遗馆、科普基地、少年宫、青少年活动中心等公共服务机构对接，努力构建以学校为主导、家庭积极配合、社会全方位保障的多元实践格局。

（四）"管理"加"服务"，进一步提高人民群众教育获得感

一是加强政府主导、多方联动。"双减"政策涉及学校、家庭、社会、学生、校外培训机构、校外培训从业者等多方利益主体，涉及众多部门职责，各级党委和政府要高位统筹，各职能部门需通力合作，打好"加减乘除"组合拳，不断推进"双减"政策走深走实。二是完善配套政策，助力"双减"。完善教育评价制度，改变以分数为主导的单一考试评价"指挥棒"，建立以发展素质教育为导向的多元评价体系；完善招生入学制度，义务教育免试就近入学全覆盖，遏制违规跨区掐尖招生，积极完善基于初中学业水平考试成绩、结合综合素质评价的高中阶段学校招生录取模式，维护良好招生秩序等。三是创新服务内容，减负赋能，将落实"双减"政策和加强睡眠、增强体质、拓展读物、管理手表手机等服务内容紧密结合，统筹推进。四是强化经费保障。可采取服务性收费加上适当财政经费支持的方式，保障课后服务经费。五是强化师资保障。在保障教师基本权益和待遇基础上，设立物质和精神双重奖励制度以激励积极作为。六是强化托底保障。对留守儿童、残疾儿童、进城务工人员随迁子女、家庭经济困难学生、离异、单亲、再婚家庭子女等群体，应在中小学课后服务、心理健康等方面予以优先关注和帮扶。

医疗何以遭遇信任危机

医患关系是医疗卫生服务的焦点问题，医疗事故频发、医疗费用居高不下、医疗资源配置不合理等现象导致的医疗信任危机已成为我们当前面临的一个重大的社会问题。2021 年，北医三院医生张煜的一篇《写给我挚爱的国家和众多的肿瘤患者及家属——请与我一起呼吁，请求国家尽早设立医疗红线，遏制肿瘤治疗中的不良医疗行为》直接把医疗服务中的巨大信任危机及其成因的讨论推到了舆论的中心。2022 年，湘雅二院医生刘翔峰被爆出多种医疗犯罪事件，再度引发舆论聚焦过度医疗、医疗底线、医德医风、医疗监管等话题。医疗信任危机进一步加重。

一 案例描述

2022 年 8 月 14 日，有网民在网上投诉，中南大学湘雅二院有一名医生医疗作风有严重问题。根据网民的投诉，这名医生名叫刘翔峰，他被投诉的问题包括：找他看病，只要稍微有点异物倾向，不管是不是肿瘤，一律按肿瘤处理，先做化疗。再比如，机器人做不完全性肠梗阻手术，开进去找不到梗阻段，就把正常肠管切下来给家属看。投诉者称，刘翔峰频繁对病人进行高额治疗、对急诊病人进行机器人手术。

8 月 18 日，中南大学湘雅二医院发布了情况说明，称医院对网络上出现的反映刘翔峰相关问题的信息高度重视，迅速成立了调查组。初步调查发现，刘翔峰在医疗过程中存在不规范行为。经医院研究，决定免去刘翔峰湖南省创伤急救中心副主任职务，停止其处方权及手术权限。虽然湘雅二院很快给出了处理意见，但事件仍在发酵。8 月 26 日晚，湖南省卫健委网站发布湖南省卫生健康委、中南大学联名通报，称针对网民反映的中南大学湘雅二医院副主任医师刘翔峰的有关问题，湖南省卫生健康委、中南大学已于 8 月 19 日成立联合调查组开展调查，并通过湖南省医学会组织 6 名医学专家（其中省外专家 4 名、省内专家 2 名）对其医疗行为进行专业核查。经初步调查，发现刘翔峰涉嫌严重违法。湖南省卫生健康委、中南大学已将相关问题线索移交有关纪检监察部门进一步调查。

从网络曝光相关舆情，到中南大学湘雅二医院通报"停止刘翔峰工作""初步调查发现，刘翔峰在医疗过程中存在不规范行为"，再到湖南省卫生健康委、中南大学成立联合调查组开展调查，长沙市监委介入调查，"发现刘翔峰涉嫌严重违法"，调查步步深入。刘翔峰事件已经让"湘雅系"医院面临前所未有的信任危机，其过往负面新闻被一一起底。这主要包括从 2006 年到 2020 年，"湘雅系"医院多位党委书记和院长被双规入狱的各种事件。

刘翔峰事件重创了当前脆弱的医疗信任。公众期待有关部门"一查到底"，不仅查清刘翔峰违反医德医风的问题，更要查清其涉嫌严重违法的问题；不仅要查清刘翔峰本人的问题，更要查清有没有监管失职失责、利益输送、合伙谋利等问题。

二 案例思考

近年来，为缓解"看病难、看病贵"，构建更加和谐健康的医患关系，国家采取了一系列深化医药卫生体制的改革，从推开公立医院综合改革，到全部取消药品加成，完善公立医院的补偿机制，推动药品集中采购等，加之新冠疫情期间大批医护人员舍生忘死、挺身而出，在这样的背景下，中国社会也确实向着理想的医患关系迈进。刘翔峰相关爆料和调查登上舆论热搜，让近年来因疫情而日渐建立的医疗信任，再度遭遇重创。不仅是针对医生个人或者湘雅系医院，而是加剧了对整个医疗界的信任危机，具体体现在以下几个方面。

一是对医疗能力的不信任。从就医选择来看，综合实力比较强的大医院更受热捧，哪怕是普通感冒这样基层卫生医疗机构完全有能力处理的病症，人们还是会扎堆涌向大医院。之所以会出现小病也去大医院就医的现象，根本原因在于患者对基层医生的医疗能力存疑，更相信大医院、重点科室、名专家。著名医院里的专家型医师，被认为是医疗精英、行业翘楚，有着更高的医术、更好的医德，这也是为什么大医院看病常常人满为患的内在原因之一。而当"看病贵"也解决不了"看病难"的问题，名医院名医生的标杆倒塌之时，公众对医疗服务的不信任，就会从单纯的对医疗技术、知识和设施的不信任，上升为对整个医疗行业安全感的缺失，甚至出现"生病了还能相信谁""不敢就医"的精神恐慌，进一步加剧老百姓的就医成本。

二是对医疗行为的不信任。由于专业壁垒高，医患之间具有很高的信息不对称性，医生在诊断、治疗、开药的过程中，享有绝对的主动权，对患者而言，医疗行为是一个极大的"黑箱"。医务人员完全有可能利用其信息优势谋取自身私利，损害患者的利益，表现为向患者隐瞒或披露虚假医疗信息；为追求经济利益最大化对患者诱导需求和过度医疗；为减免自身责任而实施"保护性医疗"，贻误患者病情等。患者是"外行"，对医生诊疗行为的合理性无能力识辨，对不规范的医疗行为又无法有效监控，刘翔峰事件更是放大了公众就医时因医疗行为的不确定性而加剧的对医疗结果的不确定性的担忧，从而不可避免地产生"人为刀俎，我为鱼肉"的焦虑和不安全感，以致对医生合理的医疗行为也会产生误解和抵触，甚至对医疗过程彻底丧失信任。

三是对医疗目的的不信任。对于医疗行为的不信任，尤其是对过度医疗的疑虑，必然产生对医疗目的的不信任，导致患者把医生正常的检查、治疗都看成是为了多收费。刘翔峰事件更是把这个问题推向了白热化。

四是对医疗监管的不信任。在刘翔峰事件爆发前，患者们就曾多次投诉、举报他但均"石沉大海"。刘翔峰的问题显然已经不仅是个人问题了。为什么医院内部没有早发现早解决？医院内部管理、制度流程是不是有漏洞？监管部门的日常监督管理是不是有力、到位？公众更质疑有没有监管失职失责、利益输送、合伙谋利的问题。医疗底线的维系，终究不能完全寄托于道德自觉和行业自律。管住医生的从业之手，管住每一把手术刀，更需要的是严格的外部监督和严厉的医疗系统内部管理，对此，我们还有很长的路要走。

医疗信任危机产生的负面影响是极大的，最直接的后果就是导致医患关系紧张。一方面，患者对医生的质疑和对医院的不满，尤其是医疗结果与患者的预期存在较大差异的情况下，医患矛盾更是一触即发。近年来，打砸医院、暴力伤医事件时有发生，医务人员的人身安全面临威胁。更有不法分子瞅准时机，组建医闹团队，每当发生医患纠纷时，他们鼓动、怂恿、协助患方大闹医院，通过侮辱、谩骂、殴打医务人员等方式，漫天要价、索取赔偿，严重破坏医院正常就诊秩序。另一方面，体现在医生为规避风险对患者"严加防范"，医生为了规避"医闹"风险，倾向于让患者多做检查，无形中造成了医疗资源的浪费，加重了患者的经济负担；同时避免采用风险较高的治疗手段，以及通过让患者选择治疗方案等方式来避免担责，导致医疗效果难以保证。而这两种紧张，最终最大的受害人还是患者，致使其医疗成本增加，无法享受及时、高质、高效的生命救助和医疗服务。

三　结论与建议

健康是人得以正常生活和工作的基础，医疗卫生是最重要的社会事业之一，这些都使得医疗信任在社会中具有更重要的地位。医疗信任危机的形成与医疗服务的公平性下降、卫生投入缩减与医院出现逐利倾向以及过度商业化等问题有关。同时，医德建设也应进一步强化。

无论是个别医生的道德腐败，还是医疗系统的深层问题，都必然会打击中国已经极其脆弱的医患关系。提升医疗信任水平，缓解医患矛盾，根本在于完善医疗体系和制度建设，破解医疗服务提供能力与民众健康需要之间的矛盾、医疗机构公益性要求与管理体制和运行机制之间的矛盾、医疗保障制度与民众经济承受力之间的矛盾、医学技术发展有限性与患者期望无限性之间的矛盾、医疗行业高风险性与缺乏有效风险分担机制之间的矛盾。医疗纠纷处理机制不完善与民众诉求需求之间的矛盾。重建健康的医疗环境和和谐的医患关系应从以下几点着手。

一是加强政府监管，保证医疗卫生系统合法有序运行。刘翔峰事件，涉及的是整个科室、医院乃至当地医疗管理部门的不作为甚至乱作为，政府机构必须采取更为严厉和有效的管理措施，不断完善现有的法律法规，保证医疗卫生系统合法有序的运行。

二是优化资源配置，强化基层医疗卫生服务体系建设。推动优质医疗资源扩容和区域均衡布局，改善优质医疗资源过于集中的问题，重点支持城市社区、乡镇农村医疗资源和技术设备的保障和优化，通过人才帮扶、技术支持、分级诊疗、双向转诊、服务衔接等各项措施，逐步推动基层医疗机构提升服务能力和医疗水平，强化全方位、全周期健康管理能力，让群众在家门口就能享受到便捷、优质、高效的医疗服务，让基本医疗保障带给百姓最基本的信心。

三是加强医生医风医德治理制度建设。2022年3月1日起施行的《中华人民共和国医师法》第五十八条规定："严重违反医师职业道德、医学伦理规范，造成恶劣社会影响的，由省级以上人民政府卫生健康主管部门吊销医师执业证书或者责令停止非法执业活动，五年直至终身禁止从事医疗卫生服务或者医学临床研究。"把医德医风建设列入对市、区（市）大型医院巡查内容。按照"管行业必须管行风""谁主管谁负责"的治理要求，明确各级医疗机构行风建设主体责任，建立问责机制，深入开展漠视侵害群众利益、麻精药品管理使用、医疗乱象及打击欺诈骗保等专项整治，对违法违纪违规行为"零容忍"，对典型案例进行公开曝光，发挥警示教育作用。扎实推进党风廉政建设和反腐败工作，坚持以人民健康为中心、以法律制度为准绳、以道德良心为底线，持续加强医德医风和职业、道德建设，不断提高医务人员个人修为、医术水平、服务品质，持续纠治医购销领域和医疗服务中的不正之风，加强行业自律和诚信建设。

四是加强医患沟通，建立多渠道医患沟通平台和机制。破除医患信息不对称和知情权不对等的直接方式，就是加强医患沟通。医疗机构应该搭建起医患之间的多渠道沟通平台，如医学知识的科普宣传栏、医疗告知书、医疗咨询台等，充分尊重和维护患者的知情权、选择权，让患者不懂就能问、问了就有回应、回应了就能了解。同时通过建立和完善医患沟通制度、投诉处理制度，及时受理和处理病人投诉，定期收集病人对医生和医院服务的意见，及时改进。

五是完善医疗监管，探索建设医疗服务有效监督机制。当务之急是探索建立一种客观公正的独立监督机制，有效切断鉴定人员和医疗机构的人身依附关系，从根本上解决"自我鉴定"问题。可以尝试引入医疗监管和鉴定的第三方机构，当发生医疗纠纷时，第三方作为没有利益关联的一方，与原来的医学会一同参与医疗审查，提高仲裁的公平性和公信力。同时探索完善全程规范化服务体系，对患者及家属公开诊疗内容、方案和住院病历，并基于客观信息和数据建立公开透明的医生职业水平的报告机制，一方面让医生诊疗过程的规范性有据可查，另一方面能避免医生之间相互袒护。从这个层面上说，这种机制在提高医生违规成本、约束医生行为的同时，也极大提高了公众对医疗监管的信任。

守好老人养老钱袋子

养老问题已经成为我国经济社会高质量发展中重要的民生问题。随着社会力量参与到养老行业，养老行业风险也随之产生和放大，最典型的就是养老行业中的非法集资和诈骗案件频发，养老诈骗在全国各地呈蔓延趋势。① 湖南省也不例外，根据2022年7月21日湖南省公安厅召开的打击整治养老诈骗专项行动新闻发布会的通报，4月，湖南省开展打击整治养老诈骗专项行动以来，短短4个月时间内，全省公安机关共侦破案件227起，抓获犯罪嫌疑人731名，打掉犯罪团伙34个。② 本节选取长沙市顺祥老年生活城管理股份有限公司对老年人实施诈骗的真实典型案例，揭秘养老诈骗的常见"套路"，分析案件的特点，总结诈骗手法，并提出防诈反诈建议，从典型案例中吸取教训，以期提高老年群众对于常见骗术的识别能力和防范意识，形成养老领域的防诈反诈合力，共同守护居民"养老钱"。

一 案例描述

罗某是长沙一家国有工厂的一名职工，在后因企业改制下岗。1995年，罗某南下深圳打工，因她年幼双目失明，所以选择在一家盲人按摩店做按摩，直到2012年才回长沙。罗某有一女儿，在杭州工作。年迈的

---

① 刘欢：《全国打击整治养老诈骗专项行动开展以来已追赃挽损118亿元》，http://www.chinanews.com.cn/cj/2022/08-01/9816881.shtml。

② 湖南省公安厅：《湖南省公安厅召开打击整治养老诈骗专项行动新闻发布会》，http://gat.hunan.gov.cn/gat/jwgk/jwzx/jqfb/202207/t20220721_27563778.html。

罗某不希望给女儿增添过多负担，于是决定找一家养老机构养老。罗某找到一家养老机构——长沙市顺祥老年生活城管理股份有限公司（下称"顺祥公司"），2017年至2018年2年时间内，她几乎花光了在深圳攒下的全部积蓄，交了30万元养老床位预订费用，并被告知，入住需要排队，等待公司空出床位后才可入住。然而，缴纳完床位预订费用没过多久，2019年8月，她听到老人们议论，顺祥公司已经爆雷，预订金拿不回来了。

顺祥公司爆雷以后，人们发现像罗某这样被诈骗的老年人为数众多，顺祥公司使用各种手段和途径认识和诱骗老年人。

77岁的黄某是一位铁路退休职工，家住长沙市天心区。2016年春季，黄某在家附近散步时，遇到顺祥公司的两位业务员，业务员递上了该公司的传单，并邀请黄某去顺祥养老公寓参观。后来，该公司的业务员时不时会到黄某家中为他搞卫生，有时还送些水果。有一次黄某参观完养老机构，业务员送他回家时闯了一个红灯而被罚款，这使得黄某觉得心里难受，于是决定不再考察，就预订公司的养老床位。

众多投资者听说顺祥公司爆雷的消息后，纷纷提出要求退款或者入住要求。顺祥公司为了稳住投资者，采取了系列措施和办法安抚老人，与部分老人签订退回本金的承诺书，承诺分批发放福利补贴，但最终没能得到有效解决。如2019年8月，黄某在电视上看到顺祥公司爆雷的报道，立即前往顺祥养老公寓打听是非，并且向公司提出入住要求，当时顺祥公司为了稳住投资者，与黄某签订了预约入住协议，承诺在2019年10月底安排黄某入住。然而，黄某始终没能住进养老公寓。

根据长沙市人民检察院的起诉书，2012年至2019年的8年间，王国梅、贾顺祥等人通过顺祥公司等企业，以预定床位、提供养老服务等事由为诱饵，诱骗大量投资者签订合同，变相向老年人为主的投资人非法集资。仅2016年至2019年，王国梅、贾顺祥等人非法集资的金额超过17.3亿元，受害人数超过2.1万人。2021年12月，长沙市中级人民法院依法对王国梅、贾顺祥、齐福明等7人集资诈骗案进行一审宣判，王国梅和贾顺祥因犯集资诈骗罪被判处无期徒刑，齐福明因犯集资诈骗罪被判处 15 年有期徒刑。①

二 案例思考

顺祥公司运用各种手段和途径以预订床位的名义诱骗老年人进行投资，进行非法集资和诈骗，其性质十分恶劣。类似种种养老诈骗案件发人深省，这也暴露出当前我国在老龄化程度加深的背景下，养老行业存在的一些问题。

（一）社会养老需求不断增长，社会养老压力不断增大

人口老龄化已成为全球范围内的普遍现象，但中国人口老龄化趋势呈现人口规模庞大、老龄化速度快、高龄化和空巢化问题日益突出、老年抚养比大幅上升、养老负担加重等特点。湖南省老龄化程度更深，老年人口比例高于全国平均水平，老年人口中失能老人、半失能老人数量也众多。2020 年的数据显示，我国失能、半失能老年人大致为 4063 万人，而现有鉴定合格的养老护理员只有 4 万多人。按照 1∶3 失能人口照护比来算，养老护理人才缺口可能在千万级别。② 湖南省失能和半失能老年人占老年人口比重达 20%，其中大多需要专业的、适宜的、便捷的医疗和护理服务。③ 据测算，到 2025 年，湖南 80 岁以上高龄老人将超过 220 万，失能半智老年人将超过 200 万，老年家庭空巢率将达到 55% 以上。④

大量的老年人口，特别是大量的失能、半失能老人对社会养老的需求大。为了满足社会养老的巨大需求，2013 年，我国出台了《关于加快发展养老服务业的若干意见》等政策文件，这些政策法规极大地推动了

---

① 新浪网：《等不到的床位：养老公寓诈骗如何坑害老年人?》，http://finance.sina.com.cn/jjxw/2022-07-14/doc-imizirav3315589.shtml。

② 半月谈记者：《以高质量养老服务迎接老龄化》，《半月谈》2021 年第 19 期。

③ 李琪：《湖南失能和半失能老年人占比达 20%，"省"字号精品健康课上线》，《三湘都市报》2019 年 6 月 10 日。

④ 陈勇、杨佳俊：《破难题　补短板　增信心——湖南着力推动养老服务高质量发展》，《湖南日报》2021 年 12 月 14 日。

社会化养老服务的发展,也正是在这一时期,民办养老机构在中国进入快速发展的阶段。然而,老年人又风险识别能力相对较低,防范意识不强,通常儿女不在身边,无人照护和维护老年人权益,这些都为不法分子提供了可乘之机。各种原因导致2013年以后养老公寓诈骗案频发多发。

(二) 养老诈骗"套路"深,诈骗手法多

养老公寓诈骗往往以高额返利和优质的养老服务为诱饵,吸引有养老需求的老年人交钱预定床位。

一是养老公司的宣传途径多样,主要通过散发传单、电视广告、朋友介绍等途径。如案例中黄某是通过传单了解到顺祥公司,罗某等是通过朋友刘建斌的推荐了解到顺祥公司。各大新闻媒体也曾对这些养老机构进行宣传,从而使得老人们放松了警惕,增加了对养老机构的信任度。

二是诱导手段高明。公司业务员在老年人缴费预定床位前都会对老年人嘘寒问暖,通过言辞和行动去打动老年人,与老年人拉近距离,消除老年人各方面的顾虑,通过各种方式说服老年人缴纳床位预订费用。如顺祥公司的业务员时不时到黄某家里为他做家务、赠送水果。还通过一些手段促使老年人尽快决定缴纳床位费。

(三) 养老诈骗严重,反诈形势严峻

养老相关诈骗案件具有受害者多、时间跨度较长的特点,致使养老相关案件普遍案情复杂,处理难度大。有媒体通过对养老案件的梳理表明,该类案件平均受害人数为771人,平均时间跨度约两年半,并且部分受害人会受到长期多次诈骗。

养老相关诈骗案件诈骗金额普遍巨大。2012年至2019年的8年间,王国梅、贾顺祥、齐福明等人通过顺祥公司等企业,变相非法集资的金额超过17.3亿元,涉及人数超过2.1万人。在2018年12月6日顺祥公司被立案侦查后,至2019年11月,仍有6000余人与顺祥养老公寓签订合同,涉及资金达4亿元左右。

三 结论与建议

近年来,养老公寓非法集资,对老年人实施诈骗的案件多发频发。顺祥公司养老诈骗案件给人们带来了深刻的教训,同时也为我们发展养老服务也提供了诸多启示。

(一)增强老年人养老诈骗反诈意识

顺祥公司之所以在8年内能持续对老年人进行诈骗,之所以不断有老年人上当受骗,与老年人对养老诈骗认知水平不高和反诈骗意识淡薄密切相关。正确全面认识养老诈骗是将来进一步推动养老反诈的行动导向之一。因此,在以后的养老防诈反诈中,亟须提高社会公众特别是老年人的反诈意识,帮助他们树立正确的养老防诈反诈理念。

(二)开展打击整治养老诈骗专项行动

针对当前养老诈骗多发频发的严峻形势,要成立反养老诈骗专项行动领导小组,创新思路,采取有力措施,迅速行动,多措并举开展打击整治养老诈骗专项行动。要面向社会公布养老诈骗举报方式和受理范围,征集养老诈骗举报线索。要全力排查以"养老"名义进行虚假宣传和投资等涉诈隐患。针对为老年人提供医疗健康服务、投资养老项目、销售老年保健品等为诱饵诱导老年人非法集资行为,要实施重点监测和预警,发现存在非法集资等欺诈行为,必须予以严厉打击和整治,确保反养老诈骗专项行动取得实效。

(三)扩大养老公共服务投入与供给

随着我国人口老龄化、少子化和家庭小型化程度的加深,家庭照护功能逐渐弱化,社会养老照护需求不断增加,迫切需要加快发展养老服务机构、社区和居家照护服务。近年来,我国国家和地方层面陆续出台了有关养老服务的政策,推动养老公共服务供给的增长,并取得了明显效果。但是,随着湖南省老龄化的加速,现有养老公共服务还不能满足当前养老服务的巨大需求。

因此，政府部门需继续完善有关养老服务的政策体系，加大养老公共服务的投入，不断增加养老机构的养老床位，大力实施敬老院的体制改造，通过不断增加养老公共服务支出，提高养老公共服务支出效率，加大力度引导、支持和培育养老事业和产业的发展，不断提升养老服务水平和保障能力。

（四）加强养老防诈反诈宣传教育

当今，频发多发的养老案件反映出我国在养老反诈宣传、教育培训等方面还十分薄弱，没有实现常态化和制度化。养老反诈宣传、教育培训内容仍然不够全面，不能满足养老反诈宣传、教育培训实际的需求以及实施效果不佳等问题有待进一步解决。

养老反诈宣传、教育培训要突破理论教育宣传层面，进一步注重结合实际，以提高公众养老反诈能力。在养老反诈宣传、教育培训内容方面，应针对当地常见的反养老诈骗应对方法和措施强化教育培训，并注重教育培训内容的针对性和实用性。养老反诈宣传教育培训活动形式方面，要发挥社区和老年人大学等主渠道的作用，同时广泛运用网络、微信、手机APP、电视、宣传手册、广告、横幅等宣传方式，实现养老反诈宣传、教育培训手段和形式的多样化。养老反诈宣传、教育培训活动的参与对象方面，要加强教育培训参与对象的广泛性，应采取有效引导和激励措施，充分发动包括社区范围内企业、学校、医院等基层单位和公民等公众积极参与，特别是要注重对老年人、外来人口等群体的教育培训。养老反诈宣传、教育培训活动效果方面，要加强对养老反诈宣传、教育培训实际效果的监督评价，切实提高宣传、教育培训和演练活动的实际效果。

垃圾分类催生财富"新蓝海"

随着经济社会的发展，有关"垃圾围城"的话题也开始受到社会广泛关注。垃圾随意填埋或丢弃将会严重破坏生态环境、影响城市人居生活已成为城乡居民的共识，破解"垃圾围城"难题成为城乡经济社会发展亟须解决的问题。相关数据表明，中国每年的城市垃圾增长速度明显，但垃圾处理能力并没能跟上，北京的垃圾在未来四五年内将无地可埋，上海部分垃圾场已与居民区为邻。推进垃圾分类工作成为从中央到地方、从政府到百姓普遍关注的重点问题，也是我国转变经济增长方式的焦点事件。

一 案例描述

自 2000 年北京、上海等地被确定为"生活垃圾分类收集试点城市"以来，政府不断加大对垃圾分类的倡导和投入。除北京、上海外，杭州、昆明、广州、济南、海口及长沙等城市均进行了垃圾分类探索。但调研发现，大部分居民感觉垃圾分类宣传"雷声大、雨点小"，垃圾分类对生活方式的影响并不明显。2015 年，媒体曾对中国的垃圾分类现状进行网络调查，在参与调查的 2000 人中仅 12.5% 的受访者认为垃圾分类效果显著，仅 38.2% 的受访者表示自己一直坚持分类存放、投送垃圾。

2010—2017 年，长沙市国内生产总值以 12.6% 的平均速度高速增长，常住人口从 704.1 万增加到 902.9 万，经济与人口的快速增长同时也导致城市生活垃圾的产生量快速增长。尽管长沙市垃圾收集率已达 100%，且已基本实现无害化处理，但垃圾分类收集率和垃圾回收率仅分别约为

25%和20%，垃圾处理方式主要以填埋为主，使长沙市越来越难以承受日益增加的垃圾量。

自2017年长沙市入选全国46个垃圾分类试点重点城市之一以来，长沙市在省内开展了"先行先试"工作。开福区率先在清水塘街道、伍家岭街道开展垃圾分类试点工作，2018年选取了35个社区16个小区试点。2019年，开福区垃圾分类全面铺开，并成功在长沙市率先建立起"4+2"分类模式（可回收垃圾、有毒垃圾、干垃圾、湿垃圾、家装垃圾、大件垃圾）形成了分类投放、收集、运输、处理一条龙模式，有效实现了垃圾从"源头"到"尽头"、从"单一处理"向"系统治理"的转变。岳麓区探索了智能垃圾分类模式，"小黄狗"智能垃圾分类回收机进社区，业主投入垃圾可获"红包"，有效提高了居民主动参与垃圾分类的积极性。芙蓉区实现了77个社区（村）垃圾分类工作全覆盖，不仅在宣传上确保了垃圾分类全民知晓，也打通了末端处理的垃圾分类链条。在投放环节，荷花园街道东郡社区实行"一户一码"制，将可回收物通过二维码后端称重按不同回收物种类将不等值的积分传输给用户，积分可在系统平台上兑换不同价值的生活用品。在运输处理环节，以街道为单位设置转运分拣中心，打造垃圾分类"过滤器"。天心区率先在"机关大院"推行生活垃圾分类，实现了52个区直部门全体机关干部以及后勤、物业工作人员垃圾分类知识全覆盖。在小区内形成了"集中分类投放+定时定点督导"垃圾分类模式，垃圾分类全覆盖83个社区。雨花区坚持宣传培训和执法劝导两手抓。该区开出长沙首张垃圾分类个人罚单，对两名未分类投放生活垃圾且情节较为严重者，给予各200元的罚款。雨花区还积极完善了公共垃圾站、新能源环卫车等垃圾分类配套设施，同时深入小区、楼栋开展"敲门行动"，普及垃圾分类知识。望城区入选全国首批"农村垃圾分类减量和资源化利用示范区"，为破解"垃圾围镇"难题提供了一个真实样本。

总体上，2020年出台《长沙市生活垃圾管理条例》以来，长沙市垃圾分类开始进入"强制时代"，各区积极开展垃圾分类探索，取得了明显成果，到2021年9月，全市居民个人和单位产生生活垃圾约1.1万吨/日，回收利用率达38.21%。其中，厨余垃圾1900余吨/日，可回收物3000余吨/日，有害垃圾约1吨/日，其他垃圾约6900吨/日，与2020年

9月相比,厨余垃圾、可回收物和有害垃圾日均分类回收量分别同比增长17%、90%和23%,其他垃圾日均处置量下降1.3%,生活垃圾分类收集处置量实现了"三增一减",成效初显。

二 案例思考

自2017年开展垃圾分类试点以来,长沙市垃圾分类工作取得了较大进展,在垃圾源头分类、中端运输和末端处理等环节积累了有益经验。

(一)源头分类实现智能化导语

源头分不好将会导致中后端前功尽弃,长沙市垃圾分类普遍借助了互联网的力量。互联网技术提供数据平台,在垃圾分类中实现"TOC"业务,能有效提升居民生活的便利性,并通过返点、积分等制度,提升居民参与垃圾分类的意愿(见图3-1)。对垃圾分类/环卫服务商而言,平台也可实现信息集成和互通,通过大数据分析,实现更优的资源配置。以岳麓区"小黄狗"智能垃圾分类回收终端交易平台为例,该平台依靠线上小黄狗APP和线下智能垃圾分类回收箱,较好实现了线上线下各回收端口的衔接。每套"小黄狗"共设置6个回收箱,回收7类垃圾,包括金属、塑料、饮料瓶、纸类等,整体价格3万—4万元。"小黄狗"垃圾回收实行分类计价,饮料瓶约0.05元/个,塑料和纸类约0.7元/公斤,纺织物约0.2元/公斤。目前每套"小黄狗"能让所在小区垃圾减量5%至10%。"小黄狗"还将推出上门回收服务,比如家里的旧手机通过APP估价,可获得不菲的环保金。"小黄狗"在垃圾分类减量上的有益探索,让岳麓区2018年生活垃圾量较市里下达的垃圾减量上控值减了3万余吨,减量率达10.03%,位列全市第一。

(二)中端运输实现垃圾点对点

调研表明,光靠鼓励、倡导和宣传很难说服大众自主开展垃圾分类,部分人甚至质疑将垃圾分好类之后,却被垃圾车混装运走,没有起到分类效果。为避免垃圾混转混运,长沙市探索了物业管理人员预约专业公司上门点对点回收运输,即将垃圾投放点的垃圾桶分类运到"小蓝屋"

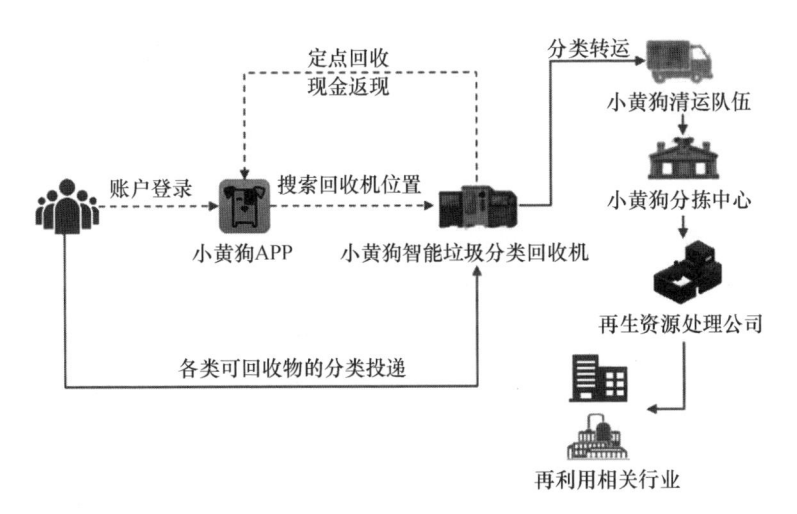

图 3-1 小黄狗可回收物生态系统

集中收运点，然后由专业收运公司分类运输，形成完整的运输体系，提升了居民对垃圾分类处理的信任度（见图 3-2）。2020 年，长沙市配备约 800 多台专门车辆，由专门公司收运 4 类垃圾，即家庭厨余垃圾由环卫部门或专业公司集中转运；有害垃圾由第三方分类运输；可回收物鼓励区县与企业合作，建立"互联网+可回收利用体系"回收处理；其他垃

图 3-2 分类收运逆向物流网

圾实行环卫分类运输、集中压缩转运。4 类垃圾以外的大件垃圾、装修垃圾、园林绿化垃圾，由小区设立专门转运点源头分流处理，有效避免了垃圾"先分后混"情况。

（三）末端处理实现变废为宝

长沙市将垃圾分类后，根据垃圾种类不同，采取不同措施，实现了垃圾价值最大化见图 3-3。对厨余垃圾和固体废弃物，长沙市主要通过清洁焚烧方式处理，在厨余垃圾处理厂脱水后的厨余残渣和城区其他垃圾一起，通过专用转运车运送至长沙市固废处理场高温燃烧，使垃圾中的可燃物氧化分解，转变为惰性残渣。高温即可以灭菌消毒，降低环境污染，燃烧过程中释放的热能也可以用来发电，实现垃圾利用最大化。

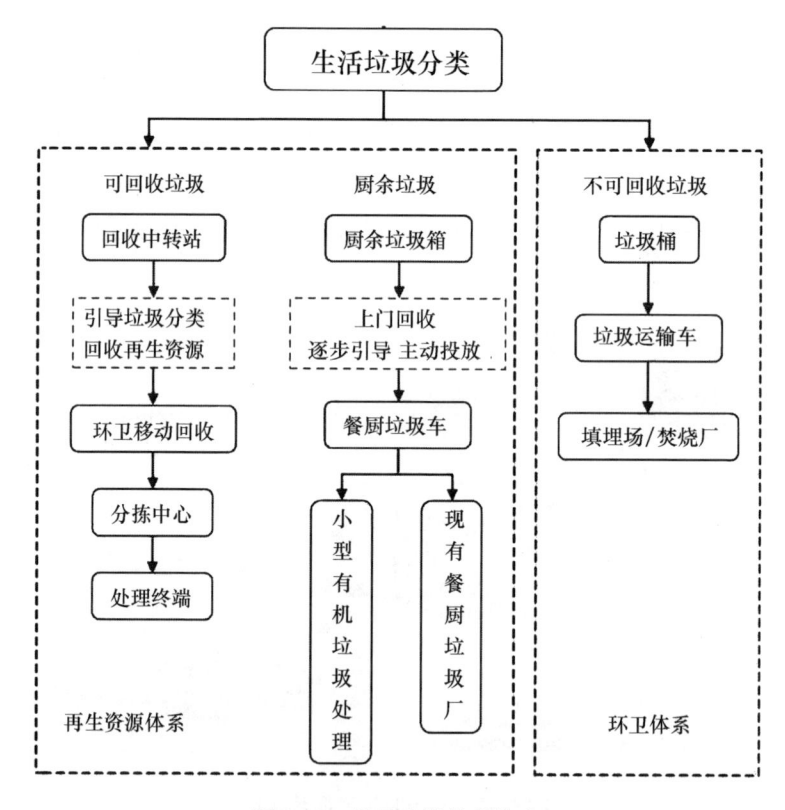

图 3-3 垃圾分类处理模式

目前，长沙市清洁焚烧一期、二期生活垃圾最大日处理能力达到约 1 万吨，可完全满足目前长沙城区每天 8000 余吨生活垃圾的处置需要，年发电量超过 15 亿千瓦时，折合每天节约标准煤耗约 1200 吨。对于可回收垃圾，现有模式中，如废纸领域，可用打包机将废纸压缩成小型立方块后出售给造纸厂循环利用，其间能实现 20% 以上的毛利率且账期较短；对电子产品，通过互联网平台，可从卖家手中购买回收产品，然后进行高、中、低、报废等分类，进而决定各类产品的流向并获得收入。

三 结论与建议

实施垃圾分类以来，长沙市市民垃圾分类投放的积极性和准确率已大幅提高，但仍存在一些问题，如分类投入之后的收集、运输、处理等环节无法配套衔接，导致垃圾分类无法高效实施等。要让垃圾分类工作成为一项长期开展下去，重点是理顺垃圾分类过程中政府、企业、居民等各类主体间的责任与义务，促成三者之间的良性循环，共同塑造全社会的垃圾分类意识。

首先，政府作为垃圾分类的主导者，要制定好垃圾分类相关政策，整合各方资源，平衡各方利益，促使企业和居民广泛参与。一是建立垃圾分类标准和投放要求，指导企业和居民开展分类和投放工作。二是明晰工作方法和工作目标，明确垃圾分类的行政主管部门及市、县、基层三级的垃圾分类管理职责，做好教育、工信、司法等部门对垃圾分类工作的协同工作。三是明确法律法规依据，保障分类工作有序推进。明确涉及生活垃圾分类管理违法行为的行政处罚主体，厘清公安机关、城市管理行政主管部门等执法部门的行政处罚责任，有效保障垃圾分类工作有序推进。

其次，企业作为垃圾分类的重要参与者和垃圾处理方，如何激发企业参与垃圾分类的主动性和积极性是确保垃圾得到有效处理的关键环节。在市场化机制下，企业参与垃圾分类必须有利可图，即企业的商业模式是获取可回收、有价值垃圾的购销差价。对此，相关企业需深刻理解固废产业链的特点，深耕产业链，降低成本、提高利润。以餐厨垃圾为例，其产业链包括上游垃圾清扫、收集与分类；中游垃圾收储、集中转运；

下游垃圾焚烧、填埋及资源化处理，以及服务于全链条的垃圾处理设备有服务提供商，各环节企业都应稳定享受该产业链市场化机制下的收益利差。

最后，个人作为生活垃圾的生产者，产生的垃圾量少且分散，流向不易控制。分类前垃圾混合度高，且不同垃圾的处置或再利用价值不同，如何提升居民的分类意愿是重点。在垃圾分类后，居民是否乐意将废纸等垃圾以免费或极低的价格交给物业或卖给收运企业，答案可能是否定的，居民所期望的是回收的便利性和售出更高价格。对此，我们可在以下几个方面展开探索。一是积极探索在居民共在取消固定垃圾桶，采取定时定点分类的收运方式，增强居民投放的便利性。二是建立针对居民的垃圾分类奖励机制，建立居民"绿色账户""环保档案"等，对能正确分类投放垃圾的居民给予一定的奖励以解决收益问题，进而逐步培养居民分类投放垃圾的习惯。三是小社区（村）内加强垃圾分类宣传，提高居民垃圾分类意识，如统一设计垃圾分类与治理宣传手册，针对不同人群，利用 LED 显示屏、宣传栏、微信等平台，通过开展垃圾分类知识培训等，形成"人人有责、家庭为本、社区先行、多元发力"的垃圾分类全民共治氛围。

多方联动推进高校毕业生就业

就业是民生之本，大学生就业更是我国就业的重中之重。就湖南而言，其高校资源丰富，高校毕业生人数位于全国前列。2020年，湖南普通高校毕业生39.8万人，2021年达42.5万人，2022年则高达48万人。根据湖南省政务大数据研发基地对省内11所高校的实地调研，2021年湖南省专科、本科毕业生占总毕业生的90%以上，加之湖南应届毕业生供需不平衡、专业供给与市场需求脱节，"就业难"与"用工荒"的结构性矛盾长期存在，这对湖南岗位供给和就业保障工作提出了更高要求。面对当前高校毕业生严峻的就业形势，如何正确分析其成因，制订出有效的解决方案，是个十分重要的话题。

一　案例描述

2021年下半年，教育部启动全国普通高校毕业生就业创业工作典型案例总结宣传工作，经各地各高校申报推荐，专家择优遴选，确定了100个典型案例。2021年11月26日，教育部公布了这100个典型案例名单，长沙理工大学凭借《充分运用"大数据"构建大学生精准就业服务体系》作为湖南省内唯一本科院校入选。那么，长沙理工大学是如何解决高校毕业生就业难题而成功入选2021年度国家典型案例的呢？

2020年以来，受多种因素影响，高校毕业生就业形势严峻复杂，就业工作任务艰巨。在这一背景下，如何运用微信、微博、抖音等新媒体平台推动高校毕业生就业服务的信息化、精准化成为有效提升高校毕业生就业服务工作的一个重要课题。长沙理工大学创新思路，充分运用

第三部分 案例分析

"大数据"打造平台,构建大学生精准就业服务体系,有力推进了毕业生就业服务的常态化、精准化、智能化,成为推动智慧就业的标杆。

(一)推进供需全面对接

第一,充分对接全国资源。一是学校有序整合中央及地方各级政府的就业促进政策、行业发展政策、用人单位信息,通过网站、微信公众号等线上渠道同步转载相关链接,进一步畅通毕业生信息知晓渠道。二是积极响应教育部"24365校园招聘服务"活动,引导学生积极使用24365平台,严密核实、追踪每一个毕业生防疫期间的就业动向。

第二,实时共享动态资源。一是建立就业信息共享机制,加强信息资源汇集,强化招聘资源的整合和共享,分省份、区域、行业、层级定期向学生推送人力资源市场各专业岗位的需求情况。二是实现周边高校优质宣讲会、双选会、招聘信息的自动采集,学生一键导航即可找到心仪岗位。三是对优质企业的就业资源进行定向采集、靶向定制,最新信息"零延时"入校传递给学生。通过以上举措,2020年长沙理工大学精准发布企业在线招聘信息15000余条,教育主管部门和地方线上招聘会、人才引进计划等综合招聘信息近8000条,涉及各省市就业信息公共服务平台45个。

(二)加强就业精准指导

首先,精准描绘"大学生画像"。一是对学生开展就业创业的全程教育指导,其中,大一开展职业生涯规划教育,大二开展创业指导,大三开展就业指导,大四开展就业实习教育。二是全面收集毕业生在校日常学习、竞赛、实习实践等信息,进行数据统计与建模分析,构建毕业生完整活动数据链,精准描绘基于人格、能力、职业规划等维度的"大学生画像",并结合学生就业状况,开展指导咨询。

其次,全程打造就业服务"一张网"。长沙理工大学加强毕业生简历管理、就业招聘信息管理、招聘活动与云视频宣讲管理、电子签约管理、派遣信息管理等各环节的融合,打造全程信息管理的一体化平台,实现就业服务"一张网"。学校通过后台进行集成化管理,形成企业、学生、学校管理的"金三角"。

最后，打通精准对接"最后一公里"。长沙理工大学加强对大数据采集系统的分析，通过对电子签到、简历完成度数据、线上简历投递、录用通知数据比对等就业行为数据的深度挖掘，精准分析学生求职意愿和行为数据，对学生进行针对性的就业辅导。如在数据分析中发现有电子签到 20 次以上还没有找到工作的学生，制定"一人一策"方案，重点追踪、重点帮扶，帮助学生充分就业。

(三) 实现人职精准匹配

一是实现"标签企业"人职匹配。将就业的重点区域、重点行业、名优企事业单位和薪资水平等作为评价毕业生就业质量的核心指标，重点掌握毕业生就业满意度、用人单位满意度、人才培养目标达成度，通过数据分析引导优秀毕业生流向标签企业。

二是实现"标签毕业生"人职匹配。通过线上问卷调查的定期摸排，实时掌握家庭困难毕业生、残疾毕业生的求职期望，综合毕业生学历、经验、素质等关键指标，联动学校经营多年的企业数据库，做好重点群体推荐工作，让校企合作有的放矢，最终实现就业服务定制化、个性化、多元化。

三是实现"行业重点单位"人职匹配。长沙理工大学作为交通、电力、建筑和水利等行业的人才摇篮，一方面，注重引导学生行业内人才输出，引导毕业生投身祖国基础工程、重大工程建设；另一方面，通过数据挖掘和分析抓取行业信息，实现毕业生和行业单位双向深度触达，让精准推送为供需双方高效对接，有效牵线搭桥。经过不断努力，2020届毕业生行业内就业比例超过 50%，在中交、中建、中铁、中铁建等世界 500 强建筑类企业就业的学生 1200 人以上，在国家电网、南方电网、五大发电集团等世界 500 强能源类企业就业的学生 800 人以上。

二 案例思考

关于高校毕业生就业难问题，目前社会上存在一种较为普遍的将问题根源归因于毕业生自身的看法，人们的一般认识是，高校毕业生的择业观念制约了他们的就业渠道。具体而言，毕业生往往只倾向于工作环

第三部分　案例分析

境好、薪酬较高并且具有较高社会地位的职位，而对工作环境相对较差、薪酬与社会地位相对较低的就业岗位则缺乏兴趣。还有一种看法是，当前高校毕业生"就业难"在很大程度上还与大学的学科与课程设置存在很大关系，并与毕业生在学校学习期间的社会实践、专业实习以及学生干部工作的经历有很大关系。其实，造成高校毕业生就业难现象的原因是多方面的，主要体现在以下几点。

（一）能力结构性矛盾明显

从当前产业转型趋势来看，传统劳动密集型企业比例下降，新兴的能源建材、机械制造、生态农业、旅游观光等项目科技含量和机械化程度较高，体力型劳动者的就业空间越来越小，高校毕业生就业的空间相对来说得到了极大扩展。但是，部分高校毕业生所学专业、实际能力和市场需求严重脱节，一些高校毕业生校内所学专业与生产实践难以对接，有些高校毕业生校内学习态度不端正，知识结构不健全、专业知识不系统、综合能力不突出。造成高校毕业生就业难和厂矿企业招工难的问题并存，"有事没人干"和"有人没事干"的现象同时存在。

（二）就业期望与客观实际冲突

一方面，一部分高校毕业生就业观念存在偏差，过高的自身期望值致使他们在就业方向的选择上，不能准确自我定位，不愿从基层做起，从工人做起，因此丧失了在普通工作岗位上就业、成长的机会。另一方面，一些私营企业用工制度不合理，在工资福利、社会保险等方面存在问题，让高校毕业生难以接受。

（三）智能化取代人工导致岗位减少

如今智能技术越来越先进，很多人工岗位逐渐被机械所取代，一台机器甚至可以取代几十甚至上百人的人工岗位。智能技术广泛应用于各行各业，导致就业岗位大量减少，本来很多可为大学毕业生提供就业机会的技术性岗位也逐渐被智能化取代。与此同时，高校毕业生数量却在不断增长，毕业生就业市场供大于求的局面在所难免。

（四）电商冲击实体经济带来就业困难

电商已深入千家万户，越来越为广大消费者所青睐。电商的快速发展对实体经济造成了极大的冲击，相应地也使实体经济所能带来的工作岗位数量不断缩减。

尽管高校毕业生整体就业形势较为严峻，但长沙理工大学成功的案例告诉我们，只要思路创新，积极打造平台，充分运用"大数据"构建大学生精准就业服务体系，还是能为毕业生就业带来不错的效果的。实践证明，更加细致的就业服务工作，有利于高校毕业生实现高质量就业。随着高校毕业生从校园走入社会，各地公共就业服务机构应切实提高服务精准性，确保帮扶质量。例如，对有就业意愿的高校毕业生，若其缺乏相关经验，可提供职业指导、技能培训、见习机会等服务，若其缺少岗位信息，可加大岗位推介力度；对暂无就业意愿的，也应做好状态记录，及时跟进服务。

三 结论与建议

高校毕业生就业问题一直是各级党委和政府工作的重点。全面做好高校毕业生就业工作，提升高校应届毕业生就业率，需要政府、用人单位、高校毕业生及社会各界四方联动、共同努力。首先，高校毕业生自身素质和能力的提升是根本；其次，对于培养大学生的高校来说，毕业生就业问题更是首要工作。因此，高校应时刻关注毕业生就业动向和信息，采取各种可能措施，促进毕业生充分就业，帮助每名毕业生找到自身理想的道路，为国家、为社会输送更多符合其发展的优秀人才。

（一）毕业生自身：珍惜高校求学时光提升个人综合素质

一是努力提升个人能力。高校毕业生要成功地进入就业市场，必须依靠自身的不断发展，必须不断学习、提升自身的专业技能和综合素质。在校大学生应注重自身专业学习和专业实习，同时，还应重视校内活动和校外社会活动，通过积极参与学校活动来锻炼自身能力，培养自己处理信息的能力、处理人际关系的能力、系统看待事物的能力、处理好人与资源的能力、运用技术的能力等。

二是加强社会实践。高校在校生可利用读大学期间的假期积极参加社会实践，将所学的理论知识与实际工作相结合，提高处理实际问题的能力，积累工作经验。

三是转变就业观念，实现多元化就业。当前高校毕业生求职择业应当根据市场实际状况更新观念、转换思路，正确认识自我，到最适合自己的岗位上工作，而不应"眼高手低"，盲目追求就业中的高层次、高薪酬，避免"扎堆"现象，只有这样才能充分发挥自己的能力，最终实现人生价值。

四是借助各种渠道，把握就业机会。高校毕业生可利用人才交流会、网络资源等途径，寻找合适就业岗位，主动大胆把自己的能力展示出去，珍惜和抓住来之不易的就业机会，而不能一味被动地"等、靠、要"。

（二）高校方面：努力打造培养大学生成才就业的良好平台

一是使专业和课程设置更趋合理。充分考虑不同学科或专业所面临的不同就业形势，以及专业内部课程设置的差异性，提高人才培养的针对性、适应性和实效性，建立人才多样化培养机制。学校应找准自我办学定位，紧密结合产业、企业发展趋势，调整学科专业结构设置和优化人才培养目标模式。

二是提供更多的社会实践机会。在积极引导、充分发展校内社会实践活动的基础上，引导学生积极参与社会实践，实现教学、实践与课外活动的有机结合，充分提高学生的动手实践能力，缩短大学生进入社会的过渡期。同时，注重完善实习机制，与用人单位建立长期的供需伙伴关系，为学生实习提供平台。

三是完善就业服务体系。随着就业形势的不断变化，学校也应不断地完善就业服务体系。做好就业信息的提供和传递工作，确保就业信息的准确和及时传达到每位毕业生，充当好毕业生与用人单位的桥梁。同时，为大学生提供各方面的就业服务，如心理指导、面试礼仪培训、应聘技巧和职业生涯规划指导等。

(三) 政府层面：千方百计引导创造就业岗位

一是大力发展经济，扩展就业空间。扎实开展产业结构调整，积极发展高新技术产业，增加企业对高校毕业生的吸纳力，不断加强地区经济建设，提供更多的就业机会。同时大力发展第三产业，尤其是金融、保险、营销、餐饮、旅游及生产服务业，为高校毕业生提供适合的就业岗位。

二是加强引导帮扶，推动自主创业。对有创业意愿、创业思路和创业能力的高校毕业生进行创业指导服务，结合工作的深入开展，大力提供政策咨询、项目指导、技能培训、小额贷款等一条龙服务，鼓励高校毕业生投身种植、养殖、农副产品加工、商贸流通、电子科技等各项产业。加强见习基地建设，做好高校毕业生创业的跟踪服务指导工作，确保高校毕业生能够成功创业、持续发展、稳步提升。

三是实施就业援助，促进充分就业。设立促进高校毕业生就业基金，强化对困难高校毕业生的就业援助，把困难高校毕业生及时纳入困难人员就业援助范围，在政策规定的范围内，积极予以安置。对接收就业困难高校毕业生的各类企业，尤其是中小企业和民营企业，提供财政、税收、金融、社保等方面的优惠政策，以吸纳更多高校毕业生就业。

四是有序发展电商，振兴实体经济。提高电商准入门槛，规范电商运作流程，加大电商违规违法打击力度。加强引导，支持实体经济发展，从税收、金融等政策方面加大对中小微企业、个体工商户的支持力度，让实体经济重新焕发活力，提供更多的就业岗位。

五是依托信息技术，畅通求职通道。利用好线上招聘平台，广泛应用直播带岗、空中宣讲、无接触面试等新模式，加快岗位信息省级集中、全国联网发布，畅通信息发布渠道，让高校毕业生能更方便、更快捷地获取岗位信息。当然，在落实疫情防控常态化要求的基础上，有条件的地方应尽可能组织线下招聘活动，提高供需匹配效率。

(四) 社会各界：积极搭建毕业生通往用人单位的桥梁

一是了解和把握高校毕业生就业的实际需求，适时推出鼓励毕业生就业的政策。缩小具体政策与毕业生实际需求之间的距离，从根本上解决高校毕业生结构性过剩的问题。

二是完善就业市场，建立信息网络。加强对就业市场的管制，对于高校毕业生就业市场上不规范的行为予以坚决惩处。同时，着力完善高校毕业生就业市场的信息系统，加强就业信息传达力度，促进大学生就业。

三是加强用人单位的企业社会责任意识。用人单位应该消除对应届毕业生的偏见，消除人际关系等在求职过程中的不利影响，打造公平、公正、宽松的就业环境。

探索城市停车难最优解

停车秩序是城市文明程度的重要标志。随着机动车保有量快速增长，城市停车设施总量不足，"停车难、停车乱"的问题越发凸显，城市交通拥堵日渐加剧，制约了生活品质的提升。近年来，湖南省通过综合施策、盘活存量、挖潜建设等措施，使居住停车位有所增加，但供需矛盾仍然突出，停车难、秩序乱等问题依然存在。大量案例表明，停车难对人民群众居住的环境、安全造成了很大影响，已经成为一个亟待解决的"急难愁盼"问题。

一 案例描述

2021年，长沙市机动车保有量超过300万辆，回家停车难成了有车一族的"烦心事"，尤其是在老旧小区，下班回家找车位"转悠半小时是常事"，"抢位大战"几乎每天都在上演。每到下午5点，家住长沙芙蓉区某社区的李大爷就赶紧搬着个塑料凳子跑下楼，给即将下班的儿子占车位。

停车难不仅是困扰长沙市民的难题，在湖南其他市（州）也普遍存在。在张家界，市民反映西溪坪某小区开发时未规划地下停车场，地上停车位仅50多个，小区车位严重不足导致很多住户不得以将私家车停放在小区外道路两边，甚至小区消防通道上都停满了车，住户们怨声载道。在益阳，市民周某反映，目前益阳市内停车场虽多，但街道路内泊位实在太少，无论是桃花仑的繁华地段还是龙洲南路的人稀地段，路内侧边泊位的数量都是寥寥无几。在永州，地处繁华商圈的桥头市场道路两旁缺少停车位，很多地方还被三轮摩托车占用，前往桥头市场的车辆大部分只能将车停在路中间，和交警"打游击"。

尤其是无物业老旧小区，大多位于城市核心地带，人口密度大，早期没有规划或很少规划停车泊位。加之社会车辆涌入，随停、乱停现象严重，不仅导致停车难出行难，还损毁了公共设施、占用了消防通道，进而加剧了邻里矛盾，成为居民反应强烈的"心病"。例如，长沙岳麓区无物业的某小区楼房多达263栋，包括5个社区约2万人，小区内道路复杂，商铺多，学校和单位多，加之地铁4号线修进了小区，这里成为片区人流、车流的集散地，违停现象时有发生，车辆管理难度极大。

"停车难"伴生的问题还有"停车贵"。2021年，长沙市民李先生的停车"遭遇"引发了不少市民的关注，2021年3月21日上午9时许，李先生将车停放在湘江中路坡子街路口的路内泊位上，停车大概12小时，需缴纳停车费131元，这明显高出长沙市任一停车场所的收费。李先生万般不情愿地交了停车费，但他也对收费的合理性提出了质疑。

二 案例思考

随着我国经济社会的快速发展、城市化进程不断加速，人们的生活水平日益提高，城市私家车数量也随之快速增长，停车供需矛盾也因此进一步加剧。由于规划历史欠账多，且土地稀缺导致设施增量受限，停车设施的增长难以满足车辆增长的需求。导致城市公共停车设施数量供给难以与需求匹配，停车难停车贵问题在许多城市越发凸显，如何解决好城市停车问题成为地方政府亟须解决的一个难题。在涉及湖南城市停车问题的话题中，舆论聚焦的问题与风险主要体现在以下几点。

一是停车设施总量不足。历史欠账过多、规划建设不足是当今停车难问题的根本原因之一，已建成停车场被挪作他用或是开发商建设打折扣等因素则加剧了停车难。城市土地稀缺，停车设施增量受限。根据统计，2020年长沙市汽车保有量为283.3万台，较2015年增加了116万台，每千人汽车拥有量位居全国第十。按照住建部城市停车设施规划导则标准（1.1—1.3倍）配比，长沙应建设停车位221万个，缺口达82万个。2017年至2019年底，怀化城区小汽车保有量由8.3万辆增至13.4

万辆，年均增长率约为20%，但同期投建的城区停车场数量相当有限，增加的停车泊位数远远小于机动车增长数，供需矛盾十分突出。湖南省部分小区、建筑没有严格执行配建规划，私自减少停车位甚至擅自更改车位使用性质，加之停车设施建设缺乏政策扶持，投资建设停车设施成本高，资金回收期长，难以吸引社会资金投入停车场建设，越发激化了停车供需矛盾。

二是停车设施布局不合理。停车需求具有时间和空间双重属性，许多城市的停车设施布局与规划上没有充分考虑需求特征、合理配置资源，导致资源冗余和浪费。许多建筑物配建停车场设施没有达到《城市停车规划规范》的要求，停车设施资源分布不均、结构失衡等问题比较突出，新建小区配建停车场车位相对较多，而老旧小区、商场、酒店、学校、公园、医院、机关单位等区域停车设施供应明显不足。2022年株洲市一份调研报告显示，株洲各小区库存地下车位超过7万个，库存比例高达65%，而地面停车场却供不应求。

三是现有资源尚未充分利用。由于停车资源的私有性过强、共享制度不健全、精细治理不到位，致使现有停车资源很难得到充分利用。据调查统计，大多数机关单位、商务办公楼、商场等场所停车位白天不够用，晚上闲置；而住宅小区停车位则是晚上不够用，白天闲置。部分新建住宅小区虽有车位空置，主要是由于车位售价高，有的车位"只售不租"或收取高额租金，导致很多小区地下停车场空置，车辆则涌入小区周边街道，阻碍交通的正常通行。此外，在周末或者节假日，公园、游乐场、商业广场等地的停车场（库）往往"一位难求"，而附近机关单位的停车场常常处于闲置状态。现在全省许多城市在一些主干道划设了收费停车位，这些停车位收费比较高，导致这些停车位在白天利用率较低，一些车主宁愿把车停在未划设停车位的区域，严重影响了交通正常通行。

四是乱停乱放现象比较普遍。许多城区街道两边一些商家没有经过相关部门审批，擅自画线或用"雪糕筒""铁桩"设置停车位，以满足顾客的停车需求；部分车辆跨线占用两个车位或阻塞停车场通道。特别是居民小区停车问题日益严重，"抢位战"时有发生，部分车主不管"停不得"，只管"停得下"，车辆堵塞消防设施等现象较为普遍，安全隐患严重。目前一些城市划设的路边收费停车位，对调节停车资源、规范停车秩序有一定作用，但从整体上看，停车管理还有漏洞，汽车泊入未划停车位区域、占道停车等问题仍比较普遍。

五是停车管理应用不到位。全省尚未建立科学、完善的机动车停车管理制度机制，缺乏专门的议事协调机构来协调和解决停车管理及停车场规划、审批、建设等方面遇到的一系列问题。相关职能部门的行政职能相互交叉，职责界限不够清晰，部门之间的联动机制和工作合力未得到有效发挥，易造成"缺位""越位"等问题。同时，停车导航、智能停车设备等新技术产品的应用上还处于较低水平；占地面积小的智能立体车库应用非常少，没有在用地紧张的城市中心区发挥应有作用。此外，城区统一的智慧停车信息平台尚未建立，智能化停车引导水平较低，停车信息不明，让车主产生无谓绕行，致使部分停车场利用率不高，加剧了城区交通拥堵。

三　结论与建议

停车管理，关乎群众生活便利，也关系道路交通安全和城市形象。解决停车难问题是一项系统工程，需要用好政府、市场"两只手"，综合施策，多措并举，建管结合，数字赋能，有效盘活公共资源新增停车位，提升车位使用效率。这样，才能缓解停车难问题。

（一）强化顶层政策设计，夯实停车管理基础

破解停车难关键在于打通资源、信息、制度壁垒，实现资源的充分供给和有效利用。一是建立高位协调机制。停车管理工作是一项系统性、长期性的民生工程，需要多部门协同配合，建立健全高位指挥、高位协调的组织体系是顺利推进停车管理工作的前提和基础。成立市县停车建设管理整治协调联络组，办公室可设在城管局，具体承担停车建设管理整治日常工作。二是制订停车建设管理整治行动方案。通过深入调研，并借鉴一些国内外先进城市经验做法，结合湖南各地实际，起草编制相应管理整治方案，对停车规划编制、停车管理下放、停车设施建设、智慧系统搭建、执法管理、日常监督考核、部门职能分工等事项进行明确，并以年度任务的形式进行细化分解。三是修改完善城区停车收费办法。

通过深入广泛调研，对现行《城区停车收费管理办法》不断修改完善，并通过座谈、网络等形式面向社会广泛征求意见。让价格起效、发挥调节作用，如结合老旧小区改造，推动居住区全面实现停车收费管理，挤压路外居住福利停车需求。

（二）全力推进停车设施建设，增加泊车位供给

挖潜扩容、空间共享是化解停车难问题的可行路径。一是科学规划新建停车设施，基于城市总体规划和综合交通体系规划，根据社会需求状况和区域的变化，统筹地下、地上空间资源编制停车场规划，在充分考虑产城融合的基础上，进行科学规划，适度超前规划。通过对住宅小区、高架桥下、道路等空间进行微改造，将废弃、闲置、利用不充分的边角空间改造成停车位，增加停车位资源。二是做好政策保障，鼓励社会资本参与停车设施建设，增加停车设施供给。需要各个部门配合，系统发力，鼓励加大社会投资城市停车场所力度资建设、经营停车场。政府可以通过资本注入、贷款贴息等形式支持企业融资，鼓励社会资本参与城市停车场所投资建设，大力发展城市立体停车场。三是对新建建筑物超过停车配建标准的停车场，可以给予一定的容积率奖励。若停车场配建不达标的则要对缺少的停车位进行一定的处罚。四是通过"新建、改造、施划"等措施，不断增加老旧小区、人防工程、店铺门前等区域的各类泊车位。

（三）开展智慧停车系统建设，提升监管和服务效能

充分利用5G智能技术，实现实时违停抓拍、违停提醒、无感支付、停车引导等功能。一是启动智慧交通规划，引进一个智慧交通"城市大脑"的概念，开展城市智慧停车系统建设，实现车位共享、车位预约、错时停车，逐渐实现城市停车场以及部分路内停车泊位数据信息实时展现；停车服务微信小程序实现开放使用，提高停车管理的智能化水平；推进城市智慧停车系统优化整合项目建设，将全省域停车管理大数据展示"一张图"纳入湖南城市社会治理现代化指挥中心城管"一张图"。全省统筹建设"智泊湖南"公众服务微信小程序，将相关数据接入省大数据集团"湖南百通"APP，实现"一张网、一张图、一个APP"的总体

要求。二是提升非现场执法比例，对城市电子警察设备进行升级改造，在医院、学校、公交站台、商圈等停车乱点增设自动抓拍设备，逐步提高电子警察执法效率，有效威慑违法停车行为。三是推动完善立法工作，加快推进相关立法，逐步实现停车问题有法可依，进一步规范停车行业发展，提升城市治理水平。

（四）切实加大执法管理力度，规范停车秩序

一是推进住城市道路旁住宅区、商业场所规范停车。加强城市道路旁住宅和商业场所停车专项整治行动，规范这些区域停车收费标准，引导车主愿意将车暂停小区和商业广场停车场，提升其停车位使用效率，降低车主将车辆随意停靠路边比例，以确保交通更加畅通。二是严厉查出占用消防通道的违停行为。交警支队与城管局要加强执法协调，加大对占用消防通道停车行为的宣传教育和处罚力度，对背街里巷、支路影响消防通道的机动车进行查处。三是加强店铺门前（建筑退界区域）停车秩序管理。在建筑退界区域安排专职停车秩序管理员进行管理。四是开展重点路段专项整治。围绕城市重点道路，开展以路边、公交站等区域停车秩序整治行动，不断细化具体项目，加强道路停车的执法力度。四是执法到位。培育"停车入位、停车付费、违停受罚"的理念，提高违停成本，促使形成市场化的停车需求。

解读校园篮球的成功密码

2018年9月，习近平总书记在全国教育大会上指出，要帮助学生在体育锻炼中享受乐趣、增强体质、健全人格、锤炼意志。习近平总书记还曾经强调，要培养德智体美劳全面发展的社会主义建设者和接班人，努力构建德智体美劳全面培养的教育体系，形成更高水平的人才培养体系。湖南体育人深刻领会习近平总书记的有关教诲，坚持群众体育路线，克服在全省篮球项目顶层水平相对不发达的现实条件，坚持体育与教育相结合，2021年在校园篮球领域取得了全国领先的成绩。

一 案例描述

2021年，全国各级校园篮球体育赛事上，湖南校园篮球成果迎来井喷，以雅礼中学女子篮球为基本班底的湖南U19女子篮球队，在第十四届全运会上闯入决赛，实现湖南"三大球"项目在全运会历史上奖牌"零"的突破，而她们的对手大多是其他省专业篮球队的职业后备队。在2020年、2021年全国各级校园篮球男子项目上，都呈现了"湖南VS清华"的奇景：中南大学男篮在全国大学生篮球联赛（CUBA）决赛中遗憾负于清华大学男篮获得全国亚军，而湖南地质中学篮球队在耐克高中男子篮球联赛同样输给了清华附属中学篮子篮球队获得全国亚军，在女子组中湖南雅礼中学也同样进入决赛对阵清华附中获得全国亚军；而在U17赛场上，雅礼女篮则力压清华附中女篮，夺得冠军。考虑到对手清华大学、清华附中在招生政策、学校资源等方面具有得天独厚的优势，湖南校园篮球人在2020—2021年取得的成绩已经相当惊人了。

湖南校园篮球在2021年所取得的成绩并不是偶然的"爆发"，而是长期优势地位的展现：雅礼女篮曾接连获得过2017—2018年中国初高中篮球联赛高中女子组全国冠军，2017年、2018年全国U17青少年女篮比赛两连冠等，还多次站上了同级别全国最高领奖台。在中学男子篮球联赛上，湖南地质中学虽然是首次闯入全国决赛，但湖南明德中学、长沙市一中同样是全国中学篮球联赛的传统强校，明德中学曾在2012年获得全国高中联赛亚军，曾在2013年、2014年连续闯入全国初中联赛决赛，并在2014年获得全国冠军；长沙市一中也曾在2017年闯入全国高中联赛获得亚军。中南大学男子篮球队在2016年至2021年一直是CUBA的全国四强。

需要指出的是，作为中部省份，新中国成立以来篮球运动一直不是湖南省的传统优势体育项目。在1958年的首届全国篮球联赛上，湖南男子篮球队的成绩并不尽如人意；在后来的第一届全运会预赛上，湖南女子篮球队也仅6战5负。在随后的漫长岁月中，湖南省专业篮球队也很少打入全国正赛，大多倒在全运会预赛中，长时期处于全国中下游水平。[①] 到今天，全省没有一支专业中国职业篮球联盟（CBA、WCBA）球队，仅有一支成绩平平的次级篮球联盟球队湖南勇胜队。在2021年10月登记的全部391名CBA球员中，仅有4名湖南籍球员，仅占全体运动员的1%。客观而言，在篮球项目的"金字塔尖"部分，湖南处于全国倒数水平。

二 案例思考

相较相对低迷的专业篮球项目成绩，湖南省校园篮球取得的成绩可称十分优秀。由是，我们有必要总结湖南校园篮球取得成功的内在原因。

（一）相对较低的房价是湖南校园篮球发展的重要原因

武汉体育学院的高治博士曾对我国青少年校园篮球运动发展的动力机制做出研究——该研究指出，在青少年参与校园篮球运动的各项动力

---

① 顾丹东：《湖南中学篮球运动队现状分析与发展对策研究》，硕士学位论文，湖南师范大学，2006年。

因素中，家庭因素在各项动力因素的决断值、信度系数均排名领先；大多数实际参与校园篮球项目的调查对象均获得了父母的支持（占据调查总人群的 76.2%，为各项动力因素之最）。①

身体条件在篮球项目中一直扮演着重要角色，从事篮球项目也必然对运动员的家庭条件有一定要求。"经济基础决定上层建筑"，湖南经济发展水平在全国层面并不领先，为何湖南的家长能够愿意支持孩子们在宝贵的中学阶段、大学阶段，② 从事与文化学习无关的校园篮球项目呢？

这或许与湖南相对较低的平均房价存在一定关系。长沙市的平均房价一直在中部 6 省省会中处于倒数位置；2002 年，长沙市平均房价仅为 1600 元/平方米，仅为同是中部省会武汉、郑州的 80%；2010 年，长沙市的平均房价为 4500 元/平方米，而武汉、合肥平均房价已经达到 5500 元/平方米，太原市更是达到 7000 元/平方米；③ 2020 年，长沙市更是成为全国控制房价的"先进"城市，据网易研究院发布的《2020 年全国 50 城房价收入比报告》，长沙市房价收入比仅为 6.2，在全国大城市中居于末位——这一数字也被长沙市委副书记郑建新解读为，"长沙是全国所有大城市里房价和收入比最低的城市，一个普通家庭工作 6.4 年即可买一套 100 平米的房子"④。

上述数字意味着湖南省、特别是长沙市的居民，相比于其他省份的城市居民购房支出更少，因此即使缺少本地专业篮球运动在"金字塔尖"的示范引导，他们可能也有更多的资金支持自己的孩子从事校园篮球项目。这或是解释湖南校园篮球项目取得优异成绩的一个较为可信的假说。

（二）湖南省体教部门对校园篮球项目的大力支持

在有关青少年从事校园篮球的诸项动力因素中，学校为校园篮球提

---

① 高治：《我国青少年校园篮球运动发展的动力机制研究》，博士学位论文，武汉体育学院，2016 年。
② 经测算，湖南省各主要大学校园篮球队队员构成中，省外招生仅占据 20% 左右。具体调研参见曾凡博《湖南省普通高校篮球高水平运动队管理现状及对策研究》，硕士学位论文，吉首大学，2018 年。
③ 数据由历年《中国统计年鉴》整理而来。
④ 郑娜：《网红城市长沙的低房价是如何炼成的?》，载《第一财经日报》2022 年 5 月 25 日 A07 版。

供的引导和支持因素、与体教部门的政策支持因素也被认为是非常重要的一环;① 而学校是否为校园篮球提供方便支持,往往也与上级体教部门的政策支持存在密切关联。因此,湖南校园篮球项目近年来取得的成功也必然与省体局部门的大力支持离不开关系。

湖南省早在2007年就通过了《湖南省体育后备人才培养条例》,该条例第2条明确规定"本条例所称体育后备人才培养机构"包含"具有体育传统项目的中小学校",该条例被认为是湖南省近年来体教融合的重要成绩之一,② 也显然为雅礼女篮为湖南省"三大球"在全国运动会上夺下首金提供了重要支持。

"篮球课堂老师进行篮球技能讲解"和"在学校里,有老师带领参与篮球运动",以及"学校内篮球硬件设施充足"同样被认为是青少年参与篮球运动的重要动力因素,而且均在受访者中获得"同意、非常同意"的比例达到60%以上,在各项动力因素中趋于领先。③ 而前述诸项因素意味着学校需要聘请拥有一定篮球训练技能的专业教师,并且需要提供必要条件的篮球练习场地,那就意味着学校需要支出一定经费来支持校园篮球的开展。

依据张志友的相关研究,在长沙市青少年校园篮球特色学校中,上级为学校提供的专项篮球经费是各特色学校开展校园篮球项目最重要的经费来源,占到各学校平均经费保障的52.63%;学校拨款次之,占到各学校平均经费保障的30.03%;只有少数成绩突出的篮球学校(雅礼中学、南雅中学)获得社会企业赞助和家长的捐款支持。④

(三) 相关从业人员在这一领域的优良传统和深耕细作

湖南校园体育事业拥有一批具有湖湘精神、顺应时代潮流,在平凡

---

① 高治:《我国青少年校园篮球运动发展的动力机制研究》,博士学位论文,武汉体育学院,2016年。
② 顾宁:《强化保障 多措并举——湖南加快推进体教融合》,载《中国体育报》2021年11月第11版。
③ 高治:《我国青少年校园篮球运动发展的动力机制研究》,博士学位论文,武汉体育学院,2016年。
④ 张志友:《长沙市青少年校园篮球特色学校篮球运动开展现状及其对策研究》,硕士学位论文,吉首大学,2021年。

工作岗位上甘于奉献做出非凡成就的人才队伍，他们在校园篮球事业上的精耕细作是湖南近年来在校园篮球事业上结出丰硕成果的重要原因。

(1) "大山教练"张琼琼扎根山区，造福一方学子

怀化市鹤城区凉亭坳小学是一所距离市区30公里、生源构成主要为留守儿童的山村小学。2013年，张琼琼辞去北京报酬丰厚的专业教练工作，来到这所学校成为专职体育老师。在一个年级只有11个女生的不利条件下，张琼琼教练克服困难，组建女子篮球队，利用自己的专业知识在课余时间组织训练。在生源条件相对不利的情况下，多次获得湖南省、怀化市小学生组别冠军，并曾获得全国前八的成绩。他培养的学生，多人通过篮球项目特长身份进入长郡、雅礼等湖南省重点中学学习，并已有学生获得专业体育院校录取。他本人也荣获"中国好人""湖南省教书育人楷模"等先进荣誉称号；凉亭坳小学也挂牌教育部全国青少年校园篮球特色学校。

(2) 彭丽君从教四十年打造"王牌学生军"

1982年，彭丽君大学毕业后被分配到长沙市基层中学从事基层体育教师工作，她坚守基层青训岗位四十年，这一坚持本身就十分难得。她培养了一批又一批学子，她所任教的雅礼中学，在女子篮球项目上创下湖南省十五连冠的纪录。在长达四十年的从教生涯中，她培养了包括国手王雪曚在内的多位WCBA、CUBA运动员，目前的北京大学CUBA队伍中有8名队员来自于雅礼女篮。彭丽君教练个人也因校园篮球获得大量荣誉，她是中国基层教练员"苔花奖"的获得者，也是湖南省篮协"特殊贡献教练员"的获得者。

(3) "国手"白江扎根基层，培养一代湘籍篮球人

白江教练在退役前是中国男篮队员，在来到湖南之前，他曾经带领华中科大男篮、中国矿大男篮两次夺取CUBA冠军。2011年来到中南大学后，白冰教练已经在湖南深耕校园体育10个年头，在他的带领下，中南男篮也迅速崛起，多次打入全国决赛，并成为全国四强常客。他培养的运动员黎璋霖曾入选国奥队，目前也是CBA山西队的轮换球员。他是中国男篮国家队教练组的成员，也是历史上唯一一位以校园篮球教练身份入选国家队教练组的成员。2020年湖南篮协对白江教练颁发"突出贡献教练员奖"，而颁奖大会上颁发的"优秀教练员"奖的获得者中，有一

半曾是白江教练的弟子。

上述基层教练员的优秀代表,选择湖南、扎根湖南,他们的个人贡献显然对湖南校园篮球事业的发展起到了重要作用。

三 结论与建议

校园体育的目的应当是为广大学生提供更好的体育锻炼机会,而不是"掐尖"培养。2021年,湖南校园篮球事业虽然取得了令人惊叹的成绩,但我们也必须认识到这种成绩更多是竞赛成绩上的成功,并不意味着校园体育实现"体教融合"的目标已经完美达成。过于注重竞技体育的发展也可能为校园篮球事业的全面发展带来负面影响。

(一)生源质量依赖特招

"特招"和"高水平运动员招生"是目前湖南省校园篮球队队员的主要来源。张勇刚指出,通过体育特招的方式以篮球特长生身份考入高中的湖南省高中篮球队运动员是占比最多的,占到了其调研运动员的68.60%;[1] 曾凡博的调研结果指出,湖南高校本科院校特招的高校篮球运动员比例占到了省内参与 CUBA 等比赛院校运动员的42.1%,高校专门招生的体育专业的占到26.6%,通过普通高考进入高校男篮的比例仅占21.3%。[2]

显然,"特招生""高水平运动员"进入名牌中学、名牌大学的路径与普通学子存在明显的差别,尽管如彭丽君教练、白冰教练等个人基层篮球工作者在平时训练管理中,非常注意强调其队员要注重平时学习成绩,但这与制度要求显然存在明显区别。

更重要的是,无论是中学阶段的篮球"特招"、还是大学阶段的"高水平运动员招生",其提供的生源质量总是与国家层面体教事业政策存在

---

[1] 张勇刚:《湖南省高中生篮球队发展因素与对策研究》,硕士学位论文,湖南科技大学,2018年。

[2] 曾凡博:《湖南省普通高校篮球高水平运动队管理现状及对策研究》,硕士学位论文,吉首大学,2018年。

密切关系。且湖南省内各级学校，与北京上海等大城市在"拼政策"等方面显然不处于上风。因此，湖南校园篮球事业的未来发展，必须坚持群众路线，向更广大的"普招生"靠拢。

（二）赛事运营开发有待提高

顶层运动队在竞技上取得的成功对于群众体育事业的发展显然有较强的示范带动作用。湖南校园篮球事业尽管在近年来取得了一系列优秀的成绩，但是相关的后续商业开发仍有待进一步提高，以便将顶层运动队取得的赛事成绩直接转化成刺激群众广泛参与体育运动的热情动力。

尽管湖南拥有全国领先的文娱产业和广电产业，也拥有全国领先的校园篮球事业，但是两大部门的合作却较少，对于湖南各级校园篮球赛事，仅有少量简单的文字报道，缺乏更丰富的媒体报道形式。这固然与青少年体育赛事相对较低的竞赛水平有关，但湖南媒体部门对这一领域的商业开发工作可能也做得不够。

事实上，尽管校园体育一般不具有最高的竞技水平，但在国际上校园体育的商业开发价值往往不低：在美国，以 NCAA 为代表的美国校园篮球赛事，其社会关注度甚至高于代表最高篮球水平 NBA 赛事。显然，湖南校园篮球赛事的线上转播、广电传播等事业方面还有相当大的进步空间。

（三）顶层出口去向不足

调研发现，相当多湖南中小学对校园篮球优秀人物事迹的传播，往往重点突出其升学故事。例如，出生于以留守儿童为主要生源的山村小学的学生，最后升入某省属重点中学，甚至考取某名牌大学。某些高中基层篮球教练所宣传的事迹，往往也会凸显其"弟子"最后去了某名牌大学或者专业运动队。

升学虽然也是校园篮球项目阶段性成功的表现，但显然并不是"体教融合"或者说"教育"的终极目的，教育的终极目标是育人成才，培养学生成为对社会有用的人，而不是最终又回归到"升学论"。

因此，我们在校园篮球项目的未来发展上，首先要重视相关学生运动员的文化成绩，甚至将有关文化成绩上升为其从事校园篮球项目的准入标准。其次，我们应扎实做好顶层篮球项目力量的构建工作，适时推进专业运动队进入 CBA 联盟、WCBA 联盟。最后，我们要进一步推动民间篮球赛事发展，让"村 BA"发展在三湘大地上，为优秀校园篮球运动员提供更大的产业机会。

参考文献

1. 侯惠勤、辛向阳、易定宏：《中国城市基本公共服务力评价（2010—2011）》，社会科学文献出版社 2011 年版。
2. 钟君、刘志昌、陈勇：《中国城市基本公共服务力评价（2019）》，社会科学文献出版社 2020 年版。
3. 谈文胜、钟君：《2022 年湖南社会发展报告》，中国社会科学文献出版社 2022 年版。
4. 施昌奎主编：《北京公共服务发展报告 2019—2020》，社会科学文献出版社 2020 年版。
5. 童中贤主编：《湖南社会治理与公共服务发展报告（2021）》，湘潭大学出版社 2021 年版。
6. 朱楠、任保平：中国公共服务质量评价及空间格局差异研究，《统计与信息论坛》2019 年第 7 期。
7. 张芊、尹福禄：《省级基本公共服务均等化评估指标体系构建与测度》，《经济研究参考》2018 年第 34 期。
8. 郭雨晖等：《基本公共服务均等化的评估与研判：区域补偿和质量提升下的动态演进》，《公共管理评论》2020 年第 4 期。
9. 谢星全、刘恋：《基本公共服务质量：分层概念与评估框架》，《重庆大学学报社会科学版》2014 年第 4 期。
10. 王郁等：《城市公共服务承载力评价指标体系及其实证研究》，《上海佳通大学学报》（哲学社会科学版）2018 年第 2 期。
11. 王郁等：《超大城市公共服务承载力的差异与提升对策研究》，《上海行政学院学报》2018 年第 5 期。

12. 刘丹鹭：《长三角地区基本公共服务均等化的评估》，《南通大学学报》（社会科学版）2018 年第 6 期。

13. 黄珏：《上海基本公共服务评估、问题与对策》，《科学发展》2017 年第 103 期。

14. 王瑞雪：《公平与效率视域下政府公共服务能力及其现代化评估框架》，《未来与发展》2019 年第 9 期。

15. 姜晓萍、康健：《实现程度：基本公共服务均等化评价的新视角与指标构建》，《中国行政管理》2020 年第 10 期。

16. 穆怀中：《社会保障适度水平研究》，《经济研究》1997 年第 2 期。

17. 韩锐、王威：《内蒙古社会保障水平与经济发展的协调性研究》，《内蒙古科技与经济》2022 年第 2 期。

18. 阮孟牡：《房地产企业资金管理存在的问题及对策》，《管理科学》2019 年第 30 期。

19. 闫小雨：《房地产开发企业融资和现金流管理的优化研究》，《中国管理信息化》2020 年第 18 期。

20. 陈庚、邱润森：《新时代完善现代公共文化服务体系建设的路径研究》，《江汉论坛》2020 年第 7 期。

21. 陈世香、黄冬季：《协同治理：我国城市社区公共文化服务供给机制创新的个案研究》，《南通大学学报》（社会科学版）2018 年第 5 期。

22. 戴艳清、南胜林：《公共文化服务类 PPP 项目中利益相关者冲突研究——以"湖南公共文旅云"项目为例》，《国家图书馆学刊》2022 年第 2 期。

23. 范周、侯雪彤：《"十四五"时期公共文化服务高质量发展的内涵与路径》，《图书馆论坛》2021 年第 10 期。

24. 化柏林：《"数据、技术、应用"三位一体的公共文化服务智慧化》，《中国图书馆学报》2021 年第 2 期。

25. 姜雯昱、曹俊文：《以数字化促进公共文化服务精准化供给：实践、困境与对策》，《求实》2018 年第 6 期。

26. 李国新：《制度改革创新促进公共文化服务高质量发展——析〈公共文化领域中央与地方财政事权和支出责任划分改革方案〉》，《图书馆建设》2020 年第 4 期。

27. 李国新：《公共文化服务保障法律制度的完善与细化》，《中国图书馆学报》2021 年第 2 期。

28. 李桂霞、解海、祁爱武：《新时代公共文化服务高质量发展的路径》，《图书馆建设》2019 年第 1 期。

29. 李斯《以标准化促进均等化的制度创新——基本公共文化服务标准制度的确立、贡献与经验》，《图书馆论坛》2021 年第 7 期。

30. 眭海霞、李金兆、龚春明：《"文化强国"视域下成都市的公共文化服务体系建设》，《中华文化论坛》2013 年第 6 期。

31. 杨乘虎、李强：《"十四五"时期公共文化服务高质量发展的新观念与新路径》，《图书馆论坛》2021 年第 2 期。

32. 杨晓泉：《"十四五"时期公共文化服务高质量发展思考：破解老问题，应对新挑战》，《图书馆论坛》2021 年第 2 期。

33. 曾莉、周慧慧、龚政：《情感治理视角下的城市社区公共文化空间再造——基于上海市天平社区的实地调查》，《中国行政管理》2020 年第 1 期。

34. 张文静、沈克印：《数字赋能：体育公共服务整体性治理的运行机制与实施策略》，《武汉体育学院学报》2022 年第 7 期。

后　记

　　公共服务关乎民生、发展和尊严，它不仅涵盖保障基本民生需求的义务教育、就业社保、医疗卫生、养老服务、住房保障、文化体育等领域，广义上还包括交通通信、公用设施、环境保护以及公共安全等方面。公共服务作为实现人的全面发展所需要的基本社会条件，具有基础性、广泛性、迫切性、可行性等特征，在调节收入分配、促进社会公平、维护社会稳定、促进经济发展方面起着重要作用，是各级政府的重要职能之一。推进基本公共服务均等化，是对以人为中心的发展思想的深刻践行，是对人的全面发展思想的生动诠释，也是实现共同富裕的题中之义。当前，我国已经逐步建立起了较为完整的基本公共服务制度体系，政府对基本公共服务的投入持续加大，大多数基本公共服务实现了普遍覆盖。湖南坚持以人民为中心，着力保障和改善民生，公共服务体系日益健全，公共服务供给力不断提升，人民群众多层次多样化需求得到更好满足，获得感、幸福感、安全感明显增强。尽管如此，我国城乡、区域、群体间基本公共服务供给不足、发展不平衡的矛盾仍然突出，其规模和质量尚难以满足人民群众日益增长的美好生活需要。特别是在老龄化快速发展、家庭功能弱化的背景下，"一老一小"等方面的公共服务供给明显不足。同时新型城镇化持续推进也对基本公共服务的供给结构、资源布局、服务成本等带来较大挑战。

　　在我国进入新发展阶段，全面建成小康社会、实现第一个百年奋斗目标之后，乘势而上开启全面建设社会主义现代化国家新征程、向第二个百年奋斗目标进军，人民群众日益增长的美好生活需要对公共服务体系建设提出了新的要求，进一步完善公共服务体系，推进公共服务均等化、可及性，成为新时代重要的命题、重大的使命。国家"十四五"规划和2035年远景目标纲要明确提出继续健全国家公共服务制度体系，"加快补齐基本公共服务短板，着力增强非基本公共服务弱项，努力提升公共服务质量和水平"。同时国务院还批复了《"十四五"公共服务规划》，并将公共服务划分为基本公共服务、非基本公共服务和生活服务三大类，提出"持续推进基本公共服务均等化，不断扩大普惠性非基本公共服务供给，丰富多层次多样化生活服务供给"。

对一个地方一定时期公共服务水平进行测量和评价，是衡量这个地方公共服务质量是否满足现阶段公众需求及是否与政府公共服务能力相匹配的重要环节。从实际操作的角度，我们在充分考虑系统性、典型性、可量化等原则的基础上，参照《"十四五"公共服务规划》中关于基本公共服务的内容、学界相关研究成果以及国家和省高质量发展监测评价指标体系，在总报告构建了包含基础教育、社会保障、医疗卫生、公共安全、环境保护、文化体育、公共交通7个准则层和45个指标层在内的地方政府公共服务绩效评价指标体系。同时对基础教育、社保就业、医疗卫生、养老服务、环境保护、文化体育、公共交通八大领域展开了专题研究，并就相关热点问题进行了案例分析。

《湖南城市公共服务评价报告》列入湖南省社会科学院（湖南省人民政府发展研究中心）2022年度哲学社会科学创新工程，是湖南省社会科学院（湖南省人民政府发展研究中心）社会学研究所集体智慧的结晶。本书由童中贤提出研究思路和框架体系，书稿提纲经课题组讨论后分工研究写作，其中总报告《湖南公共服务绩效评价报告》由刘艳文完成，专题报告基础教育服务发展评价、就业社保服务发展评价、医疗卫生服务发展评价、养老服务发展评价、住房保障服务发展评价、环境保护服务发展评价、文化体育服务发展评价、公共交通服务发展评价分别由陈律、李海兵、郭丹、周永根、李敏芳、刘晓、周恒、范东君完成，陈律、郭丹、周永根、刘晓、李海兵、范东君、周恒还分别完成了案例1至案例8的撰写，郑鹏参与了"文化体育服务发展评价"的撰写。初稿完成后由童中贤提出修改意见，由相应作者修改，修改稿完成由童中贤、刘艳文统稿，刘艳文负责数据采集分析。

《湖南城市公共服务评价报告》在研究、出版过程中得到钟君、刘云

后　　记

波、贺培育、潘小刚、何绍辉、胡守勇、熊柏隆等领导、专家学者，以及湖南省财政厅、湖南省发改委、湖南省教育厅、湖南省卫健委、湖南省文旅厅、湖南省住建厅、湖南省人社厅、湖南省民政厅、湖南省生态环境厅、湖南省应急厅、湖南省统计局和中国社会科学出版社等单位的大力支持，在此表示衷心感谢。

感谢享受国务院政府特殊津贴专家、中国社会学会常务理事、湖南社会学学会会长方向新先生不远万里在异国他乡的美国为本书拨冗作序。本书参考和引用了国内外专家学者的研究成果，未能一一注明，特此表示感谢和歉意。由于水平有限，本书错谬之处敬请读者批评指正。

童中贤
2022 年 9 月 15 日